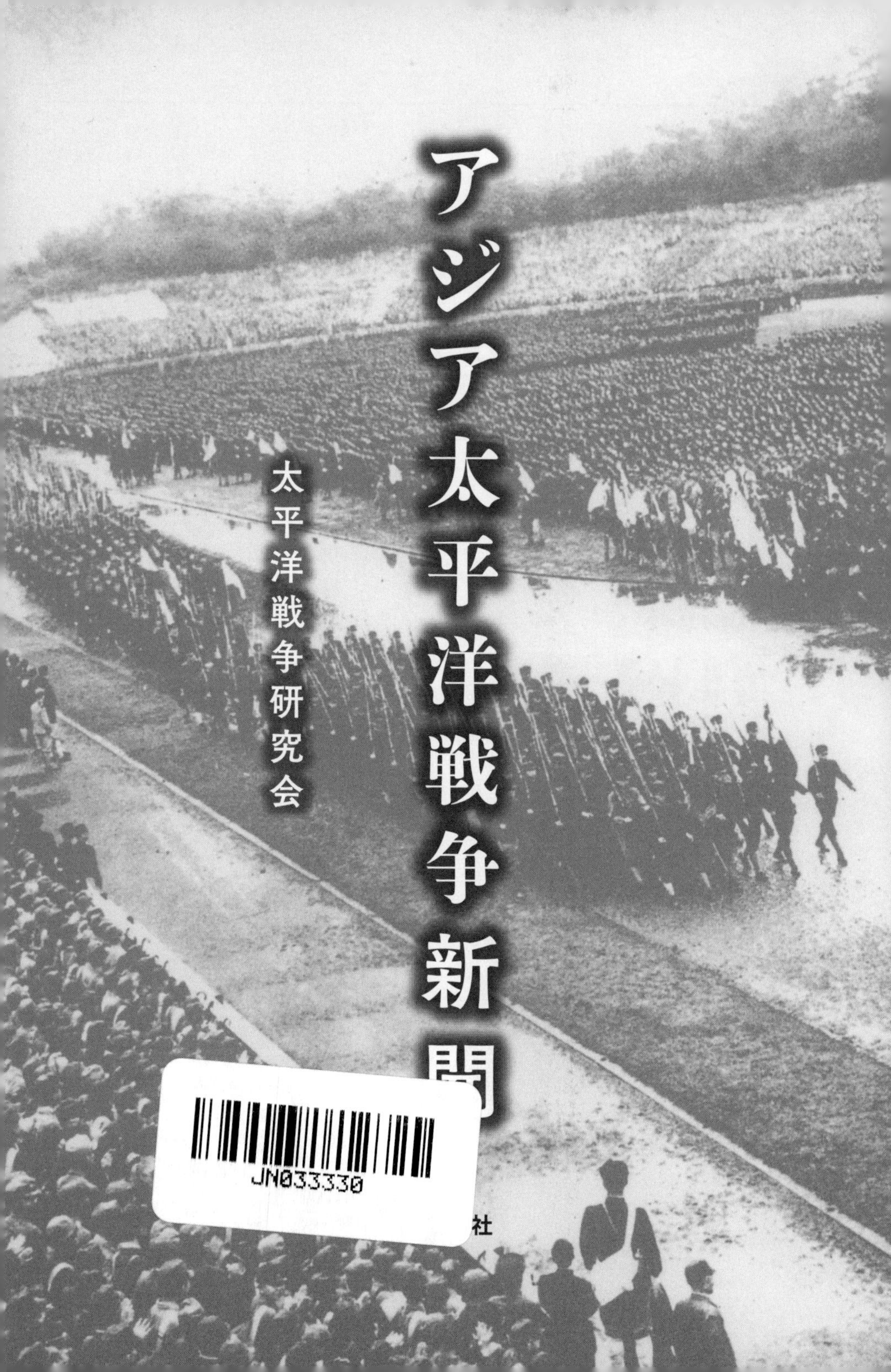

# アジア太平洋戦争新聞

太平洋戦争研究会

社

## はじめに

# 満州事変から太平洋戦争への道

２０２１（令和3）年9月18日は、アジア太平洋戦争の発端となった満州事変が起きてから90周年にあたる日だった。

この日、１９３１（昭和6）年9月18日、中国東北部の奉天《ほうてん》（現・瀋陽《しんよう》）郊外の柳条湖《りゅうじょうこ》で満鉄線が爆破された。満鉄とは南満州鉄道の略称で、実質的な経営は日本政府だった。爆破は満州に駐留する関東軍の参謀石原莞爾《いしわらかんじ》中佐や板垣征四郎《いたがきせいしろう》大佐らが実行したもので、関東軍は「鉄道爆破は中国軍による攻撃」だとして軍事行動を開始した。満州事変の勃発である。

若槻礼次郎《わかつきれいじろう》内閣は「事件不拡大」の方針を出したが、関東軍は瞬く間に満州全土を占領してしまった。そして翌１９３２（昭和7）年3月1日、関東軍は清朝の廃帝愛新覚羅溥儀《あいしんかくらふぎ》を執政とする満州国を発足させた。

中国の訴えを受けた国際連盟は、リットン調査団を派遣して満州事変から満州国成立に至る経緯を調べ、１９３３（昭和8）年2月、日本軍の満鉄付属地（日露戦争で日本が獲得した権益）への撤退と満州に対する中国の統治権を確認する勧告案を総会で採決した。これに反対する日本は国際連盟を脱退し、関東軍は部隊を熱河《ねっか》地方にまで進めた。

日本が国際連盟を脱退した直後の１９３３年4月、関東軍は長城（万里の長城）を越えて華北地方に侵入し、北平《ペーピン》（北京《ペキン》）に迫った。毛沢東《もうたくとう》の共産軍と戦闘中だった国民政府はやむなく日本軍と停戦し、5月31日に塘沽《タンクー》停戦協定に署名した。この協定で満州国と中国の国境が確定し、長城線以南の一定地域は非武装地帯とされた。日本はその非武装地帯を拡大し、華北5省を中国から切り離して支配下に置こうとした。

こうした状況下で起こったのが、１９３７（昭和12）年7月7日の盧溝橋《ろこうきょう》事件だった。事件は北京郊外の盧溝橋のたもとで起きた日中両軍の偶発的な衝突で、当初、日本政府と軍部は局地解決を図ろうとした。しかし、中国の対決姿勢は予想外に強く、7月18日、蔣介石《しょうかいせき》は「最後の関頭《かんとう》に立ち至った」と徹底抗戦を声明、8年後の１９４５（昭和20）年8月15日に至る泥沼の日中全面戦争へと拡大していった。

しかし、泥沼化した日中戦争は、アメリカやイギリスをはじめヨーロッパ列強の関心はそれほど高くはならなかった。ところが１９３９（昭和14）年9月1日、ドイツが突然ポーランドに侵攻して第2次世界大戦が始まるや、ドイツの同盟国日本に対する米英の態度は一変する。

１９４０（昭和15）年に入ると、ドイツ軍の進撃は目を見張るばかりで、日本軍中枢部には、ドイツ軍の勝利は確実なものに映っていた。そして、このドイツの快勝はアジアにおけるイギリス、フランス、オランダといったヨーロッパ植民帝国の権威と勢力を失墜させた。

このころ日本では、陸軍を中心に「南進論」が高まりを見せる。南進論とは、石油やゴム、鉱物資源など戦略物資の宝庫である東南アジアを占領して、資源の米英依存から脱却すると同時に、欧米植民国家に代わって日本が盟主となる「大東亜共栄圏」を建設するというものである。言ってみれば、間もなく始まる太平洋戦争は、「こうした情勢を背景にした日・英・米帝国主義列強間の東南アジア植民地の再編成をめぐる角逐《かくちく》であった」（『太平洋洋戦争全史』池田清編　河出文庫）。

１９４０年9月23日、日本軍は「援蔣《えんしょう》ルートを遮断する」ために中国側から国境を越えて仏印（フランス領インドシナ）になだれ込んだ。いわゆる北部仏印進駐だった。そして4日後の9月27日には、日独伊三国同盟が調印された。

この北部仏印進駐と三国同盟締結によって、ヨーロッパの戦争と日中戦争が連動し、同時に米英の対日姿勢を決定的に硬化させた。日本は対米関係を何とか和らげようと、１９４１（昭和16）年4月16日からワシントンで野村吉三郎《のむらきちさぶろう》大使とコーデル・ハル国務長官との間で日米交渉を開始した。そうした7月28日、日本軍は東南アジア侵攻の前進基地確保のため南部仏印にも進駐した。アメリカの反応は早かった。8月1日には日本の在米資産の凍結と、石油の対日全面禁輸を実施してきた。イギリスも在英日本資産の凍結、通商航海条約の破棄を通告する。蘭印（オランダ領東インド）やオーストラリア、ニュージーランドもこれに同調した。

同年9月6日、日本政府は御前会議で「帝国国策遂行要領」を採択し、10月下旬を目標に戦争の準備をし、10月下旬になっても日米交渉がまとまらなければ「自存自衛」のために開戦を決意するとした。10月18日、東条英機《とうじょうひでき》陸軍大将を首班とする新内閣がスタートした。そして新内閣は11月5日の御前会議で、日米交渉が不調に終わった場合は、12月初旬に「武力を発動する」ことを決めたのだった。

# アジア太平洋戦争新聞　目次



## 1931年（昭和6年）



## 1932年（昭和7年）

## 1937年（昭和12年）



## 1938年（昭和13年）



## 1939年（昭和14年）

## 1940年（昭和15年）



## 1941年（昭和16年）



## 1942年（昭和17年）

## 1943年（昭和18年）



## 1944年（昭和19年）

## 1945年（昭和20年）



※本書では満州事変から敗戦に至る太平洋戦争まで、東アジアおよび東南アジア地域と太平洋地域で行われた一連の戦争の総称として「アジア太平洋戦争」という用語をタイトルに使用しています。※当時日本は中国を「支那」と呼称していたため、本書では歴史的背景を反映する上で、当時の呼称を使用しています。同じく中国で否認されている「満州国」をはじめ、日中戦争下で呼称されていた「熱河省」「新京」なども同様に扱っています。また、「朝鮮(人)」も現在の韓国・北朝鮮を指すものではなく、日本の統治下にあった時代の呼称として使用しています。※本書に登場する人物の敬称は略しています。※中国の人名・地名は、基本的に日本語読みのふりがなを付けていますが、中国語読みが日本で慣用されている「上海(シャンハイ)」「南京(ナンキン)」などは片仮名でふりがなを付けています。※欧米の個人名に付けられるミドルネームは略しています。※本書で引用した文献は原則として原文のままとしていますが、読みやすさを考えて、一部ふりがなや句読点を付け、平仮名表記にしているものもあります。また「満洲」「聯合艦隊」などの旧字体や旧表記も新字体で表記しています。※本書の内容は2021年10月現在のものです。

カムチャッカ半島
千島列島
択捉島
アッツ島
キスカ島
アリューシャン列島
北太平洋
ミッドウェー島
ウェーク島
ハワイ諸島
オアフ島
ホノルル
ハワイ島
ジョンストン島
マーシャル諸島
トラック島
クェゼリン島
カロリン諸島
マキン島
ニューブリテン島
タラワ島
ギルバート諸島
ビスマルク諸島
南太平洋
ラバウル
ソロモン諸島
ラエ
ブーゲンビル島
ソロモン海
ルンガ
ブナ
ガダルカナル島
ポート
モレスビー
サモア諸島
珊瑚海
日中戦争・太平洋戦争関係地図

ソビエト連邦
イルクーツク
バイカル湖
チタ
満州里
ハイラル
ウランバートル
モンゴル人民共和国
ノモンハン
チチハル
ハバロフスク
樺太
ハルビン（哈爾浜）
赤峰
満州国
吉林
承徳（熱河）
営口
長春（新京）
ウラジオストク
綏遠
北平（北京）
錦州
奉天
天津
塘沽
旅順
大連
延安
京城
日本
朝鮮
中華民国
済南
青島
洛陽
東京
広島
徐州
長崎
西安
成都
漢陽
漢口
南京
上海
東シナ海
小笠原諸島
重慶
宜昌
杭州
南西諸島
インド
コヒマ
インパール
武昌
九江
ミートキーナ
柳州
桂林
長沙
南昌
那覇
沖縄島
硫黄島
拉孟
ビルマ
南寧
台湾
広州
香港
ハノイ
マリアナ諸島
海南島
ラングーン
ルソン島
南シナ海
タイ
フランス領インドシナ
マニラ
フィリピン
サイパン島
テニアン島
グアム島
バンコク
コレヒドール
プノンペン
サイゴン
シブヤン海
サマール島
オルモック
レイテ島
南沙群島
マレー半島
ミンダナオ島
シンゴラ
パラオ諸島
コタバル
ペリリュー島
マライ
ブルネイ
カロリン諸島
ジョーホールバル
イギリス領ボルネオ
バリクパパン
メナド
ハルマヘラ島
シンガポール
セレベス島
ビアク島
スマトラ島
ボルネオ島
ホーランディア
アイタペ
オランダ領東インド
パレンバン
バタビア
マカッサル
モルッカ諸島
ニューギニア島
ウエワク
スラバヤ
バンジャルマシン
バンドン
ジャワ島
小スンダ列島
チモール島
インド洋
ポート・ダーウィン
オーストラリア

# アジア太平洋戦争新聞

## 1931年（昭和6年）

［1月23日］

# 「満蒙はわが国の生命線」

## 重大化する満蒙特殊権益と南満州支配

1月23日、第59議会衆議院本会議で、野党の政友会を代表して新米議員の松岡洋右《まつおかようすけ》が初登壇し、幣《しで》原喜重郎《はらきじゅうろう》外相に質問を行った。松岡は対英米両国との協調外交、中国に対しては内政不干渉主義をとる幣原外交を批判し、続いて「満蒙《まんもう》問題」を取り上げて批判のボルテージを上げた。

「私は、満蒙問題はわが国の存亡に関わる問題である、わが国民の生命線であると考えておる。国防上においても、また経済的にも左様に考えておるのであります。ところが現内閣（浜口雄幸《はまぐちおさち》内閣）成立以来1年半、この間、現内閣は満蒙で何をなさったか、この満蒙の地においてもまた幣原外相の絶対無為傍観主義が遺憾なく徹底されているように見えるのである」

議場からは割れんばかりの拍手が起こり、松岡の政治家デビューは華々しいものとなった。同時に、松岡が演壇から放った「満蒙はわが国の生命線である」という一語は、前年来深刻さを増している満蒙問題の核心を突く言葉として、大いにもてはやされた。

当時騒がれていた満蒙問題の「満蒙」とは、中国の満州（現在の中国東北部）と内蒙古（現在の内モンゴル自治区の一部）地方を指す日本的呼び方で、満蒙問題とは、それらの地区での日本と中国側軍閥との権益を巡る対立抗争のことである。

日露戦争の勝利によって、日本はロシアが保持していた遼東半島南端の関東州の租借権を正式に引き継ぎ、東清《とうしん》鉄道の長春《ちょうしゅん》（寛城《かんじょう》子《し》）～旅順《りょじゅん》間などの日本への譲渡も決めた。のちに南満州鉄道会社（満鉄）と名称を変える東清鉄道には、線路を中心にした幅62メートルの帯状の付属地と、各駅舎を中心に広い敷地が付随しており、日本は奉天《ほうてん》（現・瀋陽《しんよう》）や長春などの大都市では、これら付属地に日本人街を形成していく。さらに1キロにつき15人の鉄道守備隊も条約で認められており、日本は合計1万4419人の兵力を置けることになった。

これが「泣く子も黙る」と言わ

張作霖一行を乗せた列車が爆破された直後の様子。左上は大元帥服姿の張作霖

れた関東軍の前身となる。

## 中国の内乱に乗じて満州領有を画策

こうして日本の「満州経営」は開始されたが、それはあくまでも満鉄線に沿った〝点と線の支配〟にすぎない。時は大正に移り、第1次世界大戦が起き、日本陸軍の仮想敵国ロシアは革命の嵐にさらされ、中国は各軍閥による複雑な内乱に突入していった。

日本は中国の内乱には直接タッチはしなかったが、満州の支配者にのし上がった張作霖《ちょうさくりん》の支援に乗り出した。このとき、孫文《そんぶん》亡き後の中国国民党の広東《カントン》政府は、蒋介石《しょうかいせき》を総司令官とする約10万の国民党軍を北上させていた。全国統一を目指す北洋軍閥打倒戦争（北伐《ほくばつ》）の開始だった。

その北洋軍閥は張作霖を総司令にした安国軍を編成し、国民党軍に対抗した。１９２７（昭和2）年6月、張作霖は自ら大元帥に就任して束の間の実権を手にする。同時に満州での権力増強と収入増を見込んで、満鉄と並行する鉄道を敷設した。この満鉄並行線の建設は現地の関東軍を怒らせた。ところが関東軍高級参謀の河本大作《こうもとだいさく》大佐を中心とする一派は、これを好機と捉えた。河本らは、この際、張作霖を抹殺して中国人の犯行に見せかけ、それを口実に部隊を出動させて満州全体を一挙に占領しようと考えたのである。

１９２８（昭和3）年6月3日、北伐軍に追われた張作霖一行を乗せた奉天行の特別列車が北京《ペキン》を出発、翌4日早暁、奉天郊外の京奉《けいほう》線が満鉄線と交差する皇姑屯《こうことん》に差し掛かったとき、列車は大音響を発して爆破された。河本一派の仕業だった。

張作霖は重傷を負って奉天城内

の自邸に運ばれたが、午前10時すぎに死亡。だが、これを日本軍の謀略と見た奉天省長の臧式毅《ぞうしきき》は、張作霖の死亡を伏せて「負傷」とだけ発表し、長子の張学良《ちょうがくりょう》に連絡すると同時に、部隊の動きを一切封じ日本軍に出兵の口実を与えない措置を取った。そして張作霖の死亡が公表されたのは6月21日で、河本らが狙った「事件の混乱に乗じて出兵し、満州全土を一挙に占領する」という計画は、完全に時機を失していた。

張作霖爆殺事件の直後、蒋介石は30万の軍隊を率いて北京に入り、北伐完成を宣言した。こうした情勢を見て、父の地位を世襲した張学良は国民政府の統治下に入ることを申し出た。蒋介石も張学良の申し出に応じ、同年12月29日、蒋介石は張学良を東北辺防総司令官に任命し、満州は国民政府の統治下に入ったのである。

# 日中対立激化の様相を深める
# 万宝山事件・中村大尉事件

[7月2日]

7月2日、万宝山《まんぽうざん》で日本の関東軍と中国軍が対立する事件が起こった。この事件を語るには前年の5月に起きた「間島《かんとう》暴動」を説明しておく必要がある。

朝鮮と隣接する中国吉林《きつりん》省東部の間島地方はもともと朝鮮人の多い地域だった。しかし、日本による土地収奪などのため故郷を追われた朝鮮人農民たちが激増し、当時は60万人とも80万人ともいわれるまでに膨れ上がっていた。そして5月30日、中国共産党の指導のもとに、間島の朝鮮独立運動派が貧農層を組織して武装蜂起した。この農民蜂起は、日中双方から徹底的に弾圧された。これが間島暴動である。

この暴動で行き場を失った朝鮮人農民の一部約200人が、長春西北24キロの万宝山地区に流れ着き、開墾を始めた。

吉林省政府の警官隊は朝鮮人に退去を求めたが、朝鮮人農民には行き場がない。そして7月2日、水路権を巡って中国側警察と中国側農民数百人が実力行使で立ち退きを迫り、日本側も武装警官を派遣、発砲騒ぎとなった。

双方に死者は出なかったが、この事件を韓国の新聞が「中国人が朝鮮人農民を襲撃し、多数の死傷者が出た」と虚報を流した。これに激昂した朝鮮人たちが、朝鮮各地で報復的な襲撃を行い、中国人127人が殺害され、400人余りが重軽傷を負うという一大事件に発展した。これが「万宝山事件」である。

この事件を日本の新聞も「支那官憲不法にも、朝鮮人捕縛」など未確認情報を誇大に伝えた。さらにこのニュースが中国に飛び火し、「日本が朝鮮人をそそのかした」として、上海や中国の各都市で、大規模な日本商品ボイコットが開始された。

相互のメディアが反中国、反日感情を増幅して憎悪と敵意をあおる負の応酬、連鎖が両国関係をより悪化させていった。

## スパイ活動が発覚
## 中村大尉が射殺される

この事件と並行して同年6月27日、参謀本部員の中村震太郎《なかむらしんたろう》大尉が中国側に射殺されるという重大事件が起きた。

中村大尉は身分を隠し、中国人に成り済まし計4人で6月下旬、対ソ戦に備えて地図作成のために、外国人の立ち入り不許可の北部満州を調査、偵察活動していたところだった。

中国側は事件を公表しなかったが、関東軍は、この事件を満蒙問題解決の絶好のチャンスと捉えて、8月2日、中国側に事実究明の共同調査を申し入れ、同意しない場合、関東軍が実力調査を行うと言明、軍事行動のタイミングを計っていた。

中国側は事件を全面否定したため、17日、奉天特務機関が中村大尉らのスパイ活動を伏せて事件を公表した。関東軍はこの二つの事件を満州における武力発動の口実にしようとしたのだった。

中村震太郎大尉

［9月18日］

# 満州事変勃発

## 関東軍、軍事行動を起こす

柳条湖の満鉄線爆破地点。線路は修復されているが、手前に人が倒れている

9月18日午後11時46分、奉天の北方、柳条湖《りゅうじょうこ》付近で満鉄線の一部が爆破された。満州事変の発端となった柳条湖事件である。これが関東軍の謀略の始まりだった。

関東軍高級参謀の板垣征四郎《いたがきせいしろう》大佐と作戦参謀の石原莞爾《いしわらかんじ》中佐は、東京の陸軍省や参謀本部にいる多くの同志（グループの名を一夕会《いっせきかい》という）との「誓約」のもと、彼らの支援を頼みとして、満州全域を日本領土にするために、3年前から密かに軍事行動の秘策を練ってきたのだ。

一夕会のメンバーは大佐以下だったが、顧問に参謀本部作戦部長の建川美次《たてかわよしつぐ》少将が就いていたことからも分かるように、陸軍大臣や参謀総長をはじめとする陸軍首脳も、満州を日本の支配地域とすることに基本的には賛成していた。ただ彼らは、中国寄りの欧米各国から日本が反撃されないよう、周到な国際的根回しをしてから、軍事行動に移ることを非公式に決定していたのである。

爆破された柳条湖は奉天駅の北方約8キロの地点にある。近くには中国軍（張学良軍）の兵舎である北大営《ほくだいえい》もある。爆破を具体的に指導したのは関東軍の板垣・石原両参謀であり、奉天憲兵分隊長や張学良顧問の大尉、奉天特務機関の花谷正《はなやただし》少佐などが密議に加わっていた。爆破を行ったのは奉天の守備に就いていた独立守備歩兵第2大隊第3中隊長の河本末守《こうもとすえもり》中尉と6人の部下たちだった。爆破は「中国側の反日行為」という部隊出動の口実ができればいいので、申し訳程度の爆破だった。

その夜、奉天にいた板垣大佐は、爆破成功の報告を受けると、張学良軍の北大営（兵力約6800人）と奉天省政府や張学良軍司令部のある奉天城攻撃を命じた。一方、旅順の軍司令部にいた石原中佐は、関東軍司令官の本庄繁《ほんじょうしげる》中将の説得にあたっていた。石原中佐は全面的な軍事行動に入ることを強く促したが、本庄司令官は首を縦に振らず沈思黙考は数時間に及んだが、やがて

「よろしい、行動は本職の責任において行う」

そう言うと、石原中佐の用意した命令案を承認、各地の部隊に矢継ぎ早に命令が打電された。

一、主力の第2師団は奉天に兵力を集中すること。

二、営口《えいこう》、鳳凰城《ほうおうじょう》、安東《あんとう》を占領し、長春付近の中国軍を攻撃すること。

三、朝鮮軍への増援依頼。

営口占領は錦州《きんしゅう》方面からの中国軍の反攻を防ぐためであり、鳳凰城、安東の占領は、すでに事前の打ち合わせが終わっている朝鮮軍増援部隊の輸送路確保のためである。長春攻撃は、当地に居住す

奉天城東方にある中国軍の兵工廠（武器弾薬工場）を占領した日本軍

る1万人を超える日本人の安全確保だった。

旅順の関東軍司令部はただちに奉天に移動した。各部隊の行動も迅速で、命令された地域を瞬く間に占領した。奉天は翌19日午後4時までに完全制圧し、奉天市長に特務機関長の土肥《どい》原賢二《はらけんじ》大佐が任命される。

当時の関東軍は1万人を超える程度だったが、張学良軍の総兵力は33万人といわれていた。だが、

「在留法人保護」を名目に吉林に向かう関東軍

中国軍は張学良の命令で散発的な抵抗をしただけで無抵抗主義に徹した。このとき張学良はたまたま11万人の兵力を率いて北京にいたが、日本との武力衝突を避けるという蔣介石の方針に従ったのだった。蔣介石は対共産党軍掃討が先で、日中決戦はまだ先と見ていたのである。

## 政府は関東軍の暴走を追認

奉天全市はもちろん、関東軍が占領した営口も鳳凰域も安東も、れっきとした中国領土である。これら外国の地で軍事行動を起こすには、昭和天皇の命令がなければできない。それが「統帥」と呼ばれるものであった。しかし、本庄司令官はそれを独断で行った。本来なら軍法会議に付されてもいい逸脱行為である。

ところが金谷範三《かなやはんぞう》参謀総長は関東軍の独断占領を容認し、以後は閣議で「必要限度を超えないこと」と決定しているので、「この趣旨にのっとり、善処せよ」と訓令した。しかし関東軍は「必要限度を超えていない」口実を見つけては、作戦地域を広げていった。

21日には、第2師団主力が吉林を占領。吉林特務機関長が「居留民（日本人約1000人）保護のため出兵を強く要求した」からである。本庄司令官は「必要限度を超える」と感じたが、ここでも板垣・石原両参謀らの執拗《しつよう》な説得に屈してしまった。吉林の中国軍は自ら市外に出て、日本軍に明け渡した。

第2師団の吉林出兵に合わせて、朝鮮軍の混成第39旅団（兵力約3000人）が満州に入った。関東軍司令官の要請に応じて、手薄になった奉天の守備にあたるという名目である。国境を越える出動だから、本来なら天皇の命令なしにはできなかったが、朝鮮軍司令官の林銑十郎《はやしせんじゅうろう》中将もあえて独断越境を命令した。もはや統帥権も軍組織の秩序も無視した暴走の始まりだった。

こうなると、政府としても単なる事件では処理できない。この日、9月21日に臨時閣議を開き、関東軍の行動を追認し、今回の事件は「満州事変」と見なすことにした。

## 満州事変を立案した石原莞爾の最終計画

石原莞爾は、1928（昭和3）年に関東軍の作戦主任参謀として満州に赴任し、関東軍による満蒙領有・独立計画を立案した人物である。赴任にあたって石原は「今度私の在任中に必ず満州をごっそり頂戴してご覧に入れます」と語っている。実際の満州事変はそれから3年後だが、すでに

エリート中堅将校の間では、満蒙の乗っ取り計画は規定の方針として確認されていたといえる。

石原は来るべき満蒙征服のために準備を始めた。最初に行ったのが、司令部参謀を引き連れての参謀旅行だった。満蒙の各地を歩き回り、戦闘場面を想定し、どういう結末に至るかを勉強する旅行である。そして石原はそこで自分が描く未来の展望を若き参謀たちに教育した。

その展望は壮大だ。満州国などその一部でしかない。石原は、いずれは日米の間で戦争が起こると確信していた。それを石原は「世界最終戦争」と呼んだ。当然、戦いには日本が勝利し、天皇が世界の盟主になるのである。その前提となるのが、日本が満蒙を領有することだった。満蒙の次には中国を味方に引き入れ、日本の国力を大いに養って、アメリカと戦争する。それが世界最終戦争になるはずで、日本が勝って天皇の徳をもって世界平和を実現するというシナリオである。

石原独特の文明論は、参謀たちには全面的に理解できなかったようだが、世界最終戦争に備えての最初の段階が満蒙の領有であり、そこで大いに国力を養う必要があるという理屈には全員が賛同した。問題は武力発動のきっかけだった。石原はきっかけがあれば、いつでも関東軍を動かすつもりだった。そして関東軍の謀略によって満州事変が始まったのだった。

満州支配のシナリオを描いた石原莞爾中佐

1931（昭和6）年10月8日、関東軍は政府の方針を無視して、奉天を逃れた張学良が仮政府を置いていた錦州に空爆を敢行した。写真は錦州を爆撃した日本陸軍の飛行機

[9月24日]

## 満州事変の収束を協議
## 政府、「不拡大方針」決定

満州事変勃発直後から政府はいち早く「不拡大方針」を決定した。

事変勃発の翌日、政府は緊急閣議を開き、席上、幣原喜重郎外相が「関東軍の謀略ではないのか」との疑惑を指摘、前述のように政府はこれ以上事態を拡大しない「不拡大方針」を示したが、若槻《わかつき》礼次郎《れいじろう》首相は「できたものはしかたない」として断固阻止する気概を示さなかった。

関東軍の眼中に政府はなく、シビリアンコントロールすべき政府も無責任な事後追認に追われ、朝鮮軍の独断越境も9月22日朝の閣議で承認され、同日中に参謀総長が奏上して、昭和天皇の裁可《さいか》を得た。そして24日、政府は「不拡大方針」を声明したが、関東軍の暴走に歯止めは掛からなかった。

[11月8日]

# 第1次天津事件を工作
## 溥儀、関東軍の手引きで天津を脱出

満州事変を起こした後、関東軍は、当初は満州全土の武力占領を考えていた。しかし、国際世論の強い批判から、傀儡《かいらい》政権を樹立しての満州統治に方針を切り替えることとなった。その方法として考え出されたのが、天津《テンチン》の日本租界に隠棲《いんせい》していた満州族で清朝のラストエンペラー・愛新覚羅《あいしんかくら》溥儀《ふぎ》の担ぎ出しだった。

溥儀を関東軍支配地域に連れ出す工作は関東軍参謀の板垣征四郎大佐と奉天特務機関長の土肥原賢二大佐が担当した。板垣と土肥原は清朝復辟《ふくへき》（退位した君主が再び位に就くこと）を条件に溥儀を説得した。

天津時代の溥儀と婉容（えんよう）夫妻

しかし、協調外交を唱える幣原喜重郎外相は、早くから溥儀の擁立には反対していた。そのため天津総領事の桑島主計《くわじまかずえ》にも「溥儀を厳重に監視するよう」訓電を送っていた。

周囲が警戒する中で、土居原大佐は非常手段を取ることにした。天津市内に暴動を起こし、その混乱に乗じて溥儀を満州に連れ出そうというのである。

11月8日、計画が実行された。土居原は「自治救国軍」を名乗る中国人グループに天津の中国人街で暴動を起こさせたのだ。暴動は天津の張学良軍が戒厳令を敷くほどの騒乱状態に発展した。これが第1次天津事件である。

その2日後の10日夜、混乱に紛れて溥儀一行は住居から抜け出し、河北省の塘沽《タンクー》にたどり着いた。その後、関東軍が用意した「淡路丸」に乗船。13日朝、満州の営口に到着したのである。

［12月28日］

# 関東軍、錦州に進攻開始
## 昭和天皇も満州事変を認める

関東軍は10月8日、錦州に25キロ爆弾75発を投下して空襲した。これを国際連盟の各国から非難を受けた関東軍だったが、政府の方針や国際世論など歯牙にも掛けず暴走を続けた。

11月19日には黒龍江省のチチハルを占領したのである。

チチハルに根拠地を持つ軍閥馬《ば》占山《せんざん》軍（兵力約５０００人）は、初めて日本軍に激しく抵抗した。チチハル攻撃の関東軍は兵力約５９００人のうち、戦死58人、戦傷２２７人、凍傷にかかった者９９６人という損害を出した。

関東軍はチチハルに通じる鉄道の嫩江《のんこう》に架かる鉄橋が馬占山軍によって破壊されたため、その修理の護衛に就くという〝名目〟で進軍したのである。まだ若槻礼次郎内閣が関東軍の軍事行動を全面的には認めていなかったので、そういう言い訳を用意して軍事行動を進めたのであった。

このような見え透いたウソでも、陸軍大臣の南次郎大将が閣議でそのように報告すれば、若槻首相も幣原喜重郎外相も認めざるを得なかった。

しかし、陸軍省や参謀本部は国際世論に反する関東軍の強行を容認しながらも、すぐに英米との外交断絶やさらなる北進によってソ連と衝突という事態にならないように行動した。

それを端的に示したのが、12月28日の関東軍による錦州進撃である。

### 錦州作戦を開始
### 「匪賊討伐」が名目

錦州進撃のために関東軍は支那駐屯軍（司令部は天津）と合意の上で、まずは天津で中国軍との衝突事件を仕掛けた（第2次天津事件）。関東軍はそれを救援するために天津に向かうという作戦を立てた。天津に列車で行くには錦州を通らなければならず、その際に錦州で張学良軍と衝突したということになれば、作戦成功というわけだった。

だが、このあからさまな詭弁《きべん》に、参謀本部は本気になって関東軍の出動を制止している。「委任命令」（天皇の直接命令に近い形の命令）を、1日のうちに4回も発して掣肘《せいちゅう》したという。これには関東軍もさすがに従わざるを得なかった。当時、錦州から張学良軍を自発的に撤退させるという条件で、日本軍は錦州進撃を行わないという交渉が英米仏の三国を相手に進んでいたからである。

しかし、結局は関東軍は錦州を攻撃し占領したのである。今度の名目は「匪賊《ひぞく》討伐」だった。匪賊を追っていくうちに張学良軍と衝突したことにしようとしたのだ。匪賊討伐権は国際連盟も認めており、正当な軍事行動だったというのが理由である。だが、錦州の張学良軍はここでも戦わずに撤退し、翌１９３２（昭和７）年１月３日、関東軍が占領する。

12月11日、若槻内閣が総辞職し、犬養毅《いぬかいつよし》内閣が成立したが、新内閣には英米協調派はいなかった。関東軍の満州事変（満州を中国から切り離して独立させること）は新内閣で認知され、錦州占領後の１月８日には昭和天皇も関東軍の軍事行動を賞賛する勅語《ちょくご》を発したのである。

チチハル攻略に向けて進軍する関東軍の装甲列車

1932(昭和7)年1月3日、錦州城を占拠後、西門楼上に日章旗を掲げる関東軍

# アジア太平洋戦争新聞

## 1932年（昭和7年）

［1月28日］

## 満州国建国準備のための計略

# 第1次上海事変開始

1月18日、上海《シャンハイ》の路上で日本人僧侶の一団が数人の中国人に襲われ、1人が死亡した。これをきっかけに日中両軍が衝突し第1次上海事変が起きた。

この事件もまた関東軍による陰謀だった。陰謀を仕組んだのは田《た》中隆吉《なかりゅうきち》少佐とそのパートナーであった川島芳子《かわしまよしこ》だった。

田中隆吉は日本陸軍の少佐で、公の肩書は上海公使館付陸軍武官補佐官だったが、実質的には諜報工作を専門とする特務機関員である。川島芳子は大陸浪人川島浪速《なにわ》の養女で、日本では「清朝の王女」として知られていた。本名を愛新覚羅顕玗《けんし》、漢名を金壁輝《きんへきき》といい、清王朝八大親王のひとりである粛《しゅく》親王善耆《ぜんき》の第14王女である。当時彼女は23歳で、蒙古の独立運動家巴布札布《パプチャップ》将軍の次男甘珠爾《カンジュル》札布《ジャップ》と結婚していたが、夫の元を飛びだして日本や中国を渡り歩いていた。

田中と芳子は1年ほど前に上海で知り合い、間もなく男女の関係になったという。ちなみに前年11月8日、婉容皇后の天津脱出を手助けしたのも芳子である。

1月10日、田中は関東軍高級参謀の板垣征四郎大佐から「上海で事を起こして列国の注意を（満州から）そらせて欲しい。その間に（満州の）独立まで漕《こ》ぎ着けたいのだ」と頼まれた。上海で何らかの方法で日中両軍を衝突させて戦闘を起こし、世界の目が上海に引き付けられている隙に、満州建国を実現させたいということである。

満州事変勃発後、上海では反日運動が急速に高まっていた。当時、上海には約3万3000人の日本人が住んでおり、日中の住人同士の間で対立が始まろうとしていた。田中は芳子に中国人に対して日本人襲撃の裏工作を指示した。

田中は上海の日蓮宗日本山妙法寺の僧侶たちが、毎日、夕方近くになると太鼓を打ち鳴らしながら楊樹浦《ヤンジッポ》方面に寒修行に出掛けるのを知っていた。その僧侶たちが通る共同租界の馬玉山路に、タオル工場の三友実業社がある。同社は抗日義勇軍を持つ名うての反日企業だった。田中は芳子に、その三友実業社義勇軍への工作を頼んだのだ。

芳子がいかなる方法で工作をしたのかは分からないが、18日午後4時すぎ日蓮宗信者5人が馬玉山路を出てタオル工場前に差し掛かった。すると突然、数十人の男らが僧侶たちに襲い掛かった。そして僧侶ら3人が重傷を負い、その中の1人は24日に死亡した。

中国人による僧侶襲撃を確認した田中は、再び芳子を通じて上海在住の日本人義勇軍団に金を渡し、三友実業社襲撃を依頼した。襲撃は義勇軍団の青年同志会員が買って出た。約30人の同志会員は19日の夜半、三友実業社に押し掛け、工場の物置小屋に放火して引き揚げた。

「男装の麗人」と呼ばれ、日本でも時の人となった川島芳子

その後、上海居留の日本人と中国人との衝突があちこちで起こった。それに対して日本海軍遣外艦隊は陸戦隊を上陸させて日本人保護にあたったが、かえって中国軍の攻撃を受けるようになった。こうして28日、日中両軍は交戦状態に入った。戦火は一挙に広がり、関東軍と田中少佐、川島芳子らの工作はまんまと成功した。国際都市・上海の戦火は、世界の耳目を集めたのである。

この間、関東軍は地方の有力軍閥に対する工作を進め、2月16日には東北行政委員会建国会議を開かせるところまで運んだ。この席で関東軍は、満州国建国の了承を得たわけである。

一方で、上海では日本軍の苦戦が続いていた。この建国会議が開かれた日、国際連盟理事会は日本に対する上海での戦闘行為を中止するよう勧告し、従わなければ3月4日の連盟総会にかけることを決定した。

上海の日本軍は連盟総会前の決着を目指して大攻勢を掛けた。そして3月3日、中国軍が退却を始めたときを捉えて停戦を声明、以後、停戦交渉に移って戦闘行為を中止した（5月5日に停戦協定が成立）。

上海の北停車場付近の第一線で、中国軍に砲火を放つ海軍陸戦隊

［2月5日］

## 関東軍、ハルビン占領
### 満州主要部を支配下に

2月5日、関東軍はハルビン（哈爾浜）を占領した。ハルビン占領は丁超《ていちょう》軍との戦闘を伴った。吉林省の実力者熙洽《きこう》は、関東軍の工作で独立を宣言したが、熙洽と対立したのが丁超である。最初は熙洽軍に丁超を討伐させようとしたが、戦闘が進むにつれてハルビン市内の居留日本人や朝鮮人への虐殺、略奪が横行した。それを捉えて、関東軍直々の出動となった。

心配されたソ連の反撃はなく、進撃は一気に進み、丁超軍の拠点を攻撃、さらに進んでハルビン南方の陣地を攻撃して、ハルビン入城を果たした。当時は上海方面で日中両軍の緊張が最も高まっていた時期で、関東軍のハルビン占領はその陰に隠れて、外国の関心をほとんど引かなかった。

［2月22日］

## 「爆弾三勇士」の忠勇美談
### 爆弾と共に敵陣に突入した工兵隊員

第1次上海事変が起こると、連日、日本軍の奮闘が新聞で報じられ、2月24日には、わが身を犠牲にしてまで敵防御線突破を図った江下武二、北川丞《きたがわすすむ》、作江伊之助という3人の1等工兵の活躍が大々的に報道された。

22日、中国軍の鉄条網を破るために爆弾もろとも敵陣へ突入して爆死した彼らは、「爆弾三勇士」（肉弾三銃士）とも呼ばれ、賞賛された。

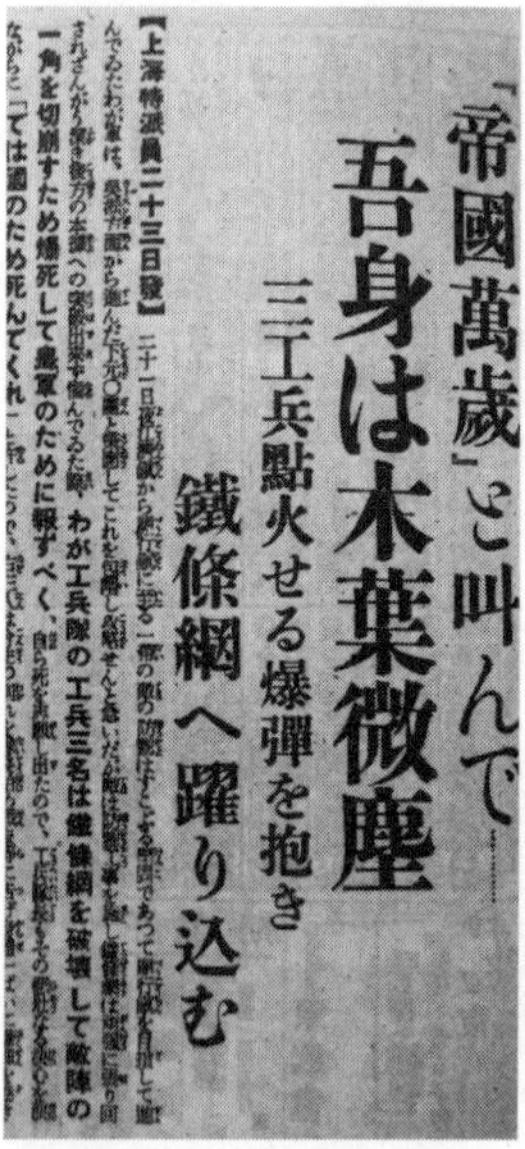
「帝國萬歳」と叫んで
吾身は木葉微塵
三工兵點火せる爆彈を抱き
鐵條網へ躍り込む
【上海特派員二十三日發】

3兵士の「忠勇」を報じる新聞記事
（出典：『東京朝日新聞』1932年2月24日付）

三勇士の戦死をいち早く報じた『東京日日新聞』では、「廟行鎮《びょうこうちん》を攻撃する際、敵が縦深4メートルにおよぶ鉄条網で構築し、日本軍は進撃を阻まれて苦戦に陥った。そこに3名の一等工兵が自分の身体に点火した爆弾を結びつけ、身を挺して鉄条網目がけて飛び込み、大爆音をあげて自らの身体もろとも頑丈な鉄条網の3カ所を破壊、わが歩兵の突撃を助け、歩兵は頑強な敵兵と白兵戦を演じて、西南部にこれを撃退した。三勇士は爆発によって粉砕され、一物も残さず、まことに凄惨《せいさん》の極みであった」と伝えた。

その他、各社とも24日付の朝刊で、同様に決死の突撃を伝えている。陸軍省は兵士たちに「最高の賛辞」を送り、満州事変以来の「軍国美談」となった。

次には、記事を題材に、新聞社が顕彰歌を公募。『爆弾三勇士の歌』などの戦争歌が作られた。映画では4社の映画会社が競作し、また、歌舞伎、新派、文楽にまで三勇士ものが上演された。各種メディアが連係プレーで、軍神の〝英雄像〟を構築していったのである。

なお、捕虜交換後に自決した空《く》*閑昇《がのぼる》少佐を「軍人精神の発露」として新聞発表し、爆死した兵士らを「爆弾三勇士」と命名したのは、当時の陸軍大臣荒木貞夫である。

*空閑昇少佐：第1次上海事変で重傷を負い中国軍の看護を受けた。その後、日中捕虜交換で帰国したが、軍法会議にかけられた。判決は無罪となったが、再び戦地に戻りピストル自殺を遂げた。

［2月29日］

# リットン調査団、東京に到着

## 隠しきれなかった日本の野望

　満州事変を起こした日本に対して中国の提訴を受けた国際連盟は、伯爵の称号を持つイギリス人のリットン卿をはじめフランス、ドイツ、イタリア、アメリカの各代表で構成したリットン調査団を設置する。

　2月29日、調査団は東京に到着したが、その翌日には、「満州国建国宣言」が出された。満州事変という日本の軍事行動が正当なものかどうかを調査するためだったが、事態はどんどん先に進んでいた。東京における政府・軍部要人からの聞き取り作業が順調にいくはずがない。おしなべて満州における自衛のための軍事行動が強調されるばかりであった。

　東京での調査を終えた調査団は3月14日、上海経由で中国の首都である南京《ナンキン》に入り、中国政府と軍の最高指導者蒋介石と会見。さらに北京に至り、張学良と会見した。張学良は日本の関東軍から東北（満州）を追われた首領である。張学良に会ったのち、漢口《かんこう》と重慶《じゅうけい》に寄り、当地の要人と面接した。

　そして4月20日、調査団は誕生したばかりの「満州国」に入った。関東軍は厳戒態勢を敷いた。関東軍はリットン調査団に対する厳重な監視を行い、電話の盗聴、調査団宛ての手紙の開封はもちろん、調査団が郵便を使って出す手紙の開封を徹底した。要人との会見には必ず関東軍参謀が付き添い、真相の発言を封じた。

　元首である満州国執政溥儀との会見もセットされたが、関東軍は溥儀に対して具体的な質問は行わないという確約を取ってから、表敬訪問という形で実現させた。

　関東軍は、満州事変と満州国建国に関わる真相を語るような人物を、調査団から遠ざけようとした。このような厳重な監視の中で、リットン調査団は密かに持ち込まれた多くの手紙を受け取った。中国文１５５８通、英文４００通といわれ、その中で、日本軍の行動を擁護しているものは2通だけで、あとは全て満州国が日本軍による強制で成立したことを訴えていたという。

柳条湖付近の満鉄爆破地点を検分するリットン調査団

[3月1日]

# 満州国、建国される
## 理想の楽土から離れた新国家の姿

3月1日、「五族協和」「王道楽土」を掲げて満州国は独立を宣言した。キャッチフレーズ通りなら、それは理想郷であろう。国王（元首）は愛新覚羅溥儀となったが、彼が望む「皇帝」ではなく「執政」となった。

執政就任式を3月9日に長春の市政公署で挙行するため、溥儀一行は前日の8日に旅順から特別列車で長春駅に到着した。駅前は1万人近い人々で埋め尽くされていた。溥儀は感激と感動に包まれた。皇帝を望んでいた溥儀は執政という肩書を強いた日本側を死ぬほど憎んでいたというが、このような民衆の大歓呼に迎えられ、将来に希望さえ見出していた。

執政就任式は簡素の中にも厳粛に行われた。

しかし、満州国の運命は、早くも建国の数日後に決定されていた。3月9日の執政就任式前の6日、溥儀は一通の書簡に署名させられている。これは関東軍司令官と交わした重大な密約である。

内容は次のようなものである。

一、満州国の治安維持および国防は日本軍に委ねる。

一、国防上必要な鉄道、港湾、水路、航空路の管理、ならびに新設は全て日本に委ねる。

一、日本人を満州国参議に任じ、中央、地方の官署にも、日本人を任用する。その選任、解任は関東軍司令官の同意を必要とする。

満州国は、まさに最初から骨抜きの状態で誕生した〝独立国家〟だったのだ。

満州国の執政となった溥儀だが、彼が望む「皇帝」ではなかった

前述した通り満州国では、溥儀を元首とした。そして、国務院という組織が行政の中心とされた。国務院のトップである国務総理がすなわち首相となる。溥儀の側近ナンバーワンである鄭孝胥《ていこうしょ》が、初代の国務総理に任命された。

しかし、鄭は乗り気ではなく、何回も「辞職したい」と申し出ている。「日満議定書」の調印6日前にも「今度こそ辞める」と突然言い出し、自宅に閉じこもって登庁しなくなった。慌てた関東軍は、岡村寧次《おかむらやすじ》参謀副長を新京《＊しんきょう》に向かわせ、何とか翻意させるというドタバタ劇を演じている。

「駒井徳三総務長官の横暴ぶりにがまんできない」ということが鄭の辞意の理由だった。国務総理は〝飾り物〟にすぎず、日本人の総務長官が実権を握っていたのだ。ことに駒井は、2月に反日を貫いていた馬占山を帰順させるなど、自らの政治手腕に酔い、たいへんな高飛車ぶりだった。

＊新京：満州国建国にあたって、吉林省の地方都市である長春を「新京」という名に改め、満州国の首都とした（38ページ参照）。

鄭の苦情を受け、駒井は総務長官を罷免された。しかし、日本人官吏が実権を握り、高給をせしめるその構図には何ら変わりはなかった。そして彼ら官吏ににらみを利かす最大の権力者が関東軍司令官であった。そのポストは満州国特命全権大使、関東長官を兼任し、独裁者というべき巨大な存在になる。

## 満州を去る事変の首謀者

8月8日の陸軍定期異動によって、関東軍司令官は本庄繁中将から武《む》藤《とう》信義《のぶよし》大将に代わった。溥儀は、その新任の武藤司令官に比べて、自分はあまりに無力だったとのちに述懐している。「私の権威はだれの目から見ても増さなかったが、彼の権威は私の心中で日増しに増大し、とどまるところを知らなかった」（溥儀『わが半生』）。

満州国の将来を憂慮していた石原莞爾中佐も、8月の定期異動で関東軍の参謀ポストから離れた。大佐に昇進し兵器本廠付になる。片倉《かたくら》衷《ただし》大尉も第12師団参謀に転出し、板垣征四郎大佐は少将に昇進、関東軍には残ったものの、溥儀の顧問という影響力の弱いポストに代わった。

その板垣少将に、「満州国ヲ理想ノ楽土タラシメ」るよう、なんとか努力してもらいたいとの手紙を渡し、石原大佐は満州の地を去った。こうして事変の首謀者たちが転出した後、満州国の植民地化はいっそう色濃くなる。

例えば、建国当初、日本人官吏の数は「約2割にとどめるべき」といわれていた。それでも、中国人閣僚は鼻白んだ。満州国の人口は約3000万人で、うち日本人は約24万人、1パーセントにも満たなかったからだ。ところが板垣・石原ら関東軍幕僚が、小磯《こいそ》国昭《くにあき》参謀長をはじめとする新スタッフに代わった後は無統制となり、官吏の5～6割は日本人という状態になる。伝手《つて》を頼って満州国の官庁に猟官する日本人が多くなったからだった。

新国家建設で喜びに沸く長春市街

［2月9日・3月5日］

# 血盟団事件

## 政財界の要人抹殺を狙ったテロ事件

2月9日、前蔵相で金解禁による緊縮財政で不況に追い打ちを掛けた井上準之助が、その1カ月後には三井財閥の総帥である団琢磨《だんたくま》が暗殺された。この二つのテロは、実行犯は別人であるが、犯行に使われた拳銃が同型で、2人とも茨城県の農村出身だった。そこから「血盟団」というグループが浮かび上がった。

血盟団は日蓮宗の僧侶井上日召《いのうえにっしょう》が組織した暗殺団である。1886（明治19）年、群馬県利根川郡川場村に生まれた井上は、東洋協会専門学校（現・拓殖大学）を中退後、24歳で満州に渡った。満州で陸軍の諜報活動などに携わった後、1921（大正10）年に帰国し、日蓮宗の修行を始めた。数年間の修行生活で、日本精神に基づく国家改造思想を育んだ。1928（昭和3）年、茨城県大洗町にできた立正護国堂の住職となると、この地で神懸かり的な加持祈《かじき》禱《とう》を行いつつ、農村青年の育成にあたった。

血盟団主宰・井上日召

井上準之助前蔵相

井上は護国堂で近隣の農村の青年たちに、自らの国家改造思想を啓蒙していった。護国堂には農民たちだけでなく、海軍の青年将校も出入りしていた。霞ヶ浦航空隊の藤井斉《ふじいひとし》中尉を中心とする王師《おうし》会《かい》の面々である。

王師会は1928年に藤井が作った急進的国家主義グループだ。藤井は、「政治、経済、風教（風習・習俗）が堕落した今日の日本国家は存在の価値がない」との考えから、国家改造を目指し会を結成した。メンバーはのちの五・一五事件で中心となる人物など50人に達した。

井上と藤井はお互いの思想に影響を与え合い、同志的関係となった。当初、井上はあくまで信仰によって合法的な国家改造を目指していたが、「事態は緊迫している」と強く迫る藤井に同調し、暴力テロを決意するようになった。

藤井が九州の大村航空隊へ転属となると、後事を託された井上は各地の同志と連絡を取るなどの役割を引き継ぎ、井上の感化を受けた農村出身の若者たちが、「一人一殺」を掲げてテロを実行したのである。

ターゲットは、実行された井上準之助と団琢磨だけでなく、元老の西園寺公望《さいおんじきんもち》、内《ない》大臣の牧野伸顕《まきののぶあき》、首相の犬養毅など12人がリストアップされていた。拳銃は藤井を通して10丁用意していたが、決行の時期に上海事変が起こっていたため海軍の同志は多くが出征していて、第1陣のテロは民間人のみで行われたのだ。だが、要人の警護は思いの外厳しく、実際には2人の暗殺が実行された段階で井上日召が自首し（3月11日）、血盟団事件は幕を閉じた。

［5月15日］

# 犬養首相暗殺 五・一五事件

## 海軍青年将校によるクーデター計画

### 国家改造を狙った集団テロ事件

血盟団事件で井上日召が自首した後、民間の血盟団員は次々と逮捕された。だが、海軍側には司直の手が伸びなかった。その海軍に協力したのが農本主義者の橘孝《たちばなこう》三郎《ざぶろう》だった。水戸で愛郷塾《あいきょうじゅく》を開き、青少年に愛郷精神を叩き込んでいた橘は、海軍青年将校たちの国を思う心に打たれ、共に決起することを決意した。

犬養毅首相

クーデター計画の中心人物だった古賀清志《こがきよし》海軍中尉らは、のちに二・二六事件を起こす陸軍の青年将校らにも声を掛けた。だが、陸軍側は時期尚早として同調しなかったため、陸軍からは少数の士官候補生が加わるにとどまった。

今回の計画は、警備が厳重になっているので血盟団のように一人一殺は難しくなっていた。そこで集団によるテロが計画された。約30人の集団を4組に分け、首相官邸、牧野伸顕内大臣官邸、政友会本部、三菱銀行を襲撃。その後、合流して警視庁を襲撃。橘孝三郎の別働隊が農民決死隊を率いて6カ所の変電所を襲い、東京中を暗闇にするというものだった。

決行後は、青年将校たちは全員が東京憲兵隊に自首することになっていた。今回の集団テロが成功したとしても、その後のことは何も決まっていなかったのだ。帝都に暴動を起こせば戒厳令が敷かれ、その後は革命政府がどうにかするだろう、といったあまりにも無計画なものだった。

5月15日の夕方、9人の軍人が首相官邸を襲った。海軍から三上《みかみ》卓《たかし》、山岸宏海軍中尉ら4人、陸軍から士官候補生が5人である。

15日は日曜日で、犬養毅首相は家族と夕食を取っていた。青年将校は警備の巡査1人を殺害、もう1人に重症を負わせ、官邸に侵入した。

犬養は胸にピストルを突き付けられながらも、「話せば分かる」と一同を客間に導いた。だが山岸が「問答無用！　撃て！」と叫ぶと、三上らが犬養に向けて発射し、倒れるのを見て立ち去った。犬養はしばらく息があったが深夜に息を引き取っている。

古賀をリーダーに5人が襲撃した内大臣官邸では、巡査1人を拳銃で負傷させただけで邸内に入ることもなく、牧野は無事だった。政友会本部、三菱銀行、警視庁も手榴弾《しゅりゅうだん》で少し破損しただけに終わった。愛郷塾行動隊の7人は変電所を襲ったが、機械を一部破損させただけで、東京を停電にすることはできなかった。

そして襲撃を終えた陸海軍軍人は、予定通り全て東京憲兵隊に自首した。愛郷塾のメンバーは満州へ渡る計画だったが、全員が逮捕され、決行前に満州に渡っていた橘もハルビンで憲兵司令部に自首している。

## 実行犯の信念の陳述に減刑嘆願運動が広まる

　実行犯に対する裁判は3カ所に分けて行われた。翌1933（昭和8）年7月から9月にかけて、陸軍士官学校候補生11人の裁判が

事件後に押し寄せた群衆で混乱する警視庁前の様子

行われた。士官候補生のリーダー格だった後藤映範《ごとうえいはん》は、国家革新運動の動機を尋問されて、4時間にも及ぶ陳述を行った。取材で傍聴した『東京日日新聞』の石橋恒喜《いしばしつねよし》によるとその内容は次のようなものだった。

「現代の社会情勢は腐敗堕落の極にある。その禍根は現支配階級にある。政党は政治の根本義を忘れ、党争にふけるのみ。疑獄事件、国会の醜状など数うるにいとまがない。その背後にある財閥もまた然《しか》り。かかる国民的態度は王道に対する信念を欠くが故である」と始め、「農村の窮乏、中小商工業者、漁民の困窮状態に言及、『これを救うためには、一君万民の政治と国民の大覚醒を求めるほかにない』と言い切った。そして、最後に、『泰然自若と死に臨んだ首相・犬養の態度』をたたえ『かかる大罪を犯したからは、われわれを極刑に処せられることを望みます』と結んだ」（石橋恒喜『昭和の反乱』）

襲撃を受けた首相官邸の玄関。暗殺の報と同時に警察官や政府関係者が詰め掛けた

　この陳述は記者たちに強い感動を与え、傍聴席だけでなく、判士長（裁判長）までもが涙を流した。新聞では「憂国の元士官候補生」として、まるで〝英雄扱い〟で報道された。公判の様子が報じられると、全国から減刑嘆願運動が起こった。

　実行犯への判決は、陸軍側は11人全てに一律4年の禁固刑。海軍側は首謀者である古賀、三上の2人が最高で15年の禁固。同13年が1人、同10年が3人、同2年執行猶予5年が3人、同1年執行猶予2年が1人だった。首相を殺害した反乱罪としては、あまりにも軽い判決だった。

　橘ら民間側は20人が爆発物取締罰則違反と殺人および殺人未遂の罪名で起訴され、橘の無期懲役を筆頭に、懲役15年から3年6カ月というものだった。首相殺害が最高で15年なのに対して、軍人に協

力して変電所の一部を破壊したにとどまる愛郷塾の指導者の橘が無期懲役とは、大いにバランスを欠いた判決と言わざるを得ない。

五・一五事件で政友会の犬養首相が暗殺されると、退役海軍大将の斎藤実《さいとうまこと》が軍部、貴族院、官僚勢力、政党から閣僚を選んだ挙国一致内閣を組織した。以後、武力を背景に軍部の発言力が増していくことになる。

横須賀鎮守府の軍法会議で行われた海軍将校たちの裁判

## 「国防は台所から」をスローガンに「大日本国防婦人会」が誕生

3月、大阪で満州に出征する兵士たちの送迎を中心として広まった奉仕活動が組織化され、「国防婦人会」が生まれた。やがて陸軍の支援を受けて、10月には「大日本国防婦人会」として発足することになった。

兵士の世話をする大日本国防婦人会員。白いエプロンとタスキがユニフォームだった

全国津々浦々に白エプロンに白ダスキのスタイルを浸透させた大日本国防婦人会だが、その活動を見ると、もっと具体的に戦時下の〝妻の役割〟を浮かび上がらせている。

・出征兵士の見送り
・留守家族の支援
・傷病兵や遺骨の出迎え
・慰問袋の調達と発送
・兵営や陸軍病院での洗濯
・防空演習

——など。

国家が総力を挙げて戦争に邁進《まいしん》しているときであれば、これらの活動は兵士の妻や母親の立場としては自然に湧き起こってくる〝感情〟に違いない。しかし、国防婦人会の指導者と称される婦人たちは、全て現役高級将官の妻たちであった。夫たる将官の意向を受けて立ち上がったと見るのが妥当ではないだろうか。

そこでは漠然とながらであっても、大きな戦争が近い将来に引き起こされるとの見通しが示されたことであろう。国防婦人会は、まさに指導的立場にある軍人の意向そのものであったと言っても言い過ぎではなかった。

# アジア太平洋戦争新聞

## 1933年（昭和8年）

［2月24日］

# 日本、国際連盟を脱退

## 松岡全権、総会で対日勧告案に反論

２月24日、国際連盟の特別総会が開催された。ここで決議された内容に抗議して日本は国際連盟を脱退する。その経緯は次の通りだった。

前年の１９３２（昭和７）年10月、国際連盟は「リットン報告書」を発表した。中国の提訴を受けて結成されたロバート・リットンを長とする満州国建国に対する調査団の報告である。

報告書は、日本軍の武力行使が自衛のためでなく侵略行為であり、中国の主権を侵していることを指摘した。そして、満州国の建国が住民の自発的な運動によるものとは認められないとした。

しかし結論部分では、単なる原状回復ではなく日中間に新しい条約を締結させ、満州における日本の本来の権益を確保させることや、満州には中国の主権の範囲内で広範な自治を認める自治政府をつくり、その政府に日本人を含む外国人顧問を任命する方向で解決を図るべきだと勧告した。

日本にとっては決して不利な内容ではなかった。

だが、日本政府は「徹頭徹尾偏見なり、認識不足も甚だしい」と激しく非難した。そしてリットン報告書の公表以来、政府や軍部からは公然と国際連盟脱退論が叫ばれ出した。12月19日には、全国１３２社の各新聞が共同宣言を第１面に掲載し、「満州国の存在を危うくする解決案は、断じて受諾せず」と、日本の言論機関の名において明確に声明し、政府や軍部の後押しをした。

明けて2月1日、国際連盟19人委員会会議が開かれ、リットン報

国際連盟総会の日中紛争事件解決に向けて、東京駅から出発する松岡洋右全権

国際連盟臨時総会で勧告案採決に反対陳述を行う松岡代表

告の原則に基づいて「満州における中国の主権確認」「満州国不承認」などの勧告が出された。

　日本政府は2月20日の閣議で、国際連盟が対日勧告案を可決した場合には連盟を脱退することを決め、22日の枢密院本会議もこれを承認した。

## 連盟脱退が確定 3月に正式通告

　2月24日、19人委員会の報告書は連盟総会で裁決に付された。反対は日本のみで、12カ国が欠席、シャム（のちのタイ国）が棄権、賛成42で決議された。日本からは松岡洋右が首席全権として出席した。松岡全権は総会の冒頭から激しくリットン報告書を非難し、日本の正当性を訴え続けていたが、採決後には2時間にわたって演説した。

「今や平和の維持上、日本は他の連盟諸国との間に甚大なる見解の相違あることを認めざるを得ない。日本はすでに連盟との協力のため最善の努力をしてきたのであるが、今後ともあたう限り極東平和の維持、世界平和への寄与を尽くすであろう」

　と述べ、松岡は随員を引き連れて議場を後にした。

　これを日本では「国連脱退」といっているが、日本は全会一致で国際社会から追放されたのである。脱退の日、陸軍省新聞班は賛成の42は「死に」に行くと、日本の1は「興る」などと語呂合わせをして怪気炎を上げた。

　3月27日、日本は正式に国際連盟に脱退を通告、同時に脱退に関する詔書《しょうしょ》が発布された。満州問題を巡って世界の非難を一身に浴びた日本はこの時を境に〝世界の孤児〟と化し、軍国主義の道を歩み始めるのである。

［2月23日］

# 関東軍、熱河・河北省侵攻

## 「塘沽協定」成立で満州事変が終結

満州国は中国との南の境界を万里の長城とした。その満州国と隣接する熱河《ねっか》省の軍閥湯玉麟《とうぎょくりん》は関東軍に協力的で、そのため熱河省長に納まっていた。しかし熱河省内にはまだ張学良軍がかなり残っており、張学良も湯玉麟の寝返り工作を積極的に行っていた。

このため関東軍は熱河省の完全制圧を目指して、1933（昭和8）年初頭から軍事行動の準備を進め、2月23日から本格的な侵攻作戦を開始した。関東軍は第6師団が打通《だつう》線（満鉄の平行線）沿いから赤峰《せきほう》を、第8師団が錦州から承徳《しょうとく》を目指してそれぞれ進撃し、3月2日に赤峰を、4日に承徳をそれぞれ占領した。

さらに関東軍は中国軍を追い、ついに長城線（万里の長城）に達した。これで関東軍は山海関《さんかいかん》から古北口《こほくこう》（山海関と同様に重要関門の一つ）まで約450キロにわたる長城線を占領したのである。

中国国内には満州事変以来、少しも日本軍に反撃しないことへの不満が渦巻いていた。長城線に顔を出した関東軍に対して、河北省を中心とした各軍閥の部隊がついに本格的に攻撃を開始する。政府と軍の最高指導者蔣介石の部隊（中国正規軍の一部）約2万人も戦闘に参加した。

関東軍は天津の日本陸軍特務機関が中国軍閥に対する寝返り工作を進める中、4月10日、万里の長城を越えて河北省に入った。昔から中国では長城線の南側を関内、北側を関外（万里の長城の東端・山海関を基準にした呼称）と呼んでいたので、以後の関東軍の軍事行動は関内作戦と呼ばれるようになる。

関東軍は進撃したが、4月19日、突然、部隊は長城線に撤退した。昭和天皇が撤退を強く望んだからといわれている。

満州事変が勃発したとき、天皇の立場は局地解決・不拡大だったが、その線で強力な指導力を発揮することはなかった。天皇親政ではなく、内閣と軍部が一致して進言すれば受け入れるというのが、天皇のあるべき姿勢でなければならない、と考えられていたからである。絶対権力者であり、どんな失敗にも政治的責任を取る必要がないという立場の天皇に、身勝手や思い付きで政治をさせないという観点からは妥当なシステムだったのだろう。

しかし、部分的には自分の意見を強く主張することもなかったわけではなく、今回の長城線までの撤退はそういうケースであった。

だが、関東軍も日本陸軍も諦めなかった。十分な根回しをした後で、5月2日、再び関内に侵攻したのである。関東軍の航空部隊は*北平《ペーピン》（北京の当時の呼称）上空を威嚇飛行した。中国軍は戦いつつも後退を重ねた。

関東軍は北平と天津の手前まで兵を進めて、ようやく部隊を停止させた。北平と天津を一挙に占領すれば、さすがに中国との全面戦争になるのではないかと恐れたのだ。日本にはまだそこまでは準備できてはいなかった。ただ満州国の国境（長城線）南側に緩衝地帯を設けて、満州国を安泰にしたいという強い欲求を持っていたのである。

中国との停戦交渉は天津外港の

*北平：1928（昭和3）年に北京から改称。1949（昭和24）年まで使われた。

塘沽で行われた。中国側は「満州国を認める」との言質を取られないよう慎重に対処した。そして、結局は長城線南側の広い範囲から中国軍が撤退するという非武装地帯案を受け入れなければならなかった。5月31日に結ばれたこの「塘沽協定」によって、柳条湖事件から始まった満州事変がようやく終わったのである。

長城線（万里の長城）を目指し行軍する日本軍

［6月17日］

# ゴーストップ事件起こる

## 交通違反で兵士と巡査が殴り合い

6月17日、大阪の繁華街である天神橋筋の交差点で、赤信号を無視して交差点を渡ろうとした兵隊が交通整理中の警察官に注意され、取っ組み合いの喧嘩《けんか》に発展した。当日は土曜日で、昼前の天神橋筋は多くの人々が行き交っていた。曽根崎署交通係の戸田忠夫巡査は、6丁目交差点の横断歩道の真ん中に立ち、メガホンを手に交通整理にあたっていた。

この日、休暇で外出が許された陸軍第4師団歩兵第8連隊の中村政一1等兵は、京阪電車駅前の安全地帯から歩道を通らずに市電の軌道を横切ろうとした。交差点を斜めに渡る中村一等兵を見た戸田巡査は、メガホンで何度も注意したが押し問答となり、中村1等兵は「憲兵の言うことなら聞くが、巡査の言うことなど聞く必要がない」と突っぱねた。戸田巡査は「とにかく派出所まで来い」と中村一等兵を引き立てて派出所に向かった。興奮した2人は派出所に入ると殴り合いとなり、両者ともに怪我《けが》を負った。

事件の焦点は、戸田巡査の行為に職務執行上、不適切なものがあったかどうかである。巡査は信号無視した兵隊に注意を与え、一時、襟元を押すなどして署に連行している。警察としては、軍人でも街頭においては治外法権ではないというのが前提で、戸田巡査は正当な職務行為を行ったとの立場を崩さない。だが、陸軍としては、現役軍人は軍の統帥権内にあるので、単独で外出していても一般人とは異なり公人である。したがって軍人に法令違反があった場合、その処理にあたるのは軍の憲兵隊である。警察がその任にあたれば統帥権の干犯となる、という主張である。

事件は長期化した。11月18日に陸軍と警察から発表された「和解に関する共同声明」では、双方の関係者がお互いを訪れて挨拶を交換するという内容だった。警察側が譲歩したということだが、和解が成立した理由や背景にはまったく触れられていなかった。解決の具体的な内容はお互いに口外しないという約束があったからだ。

当時は軍部の存在感が増していた時期である。この事件は警察、つまり府側の譲歩で決着を見たが、以後、政治も外交も全てが〝軍の威信〟の前に跪《ひざまず》くことを余儀なくされていく。

# アジア太平洋戦争新聞

## 1934年（昭和9年）―満州帝国特集―

［3月1日］

# 満州帝国の誕生

## 建国から2年、溥儀が念願の皇帝に即位

龍袍を着用して郊祭儀場に入る溥儀（前から4人目）

3月1日、満州国執政の溥儀は皇帝に即位し、満州国は帝政を敷くことになった。「告天礼」という皇帝即位式が、満州国の首都となった新京で挙行された。式は「郊祭の儀式」という清王朝伝統の即位式で行われ、溥儀は念願の龍袍《りゅうほう》（清朝即位の礼服）を身にまとい、真紅のリンカーンで市街をパレードして、郊外に設けられた天壇（仮設の玉座）へ向かった。

その情景は一種、異様なものだった。「オートバイに乗った武装護衛隊が、お召車にぴったりとついて警備する。5万の軍隊がまったく人影がない半マイル幅の両側に向き合って、2列になって並ぶ。着剣した銃を持つ日本部隊が、銃剣をつけていない満州国軍のうしろに立つ。（略）皇帝の行進に対して民衆の柏手もなく、歓呼もない」（エドガー・スノー著・梶谷善久訳『極東戦線』）。

この日、新京には外出禁止令が出された。うら寂しく、物々しい警備に囲われた皇帝即位式。溥儀の自伝には、この日の感想は何も書かれていない。

溥儀が執政から皇帝に即位する裏には、関東軍の思惑が大きく渦巻いていた。話は前年に遡《さかのぼ》る。

1933（昭和8）年5月、関東軍司令官武藤信義大将（特命全権大使・関東長官兼務）は元帥府に列せられた。それから間もなくの7月17日、武藤は旅順の関東軍

司令部で鄭孝胥国務総理と会見した。その席で武藤が「そろそろ帝政にしたらどうだろうか」と持ち掛けた。すると清朝時代から溥儀の側近中の側近である鄭は、次のように答えたといわれる。

「結構なことで誠にうれしいことですが、自分としては、執政（溥儀）が北京において皇帝の位に即かれる日を望むのであります」

溥儀と清朝時代からの廷臣たちにとって、満州国の元首になったことは、清朝の皇帝に返り咲く〝復辟〟のための手段にすぎなかったのである。

それはさておき、この武藤・鄭会談が行われた10日後の7月28日、武藤が急逝し、新たな関東軍司令官に菱刈隆《ひしかりたか》大将が親任された。その菱刈から、鄭に帝政実施が通告されたのは10月に入ってからだった。溥儀にとっては待ちに待った皇帝返り咲きである。そして即位式は翌1934（昭和9）年3月1日と決まったのである。

ともあれ、こうして、満州帝国は誕生した。しかし、溥儀が皇帝になったからといって、政治や治安状態が何か変わるわけではなかった。関東軍にとっては、今まで以上に満州国を統御しやすくなったことだけが大きな変化だった。「皇帝陛下の意向だから」といえば、中国人閣僚の数少ない反対意見もすぐ封じられる。

沿道で皇帝一行の車列を迎える日満両国旗を手にした小学生たち

皇帝に即位した翌年4月、溥儀は初めて日本を訪れた。日本の戦艦「比叡《ひえい》」で往復し、20万人もの市民に大歓迎を受け、昭和天皇をはじめ皇族や政府・財界首脳に丁重にもてなされた。それを日本側の演出とは知らずに、皇帝溥儀はこう錯覚する。

「天皇と私は平等だ。天皇の日本における地位は、私の満州における地位と同じだ、日本人は私に対して、天皇に対するのと同じようにすべきだ」（『わが半生』）

溥儀は幻想を抱いたが、現実には、関東軍は皇帝の権力も権威もほとんど顧みることはなかった。第1回訪日の翌5月、鄭が関東軍の意に沿わず、国務総理を罷免された。溥儀は後任に臧式毅を推すが、南次郎軍司令官は「皇帝陛下はご心配くださらなくてもよろしい」と、あっさり拒絶、張景恵《ちょうけいけい》を後任に決めた。

日本の天皇と同じ大元帥となった溥儀新皇帝

# 満州帝国主要都市案内

## 満州の新首都となった近代都市・新京

1932（昭和7）年の満州国成立後、関東軍は新京を国の首都とした。新京という名前はこの時に改められたもので、それ以前は長春と呼ばれる都市であった。長春のある吉林省の中心地は文字通り吉林であり、長春は満州全体ではもちろんのこと、吉林省内においても、一地方都市にすぎなかった。ところが、満州国の首都に制定後、街の様相が一変することになる。

新たな首都「新京」の建設はこれまでの満鉄沿線の都市開発の中でも最も規模が大きく、意欲的なものとなった。

新設された国務院庁舎や関東軍司令部に代表される新京の建築は、それまで大連《だいれん》や奉天で日本が建設してきた西洋建築とは打って変わって、日本や中国の建築物のテイストも取り入れたハイブリッドなものとなった。

行政機関の中枢としては、最後まで未完成だった新京ではあったが、経済や文化的な面では重要な役割を持っていた。新京は長春の時代から満鉄と東清鉄道の接点になっており、新京より北に行くためにはここで東清鉄道に乗り換える必要があった。そのため新京はロシアとの接点となり、文化の交流地点となった。

さらに新京周辺は大豆の産地として知られており、大豆の他にも雑穀約50万石をはじめとする農作物は、いったん新京に集められてから各地に出荷されていた。

新京は政治の中心としての役割を求められたが、経済的にも重要な役割を果たしていたのである。

## 日本の国力を強化する奉天の都市開発

日露戦争後、ロシアが建設した東清鉄道の長春（のちの新京）以南の路線が日本の手に渡った。日本は満州の経済と政治の中心地であった奉天に魅力を感じ、積極的な開発に乗り出した。

日本はほとんど何もない荒野に街を造り始めた。奉天が満州の経済と政治の中心地だったからである。奉天が経済よりも政治の中心であったことが、日本にとっては重要なことだった。日本は満州の支配を円滑にするために、奉天城内の中国機関を威圧したかったのである。そのため、巨費を投じて奉天の駅周辺を開発していった。

新首都となった新京に建てられた豪壮な国務院の新庁舎

このような政治的な理由以外にも、日本が奉天で影響力を持ちたかった理由があった。奉天を中心とする奉天省は世界有数の埋蔵量を持つといわれた天然資源の宝庫だったからである。

奉天の周りには石炭の産地として知られた撫順《ぶじゅん》の他に、鞍山《あんざん》、弓《きゅう》張嶺《ちょうれい》の一帯、さらに本渓湖《ほんけいこ》付近の廟児溝《びょうじこう》、七道溝《しちどうこう》といった鉄の産地があった。これらを勢力下に置くことができれば、鉱物資源を安定して確保することが可能となる。これは満州支配だけでなく、日本の軍備や産業の発達にも密接に絡んでくる重要な地域だった。日本は奉天一帯を重工業地帯として整備した。

大連の埠頭ターミナル。大連港は商港として満州の貿易の中心地となった

さらにこの地域は他の地域に比べて、畜産などの農業も非常に盛んであったため、産業の要衝として交通網も発達した。奉天を中心とした地域で力を持つということは、満州での政治的影響力を強めると同時に、日本の国力を強化することにつながっていた。

## 極東経済の覇権を狙って建設された大連

満州の出入り口として、また経済の中心地として栄えた大連は、もともと極東での覇権を狙う帝政ロシアが念願だった不凍港をこの地に確保する際に、同時に建設しようとした港湾都市である。

日露戦争後、１９３２年に満州国が建国されるまで、大連は旅順と共に日本の満州支配の拠点としての重責を担い、商業、貿易、文化の中心地としてその役割に恥じない発展をしていった。

大連には街の発展を見込んだ多くの日本人が移住してきた。市街地の他に大連の顔ともいうべき港も建設された。満州に訪れる人の多くは大連の港から入ってくる。

そのため大連の港の整備には巨費が投じられ、またそれに見合った利益を生んでいった。１９３９（昭和14）年には、大連港は商港として満州の貿易額の実に8割を稼ぎ出すまでになっていた。

満州国成立後は、新たに首都として定められた新京が満州の中心となっていくが、大連は満州の玄関口として、発展を止めることはなかった。

## ロシアの極東支配の拠点として誕生したハルビン

満州国の主要都市の中でもハルビン（哈爾浜）は特異な歴史的背景を持つ都市である。

ハルビンは大連と並んで、ロシアの極東進出の拠点として建設された都市だったが、大連が日露戦争後に建設途中で日本の手に渡り、以後の開発は日本が行ったのとは違って、ハルビンは日本の支配下には入らずに、引き続きロシアのもとで発展していった。

つまり、満州国の主要都市の中でハルビンだけは日本がほとんど開発に関わっていない。結果、ハルビンは、ロシア文化を中心とした国際色の豊かな都市になった。

満州国内でも日本との関係が薄かったハルビン。日中戦争が勃発してからは、満州の北側の地域はハルビンを中心に抗日義勇軍の活動の拠点となった。ロシア人によって建設されたハルビンは満州国内の都市の中では最後まで、全てにおいて日本とは最も遠い所にある都市だったといえる。

# 世界に誇る特急「あじあ」号

満鉄のイメージキャラクター的存在だったのが特急「あじあ」号であった。満州の広野を一直線にばく進する姿は戦前の日本人の目を奪い、乗車は憧れの的だった。

満州国建国によって首都が「新京」と改められた長春に定められたため、満鉄の本拠地・大連は国の南端になってしまった。それまでも満鉄本線には東洋一の快速を誇る昼間急行が運転されていたが、それでも大連～長春（新京）間には12時間30分を要した。1933（昭和8）年4月の重役会で、満鉄は新型列車の開発を決めた。それも大連～新京間を一挙にスピードアップして8時間台で走らせようというものだった。そして完成したのが「あじあ」だった。

「あじあ」は6両編成で客車には冷暖房設備が取り付けられ、両車端にはトイレと洗面所が1室ずつ設けられた。また2等車と1等車の座席は回転式で、座席ボタンを押すと45度回転できて、窓外の風景を存分に満喫できるよう設計されていた。しかし、花形は何といっても最後尾車で、前が特別室で真ん中が1等車、最後尾が展望室になっていた。

この「あじあ」が、満鉄社員の期待を集めて初運転をしたのは翌1934（昭和9）年11月1日だった。午前9時、大連と新京からそれぞれ1列車が同時に発車した。そして午後5時30分に両駅のプラットホームにすべり込んだ。最高時速120キロ、走行時間8時間30分、予定の時刻にぴったりの到着だった。

満鉄の花形列車だった特急「あじあ」号

# 満映の甘粕正彦と李香蘭

満映の正式名称は株式会社満州映画協会という。発足したのは日中戦争が始まった1937（昭和12）年。資本金を満州国が250万円、満鉄が250万円と半分ずつ出資したところからも分かるように、満州国の完全な国策会社である。

満映が目指したのは、「日満親善」と「五族協和」を国是とする王道楽土・満州国の国策を広めるためだった。つまり、民衆に娯楽としての映画を提供するのではなく、映画を通して、満州国の正当性をプロパガンダすることが目的だったのである。

その満映に甘粕正彦《あまかすまさひこ》が2代目理事長として登場したのは1939（昭和14）年11月であった。甘粕は元憲兵大尉で、関東大震災の混乱に乗じて無政府主義者の大杉《おおすぎ》栄《さかえ》と内縁の妻の伊藤野枝《いとうのえ》、甥《おい》の橘宗一《たちばなむねかず》の3人を虐殺したことで知られる男である。このようにダーティーなイメージの強い甘粕だが、満映では持ち前の辣腕《らつわん》を振るった。甘粕によって俳優やスタッフの給料が一挙に倍増し、加えて日本人優位の給料体系を改善するなどの実績を積み上げ、社員の信頼を得ていた。

大杉栄らの殺害で服役後、満州に渡り満映所長となった甘粕正彦

日満親善の役割も担った満映のトップスター李香蘭

## 満州と日本の大スター李香蘭

この満映の大スターが女優で歌手の李香蘭《りこうらん》だった。本名は山口淑《やまぐちよし》子《こ》といい、れっきとした日本人である。しかし、撫順に生まれ、奉天で育った彼女をスタッフさえ中国人と信じて疑わなかった。

李香蘭は日本（東宝）との提携作品にも出演し、『白蘭の歌』『支那の夜』『熱砂の誓ひ』という「大陸3部作」に主演し、日本での人気も頂点に達した。さらに彼女の人気に拍車を掛けたのが『支那の夜』『蘇州夜曲』『夜来香』『何日君再来』といった歌の大ヒットだった。満映の歴史が、李香蘭を抜きにして語れないといわれるのは、彼女が文字通りの一枚看板だったからである。

その彼女も、太平洋戦争末期の1944（昭和19）年秋、ついに中国人に成り済ましている欺瞞《ぎまん》的な自分に堪えることができなくなり、甘粕に満映退社を申し出て上海に渡るのである。その9カ月後の1945（昭和20）年8月20日の早朝、日本の無条件降伏を知った甘粕は満映の理事長室で青酸カリをあおり、自ら命を絶った。満映の最期であった。

李香蘭主演の映画の宣伝広告

# 「満州開拓団」計画

## 1000万町歩を買収し大量移民を目指す

広田弘毅《ひろたこうき》内閣は1937（昭和12）年からの重要政策の一つとして、満州国への大量移民計画を実行に移した。これは関東軍が提起し、移民会議（陸軍省・拓務省・満州国政府・満州拓殖会社・満鉄の関係者で構成）が了承した「20年間で100万戸・500万人の移民を実現させる」との決定に沿ったものである。

これはどの大量移民を実現させるには、いったいどれほどの土地を必要とするのか。関東軍が満州国に要求したのは約1000万町歩だった。傀儡国家とはいえ、さすがに満州国側はびっくりして、「先住中国農民の人心を刺激し、大土地所有者に衝撃を与えることを恐れて憂慮の念を示した」という。しかし、日本が折れるわけはなかった。

1000万町歩といえば約10万平方キロである。それは現在の日本の全面積の4分の1強に相当する広さである。いくら満州国は広いからといって、まともに考えて買えるわけがない。

ところが、翌年末には500万町歩を買い上げ、1941（昭和16）年までにとうとう2000万町歩（当初予定の2倍、約20万平方キロ、現在の日本の54パーセントにあたる広さ）を買い上げてしまった。買った会社は国策会社の満州拓殖会社（満拓）という。2000万町歩は満州国全土の約15パーセントにあたる。

しかし、この2000万町歩の中には、すでに中国農民が耕して生計を立てていたものが351万町歩も含まれていた。この広さは当時の日本内地の耕地面積の6割弱にあたる。

この事実からみても、購入したという体裁を整えるために、形ばかりのお金は払ったかもしれないが、まずは、いやがる相手から強奪したものと考えても、そう大きな間違いではあるまい。

日本は、満州国の土地を収奪する前に、すでに朝鮮で土地を収奪したという実績を持っていた。

すなわち、日本が韓国を併合（1910年8月）して、最初に行ったことが土地調査だった。調査の名目で無地主の土地を洗い出し、実際は長い慣習で耕している農地を、「お前の土地であるという文書がない」として没収した。朝鮮の人たちはこういう理屈を並べ立てて農地を没収し、農民を追い出していく日本人官吏を法匪《ほうひ》（法律の衣をまとった匪賊）と呼んだという。

最初に満州へ渡った第1次武装移民団。匪賊や中国人からの襲撃に備え、拳銃や手榴弾を携行していた

当然、それまで働いていた農民は路頭に迷い、都市に流れ、満州に流れ、日本に流れていった。没収した土地は国策会社の東洋拓殖

会社に安く払い下げた。満拓を先兵として行わせた日本の土地収奪は、こうした朝鮮における経験が背景にあったともいえるだろう。

## 分村・分郷移民と満蒙開拓青少年義勇軍

満州国への大量移民は、基本的には日本国内にある村がそっくり移民したり、周辺数カ町村からまとめて開拓団を募り、まとまって移民するという方式だった。分村移民や分郷移民と呼ばれた。分村移民の第1団は長野県大日向《おおひなた》村の約半数350戸だった（先遣隊入植が1937年7月）。

ちょっと細かなことになるが、最初は「移民」と呼んでいたのを、「開拓」と呼ぶようになったのは1939（昭和14）年からで、入植者に対する現地中国人の反感を和らげるための言い換えだったという。

開拓団の人々によって建設された初の移民村となった弥栄（いやさか）村の停車場

分村・分郷移民は全国各県から満遍なく募集され、次々に送り出された。最終的には約300団22万人とされる。

こうした分村・分郷開拓団とは別個に送り出されたのが、若い独身男性だけで編成された「満蒙開拓青少年義勇軍」（のちに隊）だった。この開拓団は「右手に鍬《くわ》、左手に銃」を合い言葉に全国から募集された。

応募者は茨城県内原《うちはら》の日本国民高等学校で1カ月の訓練を受けたのち、満州各地に作られた訓練所に入り、さまざまな訓練を受けて各地に配分された。この満蒙開拓青少年義勇軍は、折からの日中戦争勃発により、単に分村・分郷移民だけでは目標の100万戸・500万人は達成できないのではないかという懸念から、考え出された方法だという。

満蒙開拓青少年義勇軍を中心となって創設したのは、古神道（儒教・仏教・道教などの影響を受ける前の神道。俗にいえば『万葉集』や『古事記』『日本書紀』ふうの世界の感じ方、考え方）の信奉者であり、農本主義者（農業を国家の基本的な産業とし、農村を社会組織の基礎とする考え方の持ち主）である加藤完治《かとうかんじ》だった。

農本主義だから当然、資本主義には反対で、そのあたりは当時で考えても時代錯誤だが、二・二六事件で高橋是清《たかはしこれきよ》蔵相が殺害されたのも資本家の代弁者であったから当然だ、と思うような人物だった。だから、満州開拓団の送出に反対するような者は「いくらでも殺す」と公言してはばからなかった。結局、満蒙開拓青少年義勇軍は最終的には約10万人を送り出したのである。

こうして、日本が敗戦までの間に満州国に送り出した開拓移民は約32万人に達した。

# アジア太平洋戦争新聞
## 1935年（昭和10年）

［2月18日］

## 天皇機関説事件

### 美濃部博士を反逆思想と弾圧

2月18日、貴族院本会議において、菊池武夫議員が憲法学者で貴族院議員でもある美濃部達吉《みのべたつきち》の著書を挙げて、「天皇機関説」は反逆思想だと攻撃した。

天皇機関説とは、統治権は法人である国家に属するという国家法人説を基に、法学者の一木喜徳郎《いちきとくろう》らが明治時代後期に唱えたものである。天皇は国家の最高機関として統治権を行使するものと規定している。

美濃部達吉博士

一方、明治以来、天皇は神であり、天皇の統治権はその一身に属するという天皇主権説があった。明治末期以降、一木の弟子である美濃部と天皇主権説を唱える上杉慎吉《うえすぎしんきち》や穂積八束《ほづみやつか》が論争を繰り広げた。美濃部は学説をより理論化し、日本の帝国憲法をできるだけ民主主義的に解釈し、天皇の権限を法令の枠内に収めようとした。

大正時代になると、政党内閣制に理論的根拠を与える学説として、天皇機関説は憲法学の主流となった。帝国大学で長く教えられ、文官試験や司法試験でも一般に採用されていた。美濃部が貴族院の勅*選議員となったのも、その学説が認められていたからこそである。

天皇機関説排撃は軍部の力が強まっていた時期に、反軍的な言説を続ける美濃部が標的とされたものだった。演説を行った菊池は元陸軍中将であった。

菊池から罵倒された美濃部は、7日後の25日、貴族院で弁明演説を行った。機関説について嚙《か》んで含めるように約1時間にわたり説明した。美濃部の平明な解説に、演説後は拍手まで起こった。だが、正論だからといって、世が収まるとは限らない。むしろ美濃部の弁明はかえって反発を招くことになった。

美濃部の釈明演説が新聞に掲載されると、攻撃はかえって増幅した。これに乗じて、野党政友会は、機関説の提唱者で当時枢密院議長の要職にあった一木らを失脚させ、岡田啓介内閣を倒すことを目論んだ。一方、政府は陸軍大臣からの要求をのみ、議会終了後に美濃部を取り調べることを警察に指示、出版法違反を理由に、美濃部の著書『憲法撮要』他2冊を発禁処分とした。

*勅選議員：国家に功績がある、または学識がある満30歳以上の男子の中から勅任された貴族議員。

[6月10日]

# 「梅津・何応欽協定」成立
## 強まった日本の華北支配

6月10日、「梅津《うめづ》・何応欽《かおうきん》協定」が成立した。

何応欽は中国の軍人で、国民政府の軍事委員会北平（北京）分会委員長で、要するに華北一帯の総指揮官だった。梅津美治郎《よしじろう》中将は支那駐屯軍の軍司令官である。この梅津が何応欽に無理難題を吹き掛けて認めさせたのが梅津・何応欽協定である。

河北省主席の宇学忠《うがくちゅう》を罷免すること、河北省から国民党機関を撤退させること、河北省内の宇学忠軍を省外に撤退させること、排日・侮日政策を禁絶すること、藍《らん》衣社《いしゃ》など反日満（日本と満州国）団体を河北省から撤退させること等々を認めさせたのである。

何応欽がすんなりと認めたわけではないが、支那駐屯軍は武力発動の構えを見せ、満州国駐屯の関東軍も、万里の長城付近まで部隊を進出させ、日本海軍も駆逐艦2隻を塘沽に派遣したので、何応欽の請訓に蒋介石も認めないわけにはいかなった。

梅津美治郎中将

何応欽委員長

何応欽は身の危険を感じて北京を離れたほどだから（宇学忠主席の官邸は支那駐屯軍が包囲していた）、蒋介石としても日本との戦争を覚悟しなければ拒絶できなかったのだ。

ただ何応欽は、支那駐屯軍が求めた協定文の作成には抵抗し、要望に対して異存はないという親書を送るにとどめたのだった。

### 華北分離を進める「土肥原・秦徳純協定」

梅津・何応欽協定が成立してから2週間余り後、今度は「土肥原・秦徳純《しんとくじゅん》協定」が成立した（6月27日）。これはチャハル（察哈爾）省から中国軍を撤退することを約束させたものである。

土肥原賢二は当時少将で、奉天特務機関長だった。秦徳純はチャハル省代理主席である。

ちなみに土肥原が所属した奉天特務機関やハルビン特務機関は、中国軍内の情報収集や中国軍に対する工作を行うところである。

土肥原・秦徳純協定のきっかけは、チャハル省駐屯の中国第29軍が、支那駐屯軍の軍人が旅行中に侮辱を受けたり（第1次張北事件）、国境沿いの満州国内の一部分を占領して行政を麻痺《まひ》させたり（第1次熱西事件）、チャハル省内の日本軍特務機関の軍人を拘束して暴行したり（第2次張北事件）、あるいは満州国の日本人地方官僚の一行が旅行中に射撃を受けたり（第2次熱西事件）等々、紛争が絶えなかったからである。

そこでいきなり、関東軍は土肥原を使って武力を背景とした一挙解決を試みたのが、この協定につながった。広田弘毅外相が掲げる「和協外交」を真っ向から否定する日本陸軍の独走・暴走が示されたのだった。

[8月1日]

## 中国共産党、「八・一宣言」

### 抗日民族統一戦線の結成を提唱

日本の軍部は中国北部で武力を背景にやりたい放題であったが、これに国を挙げて真っ正面から刃向かうことを訴えたのが中国共産党だった。

紅軍（中国共産党軍）は蔣介石の政府軍に追われて敗退しつつ新しい根拠地を目指していた（長征*）。そういう苦難の最中に「抗日救国のために全同胞に告げる書」を発表した。これが「八・一宣言」と呼ばれるものである。

紅軍を率いる毛沢東

長征の途上でそういう余裕があったのかと思われるが、実はこれはモスクワで作成され、中華ソビエト政府と中国共産党の名で発表されたものである。

中国共産党は王明《おうめい》をモスクワに派遣していた。資格は中共駐コミンテルン代表団長である。コミンテルンは第3インターナショナルのことで、1919（大正8）年に結成された世界各国の共産党の組織である。当時はソ連しか共産主義革命を成し遂げた国がなかったため、当時の指導者の中核はソ連首相のスターリンであった。

スターリンらの指導のもとに八・一宣言は作成された。その内容は、こと抗日に関する限り団体、党派、個人（資本家、地主を含む）と提携して戦うべきであると訴えた。もちろん、長征途上の毛沢東《もうたくとう》らも承知した上での宣言であったことは言うまでもない。

中国共産党の最大の政策は地主の土地を没収して農民に与えることだが、抗日のためには中止するというのである。紅軍を追撃している蔣介石が指揮している国民党軍（政府軍）とも、抗日のためには手を組もうというわけである。

蔣介石は「安内攘外《あんないじょうがい》」策を唱えて、国内の共産党軍を粉砕してから日本軍と戦うべきだとしていた。これに対して八・一宣言はまず統一戦線を結成して日本軍と戦い、追い出そうと訴えたのである。

八・一宣言は裏返せば、国民党軍と共産党軍の戦争はその後にすればよいではないかと暗に宣言したようなものである。日本軍は、紅軍と国民党軍が戦っているからこそ、何もなかったように中国北部を浸食しつつあったのだ。

[8月3日]

## 「国体明徴声明」発表

### 政府、天皇機関説を否定

天皇機関説問題は半年近く経っても収まりそうになかった。岡田内閣は当初、美濃部達吉を擁護する態度を取っていたが、美濃部への攻撃が強まるとともに倒閣運動も勢いを増し、態度を変えざるを得なくなった。

8月3日、岡田内閣は「国体明徴に関する政府声明」を発表し、事態の沈静化を図った。陸軍から機関説排撃の声明を出すことを強硬に要求されたのである。政府は公式に天皇機関説が国体の本義に反すると断定し、学説の排除を決定したのだ。一連の天皇機関説排撃事件によって、明治憲法下における立憲主義の統治理念は公然と否定された。その後日本において、国体についてまともに研究、論争することはタブーとなった。

*長征：華中、華南の根拠地から華北の陝西（せんせい）省北部まで約1万2500キロを行軍したことをいう。

[8月12日]

# 相沢事件起こる

## 相沢中佐、永田軍務局長を斬殺

　8月12日、陸軍の相沢三郎中佐が、陸軍省軍務局長である永田《ながた》鉄山《てつざん》少将を局長室に訪ねた。相沢は福山の歩兵第17連隊から台湾の歩兵第1連隊に転勤途中に寄ったのだ。永田は新見英夫《にいみひでお》東京憲兵隊長から軍務の報告を受けている最中だった。永田は、相沢をかつて知人を通して紹介されたことがあったので顔は見知っていた。

　相沢は永田と面会するといきなり軍刀で永田に斬り付けた。逃げる永田を追い掛けた相沢は右胸深く突き刺して絶命させた。

永田鉄山少将

　これが永田鉄山斬殺事件の概要だが、なぜ永田は斬殺されなければならなかったのだろうか。

　永田は陸軍幼年学校、そして陸軍士官学校をそれぞれ主席で卒業し、また陸軍大学校も次席で卒業したというエリート軍人だった。

　事件当時、陸軍部内は「皇道派」と「統制派」の派閥争いが激しくなっていた。皇道派は荒木貞夫、真崎甚三郎《まさきじんざぶろう》大将を頂点にしたグループで、武力によって天皇親政の軍部独裁政権をつくり、国家の革新を行うことを目指した。このグループは血盟団事件を起こした井上日召や五・一五事件の橘孝三郎、そして北一輝《きたいっき》らを思想指導者としていた。

　一方、佐官級の幕僚を中心とした統制派は、国家革新という目標は同じだが、暴力的手段を否定し、軍中央部の一糸乱れない統制のもとで、あくまで法にのっとって国家改造を行おうとしたグループである。このグループには東条英機《とうじょうひでき》、今村均《いまむらひとし》、武藤章《むとうあきら》、富永恭次《とみながきょうじ》らが属していた。

　そして永田はこの統制派の中心人物として、軍務官僚の本流を歩み、1934（昭和9）年3月に陸軍軍務局長に就任した。

　この年の7月、人事面での対立から、先の皇道派の中心人物である真崎甚三郎教育総監が更迭されると、皇道派はこれを統制派の永田による陰謀と捉えた。

　永田を惨殺した相沢は、1930（昭和5）年ごろから、のちに二・二六事件を起こす急進派の青年将校たちと親交を重ねるようになり、真崎とも面識を持った。相沢はその崇拝する真崎が更迭されたことに義憤を感じ、一直線に犯行に及んだのである。

事件直後に撮影された軍務局長室で倒れる永田少将の現場写真

　現役の陸軍中佐が、陸軍省内において白昼、職務上の上官ではないが、上級者を殺害したということは陸軍空前の不祥事だった。相沢はすぐに憲兵隊に逮捕され、翌1936（昭和11）年1月、軍法会議による公判が始まり、同年7月に死刑になった。

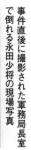

# アジア太平洋戦争新聞

## 1936年（昭和11年）

東京・赤坂の山王ホテルを占拠した反乱軍。決起には約1500人の将兵が参加した

［2月26日］

# 帝都騒乱 二・二六事件

## 「昭和維新」を掲げ、青年将校らが武装蜂起

### 決起部隊に襲撃された要人たち

2月26日未明、東京は30年ぶりの大雪で白銀に覆われていた。

東京・麻布にある陸軍の第1師団歩兵第1連隊（略称・歩《ほ》1）と第3連隊（同・歩《ほ》3）、それに赤坂の近衛歩兵第3連隊（同・近歩《きんぽ》3）から、いくつかの中隊がそれぞれの襲撃目標目指して出発した。出撃した下士官、兵は、ほとんどが正式な出撃理由も知らされておらず、隊を率いる青年将校たちだけが決起の目的と計画を把握していた。

この青年将校たちから、国体を破壊する「奸賊輩《かんぞくばら》」とされたのは、岡田啓介首相、鈴木貫太郎《すずきかんたろう》侍従長、斎藤実内大臣、高橋是清蔵相、渡辺錠太郎《わたなべじょうたろう》教育総監、牧野伸顕前内大臣らであった。

襲撃開始は午前5時と決められていた。その他、陸相官邸、警視庁、陸軍省と参謀本部も制圧する予定である。

栗原安秀《くりはらやすひで》中尉に率いられた約280人は首相官邸の岡田首相を襲った。だが、岡田の義弟で首相秘書官事務嘱託の松尾伝蔵《まつおでんぞう》予備役大佐を首相と間違えて殺害し、岡田は炊事場から大浴場、お手伝いさんの部屋の押し入れと逃げ込み、難を逃れた。首相官邸襲撃では、松尾大佐の他に護衛の警官が4人殉職した。

鈴木侍従長の官邸を襲ったのは安藤輝三《あんどうてるぞう》大尉ら約200人である。至近距離から銃弾を浴びた鈴木は倒れ込み、安藤大尉がとどめを刺そうとしたとき、一部始終をじっと見ていた夫人が「もうこれ以上のことはしなくてもよろしいでしょう」と言い、安藤は静かに軍刀を収めた。これにより、鈴木は一命を取り止めた。

斎藤内大臣、高橋蔵相、渡辺教育総監は、私邸で襲撃され命を落とした。湯河原温泉に寄留していた牧野前内大臣は、旅館ごと焼き払われたが辛くも裏山に逃れた。だが、護衛に就いていた警官が焼死体で発見された。

決起将校の襲撃によって命を落とした高橋是清蔵相（写真上・右）、斉藤実内大臣（同上・左）、渡辺錠太郎教育総監

## 昭和天皇は「断固鎮圧」を主張

決起部隊は、占拠した陸相官邸で川島義之《かわしまよしゆき》陸相と会見し、決起の趣旨を天聴（天皇が聞くこと）に達せしむること、決起部隊を義軍と認めること、そして昭和維新に邁進する強力内閣を組織することなどを求めた。

だが、川島陸相は何一つ決断することができず、26日午前9時ごろ参内した。昭和天皇はすでに甘《かん》露寺《ろじ》受長《おさなが》侍従から奏上を受け、事件の詳細をかなり知っていた。天皇は陸相に「速やかに事件を鎮定せよ」と断固たる態度を示した。

本庄繁侍従武官長は決起将校を擁護して、彼らの国を思う精神を認めていただきたいという主旨の言上を再三再四行った。27日だけで、天皇の前に進むこと14回に及んだ。そのたびに天皇は決起部隊の鎮定を督促し、本庄があれこれと言い訳するのにたまりかねて、ついに「朕《ちん》自ラ近衛師団ヲ率ヒ、此《これ》ガ鎮定ニ当タラン」（本庄繁『本庄日記』）とまで言い切った。側近の重臣たちを襲われた天皇は、決起部隊を許すことができなかったのである。

28日、天皇は本庄から、決起将校一同が自決して罪を謝し、下士官は原隊に復帰することになったので、ついては勅使を賜《たまわ》り、死への旅立ちの光栄を与えてほしいとの奏上を受けた。『本庄日記』によると、そのときの天皇の様子は「非常ナル御不満ニテ、自殺スルナラバ勝手ニ為スベク、此ノ如キモノニ勅使抔《など》、以《もっ》テノ外ナリ」と言い放った。

　さらに、師団長が積極的に解決にあたらないのは自らの責任を解していないからだと、「未ダ嘗《かつ》テ拝セザル御気色」で厳しく叱責し、「直チニ鎮定スベク厳達セヨト厳命」した。

　〃反乱軍〃はただちに討伐すべしという天皇の態度は、最初から最後まで一貫したものだった。

　前日の27日、天皇は、決起部隊を原隊に戻せと命じる奉勅命令を裁可している。奉勅命令とは天皇に代わってその意思を伝える命令で、軍隊にとって絶対的なものである。奉勅命令が下達されれば、鎮圧部隊と決起部隊の衝突もあり得る。決起部隊を自らの意思によって原隊に戻させようと考えた陸軍首脳は、奉勅命令の発令を1日延期し、決起将校の説得にあたった。

　だが、決起軍は徹底抗戦の姿勢を崩さず、説得工作は失敗に終わった。そして奉勅命令をもとに、ついに討伐命令が出された。

警視庁を占拠して、中庭で叉銃して状況を見守る反乱軍

陸相官邸占拠を担ったのが丹生誠忠(にう よしただ)中尉の部隊だった。写真は部下たちに状況を説明する丹生中尉(左の人物)

事件発生翌日の2月27日に東京市に戒厳令が公布される。写真は戒厳司令部が置かれた東京・九段の軍人会館を警備する憲兵隊

## 戒厳令下で行われた密室裁判

討伐命令を聞いた決起将校たちの間には、次第に帰順論が大勢を占めるようになっていたが、磯部《いそべ》浅一《あさいち》元陸軍1等主計と安藤輝三大尉は徹底抗戦を主張して、いかなる帰順説得にも一切耳を貸さなかった。

そして、いよいよ29日午前5時を期して武力攻撃開始が決定される。首相官邸を占拠している部隊からは、集団脱走も出始めた。陸軍省新聞班の大久保弘一少佐は、攻撃開始前になんとしても兵士たちを帰順させたいと、徹夜で飛び回って3万枚のビラを印刷し、29日早朝、三宅坂上空の飛行機から反乱軍に向けてばら撒《ま》いた。

下士官兵ニ告グ

一、今カラデモ遅クナイカラ原隊ヘ帰レ

軍人会館に掛けられた戒厳司令部の看板

二、抵抗スル者ハ全部逆賊デアル
カラ射殺スル
三、オ前達ノ父母兄弟ハ国賊トナ
ルノデ皆泣イテオルゾ
二月二十九日　戒厳司令部

しかし、ビラの多くは堀の中に落ちたりして、兵士たちにはほとんど渡らなかった。誰かが「反乱軍の多くはラジオを聞いているようだ」と言った。大久保は戒厳司令部の放送室に飛び込み、マイクにかじり付いたが、言葉が出ない。

「私が放送しましょう」

その場にいた日本放送協会の中村茂アナウンサーが申し出た。大久保は原稿をなぐり書きして渡した。これが、反乱軍兵士はもちろん、多くの人々の涙を誘った「兵に告《っ》ぐ」の名放送となったのである。中村アナウンサーは自分も泣きながら、繰り返し、繰り返し放送した。

日比谷交差点の飛行会館の屋上には「勅命下る　軍旗に手向ふな」と大書されたアドバルーンも掲げられた。

ビラが撒かれ、涙の名放送が繰り返され、「勅命下る」のアドバルーンも揚がった。反乱軍兵士の動揺は募り、午前9時をすぎると続々と集団帰順が出始めた。そして、29日の昼すぎには安藤隊を除く全部隊が、それぞれの原隊に向かって引き揚げていった。こうして大雪の東京を震撼させた二・二六事件は、「皇軍相撃」という最悪の事態だけは避けられた。

決起将校たちは、自決した者を除いて全てが起訴され、軍法会議にかけられた。軍法会議は軍人や軍属の犯罪を裁くもので、通常、被告に弁護人も付き上告も認められる。しかしこのときは、戦時や戒厳令下の地域に設けられる特設陸軍軍法会議だった。特設軍法会議は、治安が定まらないため迅速に結審する必要があるという理由で、弁護人なし、上告なし（1審制）、非公開で行われる。

東京には戒厳令が敷かれたままだったので、一見合理的である。だが、事件鎮圧と同時に治安はすでに回復していた。つまり、陸軍首脳は決起将校たちの法廷闘争を封じ、裁判を素早く片付けるために、東京に戒厳令を敷いたままにしていたのだ。

戒厳令が敷かれた東京市内を警備する陸軍の戦車部隊

事件を「反乱」だと見なした海軍は、横須賀鎮守府の陸戦隊を先遣隊として東京に派遣した

決起将校たちは法廷で決起理由とともに自らの信念を訴えようとしていたが、それはかなわず、密室での裁判によって弁明の機会を与えられなかった。審理は短時間で終了となり、23人中16人に死刑判決が言い渡された。

## 他力本願だった国家改造計画

決起将校たちの目的は、単なる要人暗殺のテロではなく、政府転覆のクーデターである。国民を疲弊させ、国家を危うくさせている軍や政府の要人を排除し、真の天皇親政国家を目指す「維新政府」を樹立することであった。

彼ら将校たちは「尊皇討奸《とうかん》」なるスローガンを掲げていた。すなわち、天皇親政国家を願って国家改造を推し進めようとしているのに、「君側《くんそく》の奸《かん》」どもが妨害して私利私欲だけに走っている。今回の行動は、それら君側の奸を排除した行動で、これからは陸軍内部のわれわれ（俗に「皇道派」と称されたグループ）が国家改造の担い手にならなければならない。われわれはその魁《さきがけ》となったのだから、皇道派の皆さんも後に続け、というのである。

2月29日朝、日比谷交差点近くの飛行会館の屋上から掲げられたアドバルーン。「勅令下る 軍旗に手向ふな」の文字が翻る

こうした決起将校たちの理念のバックボーンになったのは、国家社会主義という独特の理論を展開した北一輝の思想だった。その意味で将校たちの考えには、その前に起こった血盟団事件や五・一五事件の実行者たちと共通したものがある。

だが、事件の規模からみれば、血盟団事件や五・一五事件は一種のテロ事件の範疇《はんちゅう》に入るが、この二・二六事件は明らかにクーデターの規模である。ところが決起将校たちは首相官邸を占拠し、要人を暗殺はしたが、全ての国家中枢を占拠してただちに臨時政府を樹立するといった、クーデター本来の筋書きは何も立ててはいなかった。

現に〝首相殺害〟はしたものの、後継首相を誰にするかはまったく決めていなかったし、その工作もしていなかった。その意味でクーデターとしては、まことにお粗末な行動と言わざるを得ない。全てが他力本願の〝期待〟だけで行動を起こしていたのである。

昭和初期の日本は、特に農村を中心に激しい恐慌に見舞われていた。一方で、満州事変のように大陸に活路を見出す勢力があり、他方では国内で国家改造を目指す集団もあった。二・二六事件の首謀者たちは後者にあたり、昭和の初めからいくつも起きたテロやクーデター未遂事件の最大・最後のものとなった。

[5月18日]

# 阿部定事件発生

## 軍靴が響く中で起きた猟奇事件

5月18日、東京・荒川区尾久の待合「満佐喜《まさき》」で、ペニスが鋭利な刃物で切り取られた男の絞殺死体が発見された。さらにシーツには「定吉二人キリ」、左大腿部《だいたい》には「定吉二人」と血文字で書かれ、左腕には刃物で「定」という文字が刻まれていた。

被害者は中野区新井で割烹「吉田屋」を営む石田吉蔵《いしだきちぞう》42歳と判明。行方を消したのが吉蔵の店で住み込みで仲居をしていた阿部定《あべさだ》31歳と分かった。

逮捕され警察に連行される阿部定

2人は1カ月ほど前、吉蔵の店を出て市内を転々とし、「満佐喜」に宿泊した後に一度は帰宅したが、事件の1週間前から再び「満佐喜」に滞在し、「昼夜を分かたぬ情痴の狂態を」を繰り広げていたのだ。18日早朝、定は「ちょっと買い物に行ってきます」と言って出掛けたまま、午後になっても戻ってこない。そこで、仲居が2人の部屋へ入ってみると、上記の惨状が広がっていた。

捜査の際には阿部定の写真が2万枚もばら撒かれ、新聞もこの事件を社会面のトップニュースとして大々的に報じた。

警察は定が市内にまだ潜んでいるとみて旅館の宿帳をしらみつぶしに調べていたところ、5月20日に品川駅前の旅館に宿泊していた定を発見した。警察が踏み込んだとき、定はハトロン紙に包んだ吉蔵のペニスを帯の間に大切に挟み込んでいた。定の逮捕は号外が出たほどだから、世間がどれだけこの事件に興味を持っていたのかが分かる。

裁判の結果、事件は痴情の末と判定され、定は懲役6年の判決を受けて服役、1941(昭和16)年に「紀元二千六百年」を理由に恩赦を受け出所している。

[8月~9月]

# 中国で反日テロが相次ぐ

## 成都事件・北海事件起こる

20世紀初頭以来、日本は中国に対して大きな野望を持ち続けてきた。その空気は中国人自身も敏感に感じていた。だから、満州事変から満州国の建国という事態を迎えて、中国民衆の間では日本による〝自治運動〟という名の侵略に立ち向かえ、というエネルギーが満ち溢《あふ》れていた。それは明らかに中国共産党による「八・一宣言」を支持する民衆が増加していることを示していた。

一口に民衆といっても、それは学生や弁護士、ジャーナリスト、実業家、学者、文化人など多くの指導者に誘導され、鼓舞され、決意を新たにしつつある自覚的な民衆だった。

このような抗日戦への要求が高まる中で、日本人に対する直接的なテロに走る者も出てきた。

最初に起こったのが8月24日の成都《せいと》事件である。事件は次のような経緯で起きた。

四川省成都の日本領事館が、満州事変をきっかけに閉鎖されたので、日本外務省は中国側が拒否しているのにもかかわらず再開を強行しようとした。新領事は重慶の領事館まで着いたが、現地の険悪な情勢に驚きすぐには成都に行かなかった。

　そこで同行の大阪毎日新聞記者をはじめ4人が先に成都に入ったが、宿泊先の旅館が群衆に包囲され、ついには室内に乱入されて暴行を受け、2人が死亡、2人が重傷を負った。

　この事件の解決に向けて日中両政府の交渉が始まったが、その途中で北海事件（9月3日）が起きたのである。

　北海は広西省（現・広西チワン族自治区）の海岸沿いの街で、同地で薬局を営む日本人が殺害された。

成都で日本人記者ら4人が中国人の暴徒に襲われた成都事件。写真は事件直後に撮影された襲撃現場の旅館「大川飯店」

　華南や華中の居留民の保護は日本海軍の任務で、第3艦隊を上海市内を流れる黄浦江《こうほこう》に派遣していたし、市街地には特別陸戦隊を常駐させていた。広東はもちろん上海にも日本陸軍の部隊は駐屯していない。海軍はこの事件のため、南遣艦隊を編成して調査にあたった。中国政府も事件解決のため、協力を惜しまなかった。

　ところが9月19日、今度は漢口で日本領事館巡査が射殺された。海軍は上海特別陸戦隊の一部を漢口に送り居留民保護を強化し、補充のため内地から新たな陸戦隊を派遣した。しかし同月23日、続いて第3艦隊旗艦「出雲《いずも》」乗組員の水兵1人が射殺される。

　この連続テロ事件に海軍はいきり立ち、川越茂《かわごえしげる》大使と蒋介石との直接交渉を要求した。中国側は蒋介石が廬山《ろざん》（江西省）に出張中ですぐには実現しなかったので、海軍は「最後通牒《つうちょう》」と「実力行使」を決定するほど興奮した。

　幸いに蒋介石が南京に戻り、10月8日より会談が始まったので、事なきを得たが、このように日中双方の対立は華北にとどまらず、華南、華中でも先鋭化していったのである。

巡洋艦「出雲」。同艦の水兵が射殺され日本海軍と中国軍は一触即発の状態となった

［11月25日］

# 世界から孤立した日本の選択 「日独防共協定」締結

11月25日、「日独防共協定」が締結された。なぜ日本はドイツと手を組んだのだろうか。

第1次大戦の敗戦によりドイツ帝国は解体され、ワイマール共和国と俗称される民主国家となった。しかし、戦後の戦時賠償の負担によって国家経済は国際資本に蹂躙《じゅうりん》されていた。

1933（昭和8）年、この窮状の打破を呼号したアドルフ・ヒトラー率いる国民（国家）社会主義ドイツ労働者党（ナチ党）が政権を奪取するに至った。ナチス・ドイツはベルサイユ体制*の破棄を唱え、急速に国力を回復進展させ、再軍備を推進した。

連合国の1国、ロシア帝国は第1次大戦時に各所で敗退、革命が起こった。レーニン率いるボルシェビキ党は迅速に国内を制圧し、共産政権を樹立した。コミンテルン（第3インターナショナル）は帝国主義国家の打倒を宣言した。天皇を頂点とする帝国である日本はロシア帝国に引き続き、ソ連とも対立することとなった。

日本は満州事変を生起させ、傀儡国家・満州国を樹立した。明らかな中国大陸への侵攻である。結果、満州国を認めない国際連盟を脱退、孤立するに至った。ナチス・ドイツは、その綱領で反個人主義、反共産主義、反ユダヤ民族主義を掲げていた。コミンテルンにとって別の対立国家である。「敵の敵は味方」「孤立国家同士」、ナチス・ドイツと日本帝国との協調点が生じた結果、協定が締結されるに至ったのである。

英、米、仏などの民主国家は、ナチス・ドイツ、コミンテルン・ソビエトの双方と対立関係にある。日本帝国はナチス・ドイツを介し、英、米、仏の民主国家と別の対立を生じることになった。

［12月12日］

# 西安事件起こる 張学良、蒋介石を逮捕監禁

1931（昭和6）年の満州事変以降、日本の中国侵略が激しくなったが、張学良は当初、国民政府・軍の最高指導者である蒋介石の方針に従い、中国共産党との戦いを優先し、日本の侵攻にほとんど抵抗しなかったため「不抵抗将軍」とあだ名された。

しかし、延安《えんあん》（陝西省）で共産党軍との戦いを続けるうち、中国人同士の殺し合いに疑問を感じ、中国共産党の抗日民族統一戦線の考えに共鳴するようになった。

すでに中国共産党は昨年8月に「八・一宣言」を発表し、国民党に対して統一した抗日を呼び掛けていた。そこで日本に対して、一致団結して軍事的な抵抗をやろうじゃないか、という気運を決定的に盛り上げたのが、この西安事件だった。

陝西省都の西安、唐の時代には長安と呼ばれた古都である。その西安で、12月12日、東北軍の最高指揮官である張学良らが、蒋介石を監禁した。そして「内戦停止・一致抗日」を訴え、成功したのである。この一連の事柄を西安事件という。

張学良と東北軍が西安にいたの

*ベルサイユ体制：第1次世界大戦後、ベルサイユ条約などの講和条約によって成立した国際体制。敗戦国のドイツは領土縮小や軍備制限、多大な賠償金などの制裁が科せられた（90ページ参照）。

張学良（左）と蒋介石。1928（昭和3）年、張学良は易幟（えきし）を断行し、蒋介石率いる国民政府の統治下に入った

は、延安（西安の北方）に根拠地を設けていた紅軍（中国共産党軍）を攻撃するためであった。紅軍の指導者はいうまでもなく、毛沢東や周恩来《しゅうおんらい》である。

蒋介石が西安にいたのは、張学良が命令に従わず紅軍への攻撃を控えていたので、早くしっかりと攻撃せよと促すためだった。

一方、張学良は内戦を止めて、今こそ紅軍と一緒になって日本に抗戦すべきであると訴えた。もちろん、蒋介石はそれを拒否した。そこで武力によって蒋介石を逮捕し、全国の主だった政治・軍事の指導者に電報を打ち、西安放送局からも放送し、「内戦停止・一致抗日」を呼び掛けたのだ。

## 国共両党による内戦停止の足掛かりに

張学良とその東北軍は、満州事変によって東北を追われてきた軍隊で、失地回復の念が非常に強かった。東北軍と共に西安に動員されていた西北軍（青海・陝西・甘粛・新疆《かんしゅくしんきょう》地方などを地盤とする軍隊）とその指揮官揚虎城《ようこじょう》（陝西省出身）は、反蒋介石派であり、紅軍との戦いで自分の軍隊が消耗させられることに警戒していた。蒋介石の拘禁に関して、両指揮官の思惑は一致していたのだ。

すでにこの年の春あたりから延安の周恩来と接触を始めていた張学良は、8月に入ると周恩来と密かに会談し、「連蒋抗日」（蒋介石と共に抗日戦を行う）を確認し、停戦状態にあった。だから蒋介石が督戦するためにやって来たのである。しかし周恩来らは、「蒋介石逮捕」という事態は寝耳に水であったといわれている。

ともかく蒋介石を逮捕して政策変更を迫るとしても、殺害しては抗日戦を戦う頭首を失い、中国全体としては大きなマイナスであるという受け止め方は、張学良も周恩来も自覚していたようだ。

西安に周恩来が飛来し、蒋介石と膝詰め談判し、口頭による「内戦停止・一致抗日」が確約されたという（正確な史実はまだ開示されていない）。

こうして蒋介石は釈放され、張学良は懲役11年の判決を受けた（直後に蒋介石の請願で恩赦、軟禁状態へ）。もっとも、国民党と共産党の具体的な協力関係が生まれるのは盧溝橋《ろこうきょう》事件の後である。

戦時体制が進むにつれて、小学生は「少国民」(天皇に仕える小さな皇国民)と呼ばれるようになる。学校では、将来の「兵隊育成」のための軍国教育が徹底して行われた。写真は大阪・堺市の小学校で行われた「肉弾三勇士競技会」の様子(1937年10月)

# アジア太平洋戦争新聞

## 1937年（昭和12年）

［7月7日］

## 盧溝橋事件勃発

### 北京郊外で日中両軍の武力衝突が起きる

盧溝橋は北京（北平）から約5キロ西南に位置する、永定河《えいていが》に架かる橋である。ヨーロッパではマルコポーロ橋と称されていた古い橋だ。

7月7日夜、盧溝橋河畔一帯で日本軍の1個中隊（支那駐屯軍歩兵旅団歩兵第1連隊第3大隊第8中隊）が夜間演習を行っていた。

午後10時40分ごろ、この中隊に向けて小銃弾が数発飛んできた。それは明らかに中国軍が駐屯する龍王廟《りゅうおうびょう》付近から射撃されたものだった。中隊長の清水節郎大尉はただちに非常呼集を掛け、135人の隊員を集合させた。その最中にも違う方向から十数発の小銃弾が撃ち込まれた。点呼して人数を確認すると2等兵1人が行方不明であった。

清水は中隊に応戦準備を命じるとともに、豊台《ほうたい》にある大隊本部に伝令を走らせ、事件の概要を報告した。知らせを受けた第3大隊長の一木清直《いっききよなお》少佐は大隊に警備呼集を掛けるとともに、連隊長の牟田《むた》口廉也《ぐちれんや》大佐に報告を上げた。一木はこのとき「中国軍と談判する」許可を求め、牟田口はただちに同意した。

一木大隊は龍王廟と向き合う一文字山に布陣して中国軍との談判に備えた。すでにそのころには行方不明の2等兵は無事であることが確認されたが、発砲された事実をもとに中国軍へ厳重抗議する姿勢は変わらなかった。ところが一文字山の日本軍にも実弾射撃が行われ、牟田口の命令により一木大隊は8日早朝より盧溝橋付近の中国軍を攻撃し、撤退させた。

### 華北全域を支配する絶好の機会

停戦協議は現地の中国軍と日本公使館駐在武官との間で行われ、11日午後8時、停戦協定が成立した。ところが、この事件を利用しようとする日本政府と軍部は別の解決策をもくろんでいた。事件が起きたとき、時の近衛文麿《このえふみまろ》内閣はこの小さな軍事衝突を利用して、〝年来の目的〟を果たそうとしたのである。

＊北支：当時日本では中国を「支那」と呼称していたことから、華北を「北支」と呼んでいた（華中は「中支」、華南は「南支」）。北支の地域としては山西省、河北省、山東省、チャハル（察哈爾）省、綏遠（すいえん）省の5省を指す。

事件直後の盧溝橋。青竜刀を背負った中国兵が日本兵を見張っている

当時の政府や軍部が描いていた年来の目的とは、*北支《ほくし》（万里の長城から南の中国北部）に蔣介石の国民政府（首都南京）から切り離された親日政府を樹立し、日本が思うようにコントロールして、経済的な収奪を行うことだった。この国策は「北支分治政策」と呼ばれており、盧溝橋における日中の衝突によって、北支一帯に親日政権を樹立するチャンスが到来したと、政府も軍部も内心では喜んでいたのだ。

日本政府は盧溝橋事件の現地停戦協定を無視する態度に出たが、中国の最高指導者である蔣介石もまた同様な態度に出た。協定が事実上、中国側の一方的な譲歩（北京城内からの中国軍撤退、*冀察《きさつ》政務委員会から排日派人物の追放、蔣介石の秘密機関を河北省などから追放、排日運動の取り締まり等々）を定めていたからである。

蔣介石は、日本軍が満州事変を起こし満州国を勝手に造ったとき、軍事的な抵抗はまったく行わなかった。その後、日本軍が長城線（万里の長城）を越えて河北省の一部を占領したが、そのときも日本軍の要求を全てのんだ（塘沽協定）。さらに日本がそこに冀東《きとう》防共自治政府を樹立して、事実上日本の支配下に置いたときも、ほとんど抵抗しなかった。

蔣介石は中国軍が日本軍に比べて極めて弱体であると自覚していた。下手に抵抗して、それを口実に日本軍の全面的な侵攻を受けることになれば、元も子もないと考えていた。しかし、盧溝橋事件勃発の報に蔣介石は態度を変えた。停戦協定に盛られた内容を中央政府は承認しないとし、河北省に兵力を集中した。この期に及んで蔣介石は日本に対して妥協することをやめたのである。

*冀察政務委員会：1935（昭和10）年12月18日、日本軍の圧力によって中国国民政府が設置した対日交渉のための緩衝政権。冀は河北省、察はチャハル（察哈爾）省のこと。なお、冀東防共自治政府は河北省東部の非武装地帯に成立した日本軍の傀儡政権。

［7月28日］

# 華北に総攻撃開始

## 政府、「挙国一致」を提唱

　盧溝橋における日中の衝突は7月11日夜、現地において停戦協定が成立した。骨子は、中国軍が豊台、龍王廟、宛平県城《えんぺいけん》から撤退し永定河右岸（西側）に移ること、第29軍代表は謝罪し、責任者を処罰すること、中国は治安確保のため努力することなどで、一方的な中国の譲歩を強いるものだった。

　ところが日本政府はすでに前日の10日、支那駐屯軍の増強のため派兵を決定していた。関東軍（満州国駐屯の日本軍）と朝鮮軍（朝鮮駐屯の日本軍）からの派兵はすぐ実行に移された。日本内地からの派兵は時期を見て、ということになった。

　また11日には、この事件を「北支事変」と命名するとともに、近衛文麿首相は新聞・通信社、政界、財界の代表者を首相官邸に招き、「挙国一致」の協力を要請したところ、各界はほとんど無条件に賛同したという。

　しかし、政府と軍は中国との全面戦争を想定したわけではない。その意味では「局面不拡大」が基本的な方針だった。

　現地では、支那駐屯軍が停戦協定の履行を迫りつつ、増援部隊を各要所に配置して紛争に備えた。同軍の兵力は約5000人程度だったが、増援部隊を得て約3万人に達していた。

　一方、蒋介石は停戦協定を認めず（19日に正式通告）、18日に「最後の関頭《かんとう》談話」を公表し、国民の奮起を強く促した。

　そういう中、現地では中国軍に日本軍が襲撃される事件がいくつか起こった。25日には、北京と天津の間にある廊坊《ろうぼう》で、朝鮮から派遣された第20師団の一部が中国軍と衝突した。26日には支那駐屯軍が広安門（北京城門の一つ）で警備の中国軍から射撃されるという事件が起きた。これらの事件は規模としては小さいものだったが、日本軍の本格的な武力行使の格好の口実となった。

北京城の正陽門から入城する日本軍

### 「暴支膺懲」を旗印に 北京、天津を攻略

　盧溝橋事件から20日余りすぎた28日、日本軍は総攻撃を開始した。北京や天津付近を中心に布陣し

ていた宋哲元《そうてつげん》の第29軍を南方に駆逐するための攻撃だった。停戦協定の内容が確実に実行されていない上に、日本軍が各地で中国軍による挑発的な攻撃を受け、「皇軍の威信にかかわる」ため、「徹底的に膺懲《ようちょう》する必要がある」というのだった。

北京方面では日本軍主力が攻撃して北京を占領した。中国軍も抵抗したが、約５０００人の戦死者を出して撤退した。

日本軍の攻撃によって燃え上がる天津市街

天津方面では手薄な日本軍が苦戦したものの、最後には陸軍航空部隊が出動して撃退した。

塘沽（天津の東南東45キロ地点）方面では、中国軍は対岸の大沽《タークー》から砲撃で応戦したが、満州から派遣された野戦重砲兵部隊が制圧した。

通州《つうしゅう》（北京の東12～13キロ地点）方面では、中国軍が日本軍特務機関と在留日本人を攻撃し、民間人２２３人が虐殺された（通州事件）。この事件が日本に伝わると世論はにわかに沸き返り、「暴《ぼう》戻《れい》支那の膺懲」（荒々しく道理にもとる支那を懲らしめる）の声がいっそう高まっていった。

総攻撃は3日間で終わった。日本軍は北京や天津を占領し、その一帯から中国軍を完全に追い払った。そして、日本軍も政府も北支事変はほぼ終了したと思った。

日本は、軍部や政府のさまざまな機関で、中国政府に突き付けるべき和平条件を作成した。それらは一様に、北支に親日政権を樹立することに「中国政府は同意する」という意味のことが書かれてあった。蒋介石は従来通り、日本の要求を唯々諾々とのむはずだ、と軽侮していたのである。

入城する日本軍を国旗を振って迎える北京在留の日本人

［8月13日］

# 第2次上海事変開始

## 戦線の拡大、日中が全面戦争に突入する

当時の上海・バンド（外灘）の風景。列強各国の軍隊が常駐していた

北京や天津を含め北方全域を占領された中国は、それに対抗するために河北省一帯に兵力を集中し始めた。同時に、そこから遠く離れた上海で日本軍に反撃しようとした。

上海には「フランス租界」や「共同租界」と呼ばれる地域があった。米英仏などと共に日本も軍隊を駐屯させ、租界やその周辺で商工業を営む在留邦人の保護にあたっていた。

租界は上海だけでなく、上海付近を河口とする揚子江（長江）沿いの主要都市にも開かれており、邦人は当時、上海に約2万4000人、漢口に約1700人が進出していた。それを保護するのは、海軍が担当した。黄浦江には第3艦隊が常時停泊してにらみを利かしていたし、揚子江では砲艦《ほうかん》と呼ばれる喫水線の浅い軍艦を往来させていた。そういうやり方は米英仏なども同じだった。さらに上海には、約2500人の海軍特別陸戦隊が四川路《しせんろ》という市街地の4階建てビルに陣取っていた。

### 「抗日自衛宣言」中国が全面抗戦に転じる

第2次上海事変の発端となる事件が8月9日の午後5時ごろに起きた。

海軍陸戦隊付の大山勇夫中尉は斎藤要蔵1等水兵の運転する自動車に乗り、陸戦隊西部派遣隊の警備地区の視察を兼ねて、連絡のために陸戦隊本部に向かった。そして車が＊越界路《えっかいろ》（虹橋《ホンジャオ》飛行場東南部）に差し掛かったとき、突然、中国の保安隊員に包囲され、機銃

＊越界路：共同租界の外であるが、地主との折衝で租界と同じ扱いとなっていた道路。

の乱射を受けて即死した。斎藤１水も射殺され、その死体は現場から2キロ近く離れた豆畑に遺棄されていた。

　事件の報告を受けた海軍中央部は、事件の解決には武力行使も辞さないという態度で、陸戦隊の増派を行った。当時、上海の陸戦隊は戦力的に劣っていたため、事件の翌10日。佐世保に待機中の第８戦隊（巡洋艦４隻）、第１水雷戦隊（軽巡洋艦１隻・駆逐艦16隻）と陸戦隊３０００人を上海に急派したのである。

応戦の準備をする日本海軍陸戦隊の装甲車

　同時に海軍中央部は陸軍に対しても兵力の派遣を要請した。陸軍は海軍の縄張りである華中・華南への兵力投入には消極的だったが、海軍陸戦隊と居留民が危険にさらされているのを放置することはできず、派兵に同意せざるを得なかった。そして政府も13日の閣議でこれを認め、陸軍2個師団の上海派遣を承認したのである。

　中国国民政府も12日に蒋介石を陸海空3軍の総司令にし、14日に「抗日自衛宣言」を発表、15日には全国総動員令を下して全面抗戦に踏み切った。

　上海戦線を重要視した蒋介石は精鋭の中央軍6個師（師団）を続々と上海周辺に集結させ、日本軍との対決姿勢を鮮明にした。兵力の集中は続き、総兵力は31個師、約20万（30万とも）といわれた。そして劉河鎮《りゅうがちん》、嘉定《かてい》、羅店鎮《らてんちん》地区と宝山城、呉淞鎮《ウーソンちん》、殷行鎮《いんこうちん》地区に主力を配し、殷行鎮～楊樹浦《ヤンジッポ》間の軍工路西北方の江湾鎮《こうわんちん》を中心にした地区にも2個師を配置するなど、上海戦の末期には85個師にも達したといわれている。

## 海軍航空隊が渡洋爆撃を決行

　日本では14日、陸軍の第3師団、第11師団、第14師団の3師団に動員が下令された。そのうち第3・第11の両師団によって上海派遣軍が編成され、松井石根《まついいわね》大将が軍司令官に任命された。派遣軍は23日に海軍艦艇によって揚子江河口の呉淞と川沙鎮《せんさちん》付近に上陸を敢行するが、すでに上海市内では日中両軍が銃火を交えていた。

　戦闘は13日の夜に始まり、翌14日には中国空軍が上海の黄浦江に停泊していた日本の第3艦隊旗艦「出雲」を攻撃、その一部は市内の共同租界にも及んだ。これに対し、日本軍も上海の中国軍への爆撃を企図した。

　しかし当時、日本軍の飛行基地は中国大陸にはなく、台湾や九州から東シナ海を越えて長距離爆撃を敢行しなければならなかった。その距離は１０００浬《カイリ》、およそ１８００キロ以上も飛行するのである。当時の飛行機の航続距離からみれば、不可能に思えた。それでも14日から16日の3日間にわたる渡洋爆撃は、長距離の上、悪天候、迎撃機の攻撃、対空射撃などの悪条件の中で決行され、「世界的快挙！」とセンセーショナルに報道され、国民は大いに沸いた。

　だが、代償も大きかった。この3日間の作戦に海軍航空隊は96式陸上攻撃機38機を投入し、台湾や

上海市内を流れる黄浦江上から空爆する92式艦上攻撃機。各所で爆撃の煙が上がっているのが見える

長崎の基地から南昌《なんしょう》、南京、杭州《こうしゅう》、広徳《こうとく》を爆撃した。その結果、未帰還機9、大破3、搭乗員65人の戦死者を出した。それでも渡洋爆撃はその後も続けられ、やがて重慶・成都爆撃へと引き継がれる。

こうした爆撃には日本国内の歓喜とは裏腹に、国際連盟に設けられた「日中紛争諮問委員会」から、「世界を通じて恐怖と義憤の念を生ぜしめたかかる行為に対しては、何等弁明の余地なきことを宣言し、ここに右行動を厳粛に非難す」と抗議された。

## 「北支事変」から「支那事変」へ

当初は「北支事変」と呼んでいた戦争を、戦火が上海に拡大すると、日本政府は9月2日、「事件呼称ニ関スル件」として以下のように閣議決定した。

「今回ノ事変ハ之《これ》ヲ支那事変ト称ス」

兵力を大量動員し、中国の広い範囲で戦闘を続けているのに、どうして「戦争」ではなく、最後まで「支那事変」の呼称にこだわったのか。そこには日本と中国、そして両国を取り巻く国々のそれぞれの思惑が絡んでいた。

世界各国間には「戦時国際法」

上海東部戦線の最前線。至る所にクリーク（小運河）があり日本軍の進軍を阻んだ

というのが存在し、その中には中立義務が明記されていた。もし「事変」ではなく「戦争」という名称になった場合、関係国はこの規定に縛られる。つまり交戦国に対する軍事的支援はできなくなる。

日本は「戦争」になればアメリカからの物資の輸入（石油、鉄、その他戦争に必要な軍需物資）ができなくなるし、中国はアメリカから武器の供給が止まってしまうことを恐れたのである。アメリカもまた中立法の適用によって、中国への武器支援ができなくなるなど、各国の利害が絡んでいた。「事変」は戦時国際法の適用を回避するための便宜的な呼称だったのである。

さらに宣戦を布告するためには、戦争目的を明示しなければならない。しかし日本の軍事行動には大義名分がなかった。中国に駐屯している日本軍が中国軍と衝突したからといって、自衛権を主張するわけにはいかない。「暴支膺懲《ぼうしようちょう》」ということでは無理があった。したがって正式な宣戦布告は出せず、戦争は次第に泥沼化していった。

上海には米英仏など西洋列強が租界を持っていたのは前述した通りだが、蒋介石は、この戦いを外国人に見せ、友邦の同情を得るための戦略と明確に位置付けた。しかしその抗戦も、日本の第10軍（軍司令官柳川平助《やながわへいすけ》中将）が杭州湾（上海の南西１００キロ）に上陸すると終幕を迎え、11月19日には撤退命令が出された。こうして日本は上海全市を占領し、新たに創設された中支那方面軍（上海派遣軍と第10軍を統合。軍司令官松井石根大将）が、敗走する中国軍を追って西に進んだ。その３００キロ先には南京があった。

10月に入り、中国軍の戦線を突破した日本軍は上海市街地で総攻撃を開始した

10月26日、上海市街から4キロ西北にある中国軍の要衝・大場鎮を占領し、歓声を上げる日本軍

上海全市を占領し、南京路を行進する日本軍

[8月24日]

# 国民精神総動員運動

## 長期戦を覚悟した政府の国民教化運動

盧溝橋事件から、日中の本格的な戦闘になった第2次上海事変が続く中で、日本政府は「暴支膺懲」を旗印に、聖戦であることを宣伝し、国民の戦争支持の気運を高めようとさまざまな施策を講じた。銃後の美談が繰り返し報道されても、生活に押し寄せる暗い影は拭いようもなく、国民の戦争に対する考え方も次第に打ち沈んだものになりつつあった。

中国はあたかも「一撃」で屈服するかのように報道されていたのに、中国軍は予想外の抵抗を見せている。その上、日本の派遣軍は死傷者続出である。国民の戦争に対する当初の熱狂ぶりは、いつしか消し飛んでいた。

防衛省の『戦史叢書』によれば、この時期までの犠牲者は戦死者9115人、戦傷者3万1257人、計4万372人に及んでいたと記している。こうした事実は隠しようもなく、また戦死の公報などは、国内の戦勝気分を高めることにはならなかった。繰り返される慰霊祭は、銃後の暗い雰囲気を高めた。

近衛内閣はこの国民の暗い雰囲気を追い払い、なんとか戦争熱を高めようとしていた。そして登場したのが「国民精神総動員運動」であった。

近衛は8月24日の閣議で「国民精神総動員実施要綱」を決定し、9月11日、大演説会を開催した。近衛自らも演壇に立ち、ラジオで全国に放送された。

「挙国一致」「尽忠報国《じんちゅうほうこく》」「堅忍持《けんにんじ》久《きゅう》」をスローガンに掲げ、国民の戦争熱を高めるのに躍起になった。さらに政府は財界団体や官製の団体に働き掛け、この運動を推進するよう圧力を掛けていった。同時に「○○記念日」や「○○週間」などと銘打った推進イベントも次々と繰り出したのだった。

戦時下に売り出されていた「国民精神総動員」のPRはがき

[9月23日]

# 第2次国共合作成立

## 抗日民族統一戦線の結成で合意

第2次国共合作は、1935(昭和10)年のコミンテルン第7回大会(7月25日から8月20日)でブルガリア共産党のゲオルギ・ディミトロフが行った人民戦線への転換の主報告に大きく影響を受けた。統一戦線・人民戦線は、反ファシズム、反帝国主義、反戦主義で戦う者たちを統一し、共産党を中心にして戦線を構築するという戦術である。

この方針に沿って、中国共産党

が抗日民族統一戦線の結成を呼び掛けたことにより（八・一宣言）、抗日を前提とする国民党との統一戦線への取り組みが始まった。これをきっかけに知識人、学生を中心に各層の人々が糾合し、抗日救国運動が盛んになり、翌年には中国各地で日本の華北政策に抵抗する組織が台頭するようになった。

中国共産党は統一戦線の構築にあたり、蒋介石の国民的人気を利用する必要があった。当時の中共は、蒋介石がいなければ国民党を統一戦線に参加させることは不可能と判断しており、彼を引き込むことによって抗日民族統一戦線の樹立を目指していたといえる

この年の4月、蒋介石・周恩来会談が実現。内戦の停止、抗日採用、紅軍の再編などについて協議が行われ、7月には合意に達していたのだが、盧溝橋事件の勃発により、正式な合意は先延ばしになっていた。しかし、第2次上海事変が起こると、国共合作は飛躍的に発展した。

8月22日、国民政府は、紅軍を改編して国民革命軍第八路軍《はちろぐん》とすることを正式に公布した。9月9日、南京政府は国防最高会議を組織し、同会議の主席に蒋介石、副主席に汪兆銘《おうちょうめい》が就任。周恩来、朱《しゅ》徳《とく》らも参加した。9月22日、共産党中央委員会の「国共合作に関する宣言」が発表、翌23日に蒋介石の「国共両党の第2次合作に関する談話」が発表された。

蒋介石（右）と毛沢東

［11月20日］

## 宮中に大本営を設置
### 戦時体制となった陸海軍

大本営は、大日本帝国陸軍および大日本帝国海軍を支配下に置く、戦時中のみの天皇直属の最高統帥機関として、１８９３（明治26）年に公布され法制化された。天皇の命令を大本営命令（大本営陸軍部命令＝大陸命《たいりくめい》、大本営海軍部命令＝大海令《だいかいれい》）として発令する最高司令部としての機能を持つ。

盧溝橋事件によって日中の戦いが勃発してから4カ月経った11月20日、大本営が宮中に設置された。それに先立ち、日清戦争以来の大本営令を廃止し新たな大本営令が制定された。日中戦争（支那事変）は、宣戦布告なき〝事変〟であり、正式には戦争でないとされていたため、大本営設置を戦時に限定していた大本営条例は廃止する必要があったからである。

## 日本海軍の象徴・戦艦「大和」起工

戦艦「大和」は日本海軍が明治以来模索し続けていた艦隊決戦の切り札となるべく、１９３７（昭和12）年度の第3次海軍艦艇補充計画に基づき、11月4日に呉海軍工廠で起工された。

それまで日本は、１９２２（大正11）年2月6日に締結されたワシントン海軍条約によって、米英に対して6割の戦艦しか保有できなかった。ところがこの年に条約の期限が切れるや、海軍は数の劣勢を一挙に挽回しようと、いまだ世界の戦艦が搭載したことのない46センチ主砲を持つ「大和」と「武蔵」の建造に取り掛かったのである。「大和」の建造が計画されたのは１９３４（昭和9）年、日本の造艦技術の集大成と呼べる戦艦の誕生が目前に迫っていた。

［12月13日］

# 南京陥落

## 中国国民政府の首都を占領

南京城に迫る日本軍の軽装甲車隊

### 現地軍の独断専行で南京攻略を開始

3カ月続いた上海戦の後、最初に派遣されて戦った上海派遣軍と、戦闘終了間際に杭州湾に上陸した第10軍を合わせて中支那方面軍を創設した。司令官には松井石根大将が就任した。

上海を占領した日本軍は南京へ進撃を開始する。南京は上海の西約300キロである。敗退する中国軍を追撃するという名目だったが、大本営は南京を攻略すべきかどうか迷っていた。

しかし、部隊は勢いに乗って南京を目指している。それを制止するはっきりしたポリシーがないまま、12月1日になって「南京攻略」の大命（天皇の命令）が発せられた。大本営はもともと中国戦線が現地軍の暴走で無定限に拡大する危険にブレーキを掛けるために設けられたものだが、結果は逆となった。

実は近衛文麿首相も、これ以上の中国との戦争を収拾したいと考え、駐日ドイツ大使を介して和平を探り出していた。駐中ドイツ大使トラウトマンは蔣介石に日本案を提示し、蔣介石はその日本案を和平交渉の基準にすると回答してきたのだった。だが、この間に日本軍は侵攻を開始する。

上海派遣軍と第10軍は4日、南京郊外の中国軍陣地への攻撃を始めた。中国軍の抵抗は兵力10万で頑強だったが、そのころ、蔣介石は漢口に後退を図っていた。中国国民政府は揚子江（長江）の上流へ上流へと軍の本拠地を移し、日本軍がそれを追って行くという形となった。

和平工作と歩を一にした戦争だから、明確な見通しがあってのことではなかった。南京攻略は、中

＊大野、片桐、伊佐などの各部隊：大野は歩兵第20連隊（隊長・大野宣明大佐）、片桐は歩兵第9連隊（隊長・片桐護郎大佐）、伊佐は歩兵第7連隊（隊長・伊佐一男大佐）。

支那方面軍司令官の松井大将の〝信念〟で暴走した作戦と呼んでもいいものだった。

　南京は人口100万人で、国民政府が首都にして10年を経ていた。しかも第1次上海事変以降、防備を整え、市内外の丘や山はほとんど全てが要塞地帯化していた。南京攻略に参加した各兵団は、8日ごろには城外の最後の防衛陣地の中国軍と交戦し、それを撃破。南京城への一番乗りを競っていた。もともと第10軍は命令が出る前から南京攻略を準備していたので、その進撃のスピードは速かった。

黒煙を上げる南京市街。手前は日本軍の陣地

## 日中両軍が激突する南京城の攻防

　南京城への日本軍の正面攻撃は8日から行われた。だが、南京街道を進むと中国軍はトーチカの中から機関銃を撃ちまくり、必死に防衛した。9日になると脇坂次郎大佐の率いる歩兵第36連隊が南京城の光華門に到達したが、中国軍は城壁の上から機関銃を乱射し、身動きもできない状態だった。だが、空から海軍航空隊が突撃路を切り開くと、日本軍の各兵団は南京城を包囲した。

　この日、松井方面軍司令官は中国軍への投降勧告状を飛行機から投下させた。回答は10日正午までだったが、当然のことながら中国軍は降伏しなかった。しびれを切らした日本軍は同日午後1時半、南京城の各城門に向かって全軍で総攻撃を開始した。中国軍の第87師（師団）、第88師は家屋に放火し、執拗な抵抗を試みた。南京市では至る所で激しい市街戦が展開されたのである。

　中国軍南京衛戍《えいじゅ》司令官唐生智《とうせいち》は、南京市長の馬超俊《ばちょうしゅん》や参謀を集めて協議を行った。その結果、10万人の兵と籠城を決定し、城内の路地にはあらゆるものを利用して陣地を構築した。

　13日、南京が陥落する。前日中に中山門の正面に肉薄していた大野、片桐、伊佐などの各部隊は、集中射撃と爆破作業によって中国軍の十字砲を突破し、城内に突人した。1番乗りを果たし、日の丸を翻したのは大野部隊だった。

「南京陥落」の報は、泥沼の支那事変の状況から一変し、日本国民に勝利の陶酔感を与えた。14日には全国の市町村で戦勝の提灯《ちょうちん》行列が行われたほどである。

　南京を占領した日本軍は、城内の掃討作戦を行い、17日に*朝香宮《あさかのみや》を奉じ、松井方面軍司令官を先頭に*南京入城を終えた。

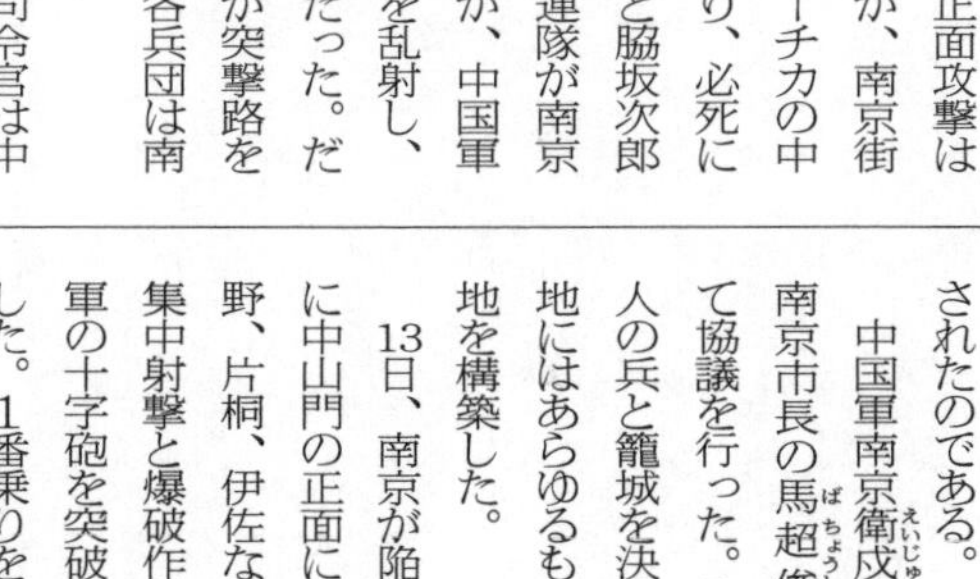

中国軍の撤退後、南京市に残された抗日を呼び掛ける看板

*朝香宮：皇族軍人の朝香宮鳩彦王（あさかのみや やすひこおう）。1937（昭和12）年12月12日に上海派遣軍司令官に就任。
*南京入城：日本軍は南京占領後、南京城の内外で中国軍捕虜のみならず多くの一般市民を虐殺。同時に略奪や暴行などの残虐行為を繰り広げた（南京事件）。

な祝賀行事が行われた(1937年12月)

南京陥落の報を受けて皇居の二重橋前を行進する女学生の祝勝旗行列。日本国内は戦勝気分に沸き、さまざま

# アジア太平洋戦争新聞

## 1938年（昭和13年）

［1月16日］

# 「第1次近衛声明」発表

## 中国政府に対して和平交渉の打ち切りを通告

上海戦が終わったころから、駐中ドイツ大使トラウトマンによる和平工作が進められていた。その内容は、日本軍の即時全面撤退などを要求してはいなかったので、日本も大きな関心を寄せた。蔣介石も「兵を休める必要」から一時休戦の必要を感じており、乗り気になっていた。

ところが交渉が煮詰まらないうちに日本軍が首都南京を占領した。強気になった日本の軍部は、「満州国正式承認」「華北に親日政権樹立」「戦費賠償」などの条件を交渉に盛り込んだ（1937年12月21日）。それを見てトラウトマンは、取り次ぎはするが、中国が受諾する見込みはないと感想を述べたという。

近衛文麿首相

日本側の要求を知った蔣介石は、「日本側が提出した条件はわが国を征服して滅亡させるに等しい。屈伏して滅びるよりも戦って滅ぶほうがましである」と日記に書き付けた。

日本は回答期限を1月13日としたが、蔣介石は「要求内容の詳細を知りたい」とだけ回答し、事実上拒否した。

それを予想していた日本政府は、11日の御前会議で和平交渉の打ち切りを決定し、新たに中国人による新政府を樹立する方針を内外に声明した。せっかくの和平の芽のチャンスを日本はふいにしてしまったのだ。

そして16日、近衛文麿内閣は「爾後《じご》、国民政府を対手《あいて》とせず、帝国と真に提携するに足る新興支那政権の成立発展を期待し、是《これ》と両国国交を調整して、更生新支那の建設に協力せんとす」と声明を発表した。

参謀本部は交渉継続を希望していたが、政府は中国との交渉をいつまでも引きずるのはよくないと打ち切りを主張し、それを押し通したものだという。

これは中国国民政府との完全なる交渉打ち切り宣言であり、「第1次近衛声明」と呼ばれる。さらに18日には、「対手とせず」とは「否認」よりも強い意味であり、「否認するとともに之を抹殺せんとするのである」とダメ押しともいえる補足声明が出された。そこには、対手にしないのだから宣戦布告もありえないと付け加えられていた。

**第1次近衛内閣閣僚の記念写真。前列右が近衛首相**（出典:Wikimedia Commons）

　こうして近衛内閣は、戦争をしている相手国と事実上、国交を断絶してしまった。日本は和平交渉の相手を失い、先の見えない泥沼にはまり込んでしまう。

　この声明により、「支那軍の暴戻を膺懲し以て南京政府の反省を促す」という当初の戦争目的が、「新興支那政権の成立発展を期待し、更生新支那の建設に協力」することに置き換えられたことも見逃せない。つまり、声明自体は強気に見えるが、南京政府の反省を促すことに成功しなかったことの裏返しでもあるといえる。

## 優柔不断な政界のプリンス

　この声明を出した近衛文麿は昭和戦前期にも最も人気のあった首相で、総理大臣の指名権を持った元老西園寺公望の秘蔵っ子であった。近衛家は摂政関白を出す公家最高の家柄。弱冠30歳で貴族院議長になるなど、「青年貴族」として国民的人気を博していた。

　二・二六事件以降、軍部を抑えてくれる政治リーダーとして、国民は公爵で名門近衛家の貴族院議長である近衛に強い期待感を抱いていた。そして１９３７（昭和12）年6月、第1次近衛内閣は誕生し、その1カ月後に盧溝橋事件が起こったのである。

　どうして近衛は大軍を中国に派遣することを許したのか。それは近衛の優柔不断ですぐ投げ出すリーダーシップのなさにあった。事件が起こると陸軍内の拡大派が暗躍した。当初、近衛は不拡大を標榜し、事件の現地解決を希望していた。しかし、強気の陸軍の前に自説を曲げてしまった。なお、近衛自身はのちに「対手とせず」声明は誤りだったと語っている。

[4月1日]

# 「国家総動員法」公布

## 国民生活が政府の統制下に

長期化する日中戦争は国家総力戦の様相を呈し、ついに国民も〃産業戦士〃として戦争に駆り出されていく。

政府は日中戦争の開戦直後から、長期戦に耐え得る戦時体制づくりに取り組んだ。

まず1937（昭和12）年8月24日には、「国民精神総動員運動実施要綱」が決められ、「挙国一致」「尽忠報国」「堅忍持久」がスローガンになった。この掛け声とともに、国民生活が戦争に密着したものになり、町内会を通して生活改善や貯蓄報国*などの戦争協力体制が築かれていった。さらに政府は同年10月25日に企画院*を創設した。これは総動員計画の準備にあたっていた資源局と生産力拡充を目的とする企画庁を合併したものである。

企画院は総合的な物資需給計画の策定に取り掛かり、この年の1月23日、物資動員計画が閣議で承認・決定され、「国家総動員法案要綱」が公表された。これは戦争遂行に向け、物資、労務、賃金、物価、施設などの経済面から国民生活の全てを、一片の勅令で政府の統制下に置くことを認める法律である。

### 佐藤賢了中佐の「黙れ事件」

この法案は、議会の審議権も事実上、否認されるものであったた

「国家総動員法」を審議する委員会の様子

*貯蓄報国：日中戦争以降、増加する戦費を補うために国民に貯蓄を奨励した。
*企画院：国家総動員体制のための企画立案にあたった内閣直属の国策機関。のちに創設された軍需省に吸収された。

めに、議会では強い反対意見が出た。だが、軍は強引に通そうとしていた。

3月3日、衆議院国家総動員法案委員会の審議中に、政府説明員として陸軍省軍務局課員の佐藤賢《さとうけん》了《りょう》中佐が事実説明の範囲を逸脱して政策論を延々と行った。苛立った政友会の宮脇長吉議員（旅行作家宮脇俊三の父）が、「長すぎる」と野次《やじ》を飛ばし、発言資格を問いただした。これに対して佐藤は「黙れ」と一喝、委員会は紛糾した。有名な「黙れ事件」である。

国家総動員法案委員会で「黙れ！」と発言した佐藤賢了中佐（中央横向きの人物）

当時、佐藤は軍務局軍務課国内班長の中佐だった。その一中佐が天下の代議士たちを一喝したことは、軍部の暴圧的態度を象徴する事件として世間に知れ渡った。

この時、唯一の革新政党といえる社会大衆党だけが政府提案に賛成だった。同月16日、最終審議の本会議場で西《にし》尾《お》末広《すえひろ》議員が党を代表して、賛成演説を行った。

法案を審議中の大臣席。法案の成立によって、政府が人・物の全てを統制運用できることになった

「近衛首相よ、もっと大胆率直に、日本の進むべき道はこれであると、ヒトラーのごとく、ムッソリーニのごとく、あるいはスターリンのごとく……」

議会は「近衛首相に共産主義をやれというのか」などの怒声で混乱に陥り、西尾はこの発言の責任を負って除名処分を受けた（翌年補欠選で復帰）。

このようなさまざまな混乱を招いたが、4月1日、「国家総動員法」が公布された（5月施行）。

同法は、「国家総動員トハ戦時ニ際シ国防目的達成ノ為国ノ全力ヲ最モ有効ニ発揮セシムル様人的及物的資源ヲ統制運用スルヲ請ウ」（第1条）と定めている。

つまり、国防目的を達成するため、戦争に必要となる人的、あるいは物的資源を国家が全面的に統制・運用するための法律だった。その範囲は、労務、賃金、物資、物価、企業、動力、運輸、貿易、言論など、国民生活のあらゆる分野にわたって必要な命令を出すことができるのである。

国家総動員法の成立により、政府は議会の承認を経ずに勅令によって自由に国民や資源を運用できるようになった。政府に〝白紙委任状〟を与えるに等しい法律であり、国民の諸権利は大幅に制限されたのである。

近衛首相は、国家総動員法は日中戦争中は実施しないと約束していた。にもかかわらず、早くも8月には「学校卒業者使用制限令」が公布された。これは国家総動員法に基づいて、工業・技術系学生の雇用を統制するためのものである。以降も戦争が拡大するのに従って、次々と勅令が発せられていった。

[7月~8月]

# 張鼓峰事件起こる

## 満ソ国境で起きた軍事衝突

7月~8月にかけて、満州国とソ連の国境とされた張鼓峰《ちょうこほう》付近で、日ソ両軍が衝突した。

　張鼓峰は満州国内にあったが、「朝鮮とソ連沿海州*の間に満州国領が豆満江《とまんこう》河口近くの東岸に細長く食い込んだ地域」である。満州国の防衛は関東軍が担っていたが、この地域の住民がほとんど朝鮮人だったこともあって、朝鮮軍（朝鮮駐屯の日本軍）が防衛することになっていた。

　朝鮮軍は第19師団と第20師団の2個師団だが、第20師団は北支那方面軍に配属され、山西省内で戦っていた。第19師団だけは朝鮮にとどまっていた。

　張鼓峰事件は、「張鼓峰の頂上稜線をわが国境」と信じていたソ連軍がそこを占領し、「国境はそのはるか東側」と信じる日本側が攻撃して始まった戦闘である。攻撃したのはもちろん第19師団だった。もともと参謀本部は攻撃の許可を求める朝鮮軍に対して、第19師団が配備に就くことは命令したが、実力行使は別令を待てと命じていた（7月16日）。

### 尾高師団長の独断攻撃

　日本としては日中戦争で進攻作戦の真っ最中であったため、自重したのだった。参謀本部は威力偵察の目的で一撃を加えるべきだという案も検討されたが、ソ連との開戦を危惧する昭和天皇がこれに関連する上奏を裁可しなかったため、いったん立ち消えになった。ソ連は満州国への攻撃を始めないという見通しがあってこそ、安心して中国大陸を荒らし回ることができたわけだ。では、第19師団がソ連軍に対する攻撃に入ったのは、天皇が心変わりしたせいかといえばそうではない。尾高亀蔵《すえたかかめぞう》第19師団長の独断攻撃だった。

　ソ連軍は張鼓峰頂上に続いて、その北方2キロの沙草峰《しゃそうほう》南側高地に陣地を造り始めた。それを日本側が確認したのが7月29日である。尾高師団長は張鼓峰への実力行使は止められていたが、沙草峰方面のソ連軍進出部隊への攻撃はまた別事件であるとの理屈から、攻撃を開始した。

　一般的には国境侵犯部隊に対して攻撃することは守備軍の義務である。参謀本部もやめろとは言いにくかったのであろう。ソ連軍も応戦し、第19師団もまたこれに応じて激しい戦闘に突入した。第19師団が張鼓峰、沙草峰方面のソ連軍を撃退して稜線一帯を占領したのは7月31日である。

### 日ソ開戦を避けたい日本軍の実情

　ソ連軍は態勢を立て直し、8月6日から3個狙撃師団と2個戦車旅団を投入、さらに250機の航空機でもって大反撃に出た。第19師団はそれでも歩兵部隊のみで応戦、戦車の投入も長距離大砲の投入も控える戦いに徹した。

　もっとも、6日以降のソ連軍の攻勢に対しては、現実には防戦一方で、最前線では陣地放棄と後退を余儀なくされた。ソ連軍は張鼓峰南東部稜線を奪回した。日本軍は張鼓峰頂上の北部稜線など幾つかの稜線を部分的に死守するにとどまった。

　こういう激闘が続く中、モスク

*ソ連沿海州：ソ連の南東端に位置する日本海に面した沿海地方。

ワでは駐ソ公使の重光《しげみつ》葵《まもる》大使が精力的に停戦協定のための交渉を続け、11日正午に停戦が成立した。日本側が一方的に占領地から1キロ後退し、ソ連軍は現状のままと譲歩したからだ。それぐらい日本はソ連との本格的な戦争に発展することを恐れていた。

ところがソ連外務委員マクシム・リトヴィノフは、意外にも日本だけが譲歩するのは公正の観念に反するとして、両軍とも「8月10日午前12時現在の線」にとどまることを提案し、その提案のまま停戦協定が成立した。

ソ連空軍が越境して満州国内の鉄道を爆撃したとして、外国人記者団に取材させている日本軍

第19師団はこの戦闘に6914人を直接投入した。戦死は526人、戦傷は914人という。ソ連軍の損害は、1993（平成5年）年に開示された資料によれば、戦闘参加者約1万5000人、戦死792人、入院患者3279人（負傷2752人、戦病527人）という。戦車も飛行機も長距離大砲も使わなかった日本軍に対して、これだけの損害を出したことはソ連軍としても意外な感があったのかもしれない。

張鼓峰事件はスターリンによる*赤軍粛清の嵐が吹き荒れていた最中に起こった。ソ連極東軍（満州国国境付近の赤軍）だけでも5000人に上る指揮官や政治委員が逮捕されている。このため、現地指揮官が忠義立てのために行った挑発行為の可能性もあるという。

いずれにしても日中戦争の侵攻作戦が続いている中、日本軍としても攻勢を取りにくい時期の事変だったことも幸いして、局地解決・早期停戦の運びとなった戦闘だった。

ソ連軍は日本軍を圧倒する火力と機動力で攻撃を仕掛けた。写真はソ連軍機の爆撃を受ける張鼓峰

*赤軍粛清：「反ソ陰謀」を企てたとして、赤軍（労農赤軍）首脳8人の処刑に始まり、次々と軍幹部が粛清された。

[8月22日～10月27日]

# 武漢三鎮・広東攻略戦

## 占領地拡大も日中戦争は泥沼の長期戦へ

武漢攻略に向けて揚子江（長江）北岸を進撃する日本軍

### 武漢作戦に大戦力を投入

日本軍の中国における進撃は続いていた。

5月19日には華北と華中を結ぶ要衝地である徐州《じょしゅう》を占領し、勢いを増した日本軍の戦果を見て大本営の戦面不拡大方針は一変した。すなわち、退却戦術で徐州を放棄した中国軍の戦意を軽視し、この際、一気に中原《ちゅうげん》の要衝である武漢《ぶかん》を攻略し、広東《カントン》（現・広州）を制圧して援蒋《えんしょう》ルートを遮断すれば蒋介石政権の瓦解《がかい》にもつながり、日中戦争の終局を図れると読んだのである。

大本営は6月15日の御前会議で武漢攻略を決定。8月22日、作戦発動を下した。

武漢は揚子江（長江）中流の両岸にまたがる武昌《ぶしょう》、漢口《かんこう》、漢陽《かんよう》の3都市の総称である。いわゆる武漢三鎮《さんちん》だが、北岸の漢口は北京と結ぶ京漢《けいかん》鉄道、そして対岸の武昌は広東とを結ぶ粤漢《えつかん》鉄道の起点であり交通の動脈として重要な役割を持っていた。武漢攻略の主目的は、この要衝地を占領することに置かれていたといえる。

武漢侵攻の準備が進められていた7月中旬、張鼓峰（ソ連東部国境南端）で国境紛争が起こった。張鼓峰の経験は、対ソ連への認識を大きく変えさせ、近代装備の必要を教訓として残した。

武漢作戦は中支那派遣軍の第6師団、第9師団、第27師団、第101師団、第106師団と波田支隊（支隊長波田重一《はだじゅういち》中将）で編成された第11軍、そして北支方面

＊中原：黄河中流域に広がる平原で、平原の南端が揚子江（長江）にかかる。日本軍はこの平原によって戦力を南北に分断されていたが、徐州占領で中原の大半を制圧していた。
＊援蒋ルート：イギリス、アメリカ、ソ連などが蒋介石政権の軍需援助のために開いた輸送路。

軍から転属になった第3師団、第10師団、第13師団、第16師団で編成した第2軍によって実施されることになった。その総兵力は30万人を超えた。

　第11軍は二手に分かれて揚子江の南北両岸を遡行《そこう》し、南岸を進む各師団は瑞昌《ずいしょう》、馬頭鎮《ばとうちん》から武昌に至るコースを取り、北岸を進む各師団は田家鎮《でんかちん》、黄坡《こうひ》を経て、一路漢口に迫った。

大別山脈北側を進撃。京漢線沿いの要衝である信陽を占領する

　一方、第2軍は大別《だいべつ》山脈の北麓を進み光州《こうしゅう》、そして羅山《らざん》、信陽《しんよう》へ向かい、漢口北方へ迂回《うかい》して呼応する作戦であった。また、揚子江上には海軍の艦艇が遡航し、随所に陸戦隊を上陸させる協同作戦が取られた。

　中国軍は、数十もの師団兵力を動員、武漢を取り囲む山脈の要所に陣地を配し、田家鎮、馬頭鎮には揚子江沿岸守備の要塞を構築して、日本軍の水路からの補給、兵力輸送を阻止しようと態勢を整えていた。

　日本軍は、盧山《ろざん》山脈、大別山脈、それに揚子江南岸の山地における戦闘で苦戦を強いられ、傷病兵の続出、軍需品補給の困難と重なり、予想を上回る大きな損害を被ることになった。

　しかし、作戦開始25日目の9月15日には、第11軍の主力が馬頭鎮を、29日には田家鎮を制圧。浅口に至る防衛線の要衝を突破し、揚子江北岸から浅口を目指しながら、側背部にある黄坡を抜いた第16師団と呼応して、10月26日、漢口南方で粤浅線の遮断に成功、事実上、武漢地区を占領した。漢口防衛の中国軍は、前日の25日から漢口を放棄、撤退を始めていた。

　一方、大別山脈北麓を迂回して

漢口占領後、粤漢線東側を南下する戦車部隊

漢口に向かっていた第2軍の第3師団、第10師団は、12日に信陽を占領、さらに南下して漢口北部に迫ったのが26日のことである。

　しかし、炎暑のもとに展開された2カ月に及ぶ武漢作戦で、マラリア患者の発生と補給の困難という事態下で第2軍総兵力17万の将兵のほぼ50パーセントが罹病《りびょう》、戦闘能力は激減していた。この攻略戦での第2軍の戦死者は、約2400人余り。戦傷者は7300人余りといわれる。

武昌占領後、武漢行営前で万歳をする平田部隊

## 国際条約で禁止された毒ガス兵器を使用か

　漢口陥落*の報がもたらされると、国内では祝勝記念の旗行列が行われ、新聞は国民が狂喜する様子を報じた。だが、現地漢口に入城した兵の見たものは、「将軍の金鵄《きんし》勲章《くんしょう》からは兵隊の血が流れている」などの日本語で書かれた反戦標語が街の土塀や大通りにコールタールでなぐり書きされた情景だった。

　また、武漢作戦では国際的に問題視されていた毒ガス*を使用した疑いが持たれている。

　中支派遣軍司令部がまとめた報告書の中に『武漢攻略に於《お》ける化学戦実施報告』（11月30日付）があり、参謀総長からの北支那方面軍司令官、中支那派遣軍司令官宛ての指示記録にも、特殊煙（あか筒、あか弾、みどり筒）の使用は認めるが、その使用にあたっては、特に第三国人（当事国以外の外国人）の居住区は避け、絶対にガス使用の事実を秘し、痕跡を残してはならないという要旨（12月2日付）が伝えられている。これこそ、日本軍が武漢攻略戦の途上で毒ガスを使用したことをうかがわせる記録である。

## 10日足らずで広東一帯を占領

　日本は武漢作戦と並行して、当時イギリス領だった香港の対岸に位置する広東を攻略した。その目的は、香港経由で外国からの武器・弾薬など軍需物資が中国に流入しないようにするためである。それには、広東を押さえて奥地に通じる粤漢線を使えないようにすればよい。

　広東作戦は武漢攻略戦と同時に構想されたものだったが、船舶輸送の観点から同時進行には無理が伴うとして、武漢作戦終了後に実施されることになっていた。だが、輸送力の補充に見通しがつき、武漢作戦中の9月17日、広東作戦の

*漢口陥落：日本軍は1938（昭和13年）年10月26日に漢口と武昌、翌27日に漢陽を占領した。
*毒ガス：日本も批准していた「ハーグ条約」（1899年・1907年）によって、毒ガス兵器の使用は禁止されていた。

実施が決定した。

新しく第21軍が編成され、直前まで台湾軍司令官だった古荘幹郎《ふるしょうもとお》中将が軍司令官となった。兵力は約7万人、軍馬2万7000頭である。

日本軍の中には、あまり戦いらしい戦いは起こらないだろうという気分が広がっていたようである。蒋介石は武漢の戦いで精一杯で、

武漢より早く広東を攻略。写真は広東省政府前での記念撮影

広東防衛まで手が回らないと推測された。中国軍は広東周辺に2個師団を配置していたが、総指揮官余漢謀《よかんぼう》に対する日本の謀略工作が進んでいた。日本側は「抗日戦は無駄である」と説き続け、余漢謀も諦めつつあることがある程度分かっていた。

日本軍は広東占領まで約1カ月と見込んでいた。作戦は10月12日、

占領した広東市を行進する日本軍。香港輸送路の遮断に成功する

香港以東のバイアス湾上陸から始まったが、中国軍の抵抗は弱く、ずるずると後退を重ね、10日後の21日にはあっけなく広東を攻略することとなった。

## 軍事動員力の限界を見誤る

武漢、広東の陥落は、国民政府、中国人民にとって大きなショックであった。これによって中国の主要な商工業の中心都市は、全て日本軍の占領下に置かれた。

だが、武漢、広東の両攻略戦の結果をもってしても、中国を屈服させることはできなかった。また、相次いだ占領地の拡大と華々しい戦果報道の陰にあって、軍中枢部はことの外苦慮していた。軍部の意図した進攻作戦は限界に達し、この延び切った戦線のもとで占領地をいかに維持するかで精一杯だったのだ。

[11月3日]

「第2次近衛声明」発表

## 「東亜新秩序」の建設

大義名分のない戦いである中国との戦争を日本政府は国民にも世界に向かっても、その目的をもっともらしく言い直す必要に迫られた。それが、近衛首相が発表した「東亜新秩序建設」声明だった。

その最も重要な部分は、「帝国の冀求《ききゅう》する所は、東亜永遠の安定を確保すべき新秩序の建設に在り。今次征戦究極の目的亦此《またこれ》に在す」の部分である。満州事変以来、欧米諸国は日本の中国における行動を非難してきた。しかし日本はかまわず、中国を独り占めする軍事行動を続けてきた。東亜新秩序の建設声明はそれを改めて強く強調し、ナチス・ドイツのヒトラーがヨーロッパ新秩序樹立を叫んでいたことに呼応し、東亜に新秩序を建設するとしたのである。

# アジア太平洋戦争新聞

## 1939年（昭和14年）

ノモンハンの広大な草原を進む日本軍の戦車隊

［5月12日～9月15日］

# ノモンハン事件勃発

## 満蒙国境で満州・外蒙古両国が軍事衝突

### ソ蒙軍に撃破される 第1次ノモンハン事件

満州建国以降、満ソ国境を巡る小紛争が頻発、戦争の危機を招きそうにまでなったのが、前年の日ソ初対決の張鼓峰事件である。外交交渉で停戦協定を結んだこの事件で、現地の関東軍は中央の姿勢に批判的であり、これがノモンハン事件の要因の一つともなった。

ノモンハンは満州の北西部、外《がい》蒙古《もうこ》（モンゴル人民共和国）との国境地帯にある小集落で、その南西約15キロのハルハ河周辺は草原地帯で、住民は牧馬のため、自由に往来していた。問題は日満側がハルハ河を、蒙古側はノモンハン付近をそれぞれ国境線として主張していたことだった。

　この国境問題がノモンハン事件の引き金となったが、事件の発端は諸説あり明確ではない。

　5月12日（11日説もある）、外蒙軍の騎兵70～80人（700人説も）がハルハ河を越えて馬に牧草を食べさせていた。この種の〝越境〟はそれまでは見逃していたが、このときに限って、満ソ西部国境の警備責任者であるハイラル駐屯の第23師団長小松原道太郎中将は反撃を決意した。4月末に関東軍が示達した「満ソ国境紛争処理要綱」の故である。

　この要綱は、強硬派で知られる関東軍作戦参謀の辻政信少佐が起草したもので、「国境線明確ならざる地域に於ては防衛司令官に於て自主的に国境線を認定」し、「越境を認めたる時は、之を急襲殲滅《せんめつ》するため一時的にソ領に進入」してもよいという指示である。

　本来、越境や開戦の権限は大命、つまり天皇・政府に属するが、それを勝手に現地指揮官に委ねたのだ。当時、外蒙古にはソ連軍が駐留していたが、張鼓峰事件によって、ソ連には日本と戦争する意思がなく、戦力も低いと過少評価していたのである。

　翌13日、小松原師団長は東八百《あずまやお》蔵《ぞう》中佐指揮の捜索隊を現地に派遣したが、外蒙軍は交戦を避けてハルハ河左岸へ退却した。しかし16日、東支隊の主力がハイラルへ引き揚げたのを待っていたかのように、外蒙軍に一部ソ連軍も加わり、再びハルハ河を越えてきた。これを見た小松原師団長は27日、山県武光《やまがたたけみつ》大佐指揮の山県支隊（兵力約2000人）を派遣。支隊は東捜索隊（兵力約200人）を先陣として出撃した。

　だが、ソ蒙軍は戦車を伴う優勢な機甲部隊によって反撃、激烈な戦闘となった。敵に包囲された東捜索隊は東中佐の戦死をはじめ、一昼夜の戦闘の後、全滅した。そして、後続の山県支隊も大きな損害を受け撤退、結果的に東支隊を見殺すことになった。これが第1次ノモンハン事件である。

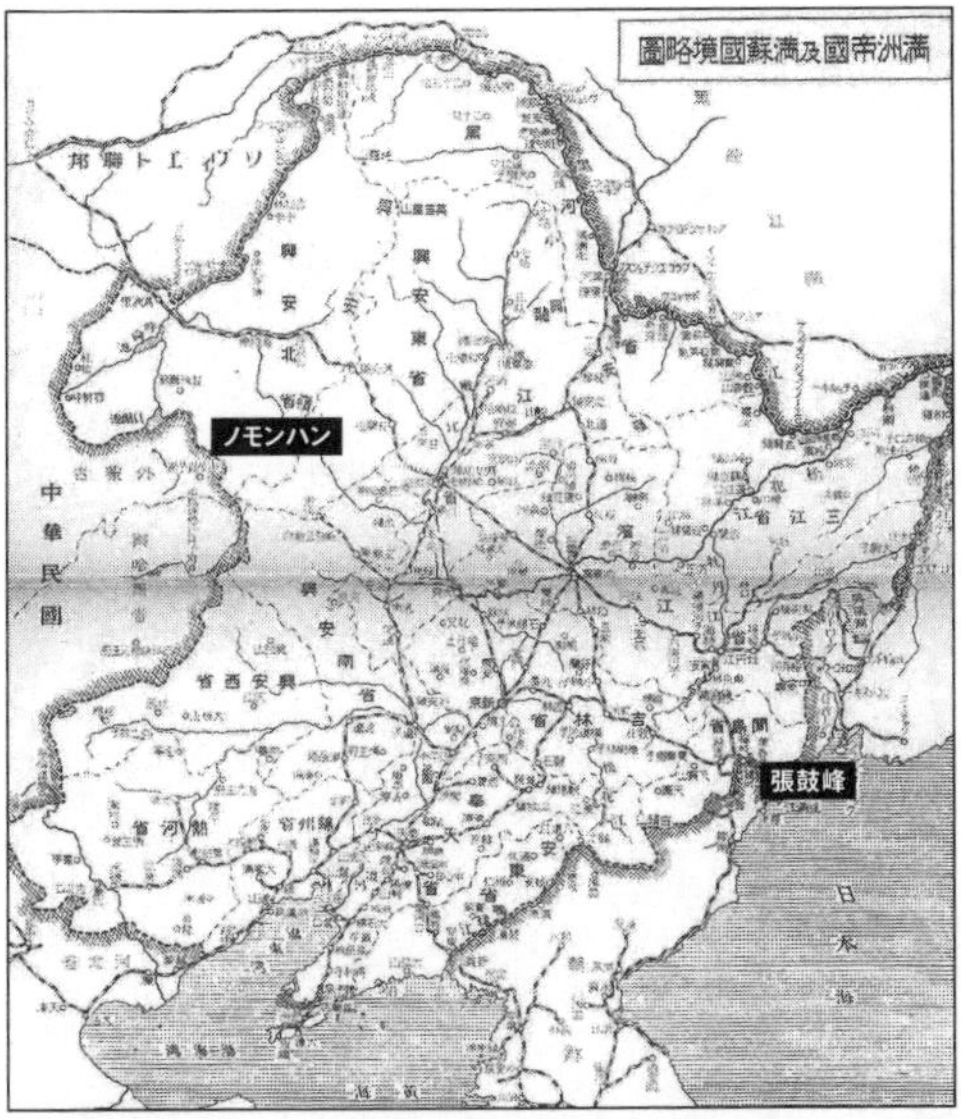


国立国会図書館所蔵

満州国建国以来、国境線を巡る紛争は頻発していたが、張鼓峰事件、ノモンハン事件では大規模な軍事衝突に発展した（出典:『昭和十二年国民年鑑』国民新聞社 1936年）

戦場となったハルハ河の前線に急行する日本軍

## 壊滅的打撃を受けた第2次ノモンハン事件

5月の戦闘で手痛い打撃を受けながらも、関東軍はソ連軍に対する強気の姿勢を崩さなかった。「ソ連が日本との全面戦争に打って出ることはない」という考えからだが、しかしこの時期、国際情勢は虚々実々の動きを見せており、日本政府・軍部ともまったくそれを読み取れていなかった。

6月2日、ソ連のスターリンは名将ゲオルギー・ジューコフ将軍にノモンハン方面の指揮を執ることを命じた。ジューコフは第57軍団を編成したが、スターリンは将軍が要求する以上の大戦力を与えた。当時、日独伊三国同盟の動きがある一方で、独ソの交渉も始まっていた。スターリンには、まず東の日本軍を大軍で叩いた上で、ヨーロッパでの戦略に専心するというもくろみがあったのだ。

辻政信少佐

ソ連の軍備増強を察した関東軍は、第23師団の全力に、当時日本軍で唯一の戦車軍団（安岡戦車団・安岡正臣中将指揮）を増加、さらに第2飛行集団（180機）を含む約1万5000人の兵力による攻勢計画を立てた。そして7月3日未明、ハルハ河を渡って奇襲攻撃を掛けた。第2次ノモンハン事件の始まりである。

自信満々の関東軍だったが、無残な結果に終わった。渡河して攻め込んだ第23師団は数百台のソ連軍戦車、装甲車の大軍に猛反撃された。地形的にもソ蒙軍は台地の上からの攻撃で極めて有利だった。

歩兵陣地からソ連軍の動きを偵察する日本兵

第23師団は1日だけで撤退を余儀なくされた。頼みの安岡戦車団も優秀なソ連戦車の前では性能的にはるかに劣り、壊滅状態に陥った。こんな戦況にもかかわらず、関東軍は23日、今度は砲兵戦で挑んだが、圧倒的に優勢なソ連軍の兵力に大損害を受け、3日間で攻撃を中止せざるを得なかった。

そして8月20日、ソ連軍は5万7000人という日本軍の数倍の大兵力と最新型の戦車や火器で、全正面にわたって総攻撃を掛けてきた。各前線の日本軍は分断されたが、ソ連軍がノモンハンの国境線で停止したため、かろうじて全滅を免れた。

ソ連軍の攻撃を受け、陣地を死守する日本軍部隊

## 事件の責任問題は曖昧なまま幕引きに

ソ連軍の停止には理由があった。総攻撃最中の8月23日、「独ソ不

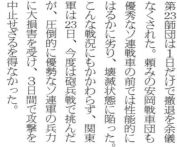

可侵条約」が締結されたからだ。9月1日にはドイツがポーランドへ侵攻し、第2次世界大戦が勃発した。このときスターリンはヒトラーとの間でポーランドを分割する合意を取り付けていた。つまり、ノモンハン事件が片付きしだい、兵力をポーランドへ送る予定にしていたのだ。

　一方、度を失った関東軍は、全軍を投入してソ連軍に決戦を挑む構想を立てた。ヨーロッパ情勢の変化、日米・日英関係も悪化しつつある中、大本営もさすがに関東軍の独走を許さず、攻撃中止、兵力の撤退を厳命したが、関東軍幹部は中央の命令に抵抗し続けた。

ゲオルギー・ジューコフ将軍

そのため9月7日、関東軍の植田《うえだ》謙吉《けんきち》司令官を更迭、幹部たちも交替させられた。

　大本営は停戦交渉の妥結を急ぎ、ソ連側もすぐに応じ、9月15日にモスクワで停戦協定が成立すると、その翌日、スターリンは大兵力をポーランドに送り込んだ。

　こうしてソ連に大敗を喫したノモンハン事件は終わったが、この事件で日本軍の戦死傷者は1万8000人近く、主力の第23師団の死傷率は73パーセントに達した。

　日本軍の損害の大きさは関東軍のみならず陸軍中枢にも大きな衝撃を与えたが、責任のなすり合いに終始し、戦訓を生かすことには発展しなかった。結局は前線部隊の指揮官に責任が負わされ、自決が強要される事態も発生したが、本来責任を負うべき関東軍司令部や陸軍中枢では形ばかりの処分が行われただけだった。

　そして、失態を覆い隠すためにノモンハンでの戦訓はことごとく否定されていった。大草原を戦場とし、ソ蒙軍を相手とする戦闘など例外にすぎないというのだ。

　ノモンハン事件は、日本軍が初めて経験した近代戦であり、その大敗によって軍備増強が図られ、より戦争に傾斜していくことになった。

モスクワでの停戦協定合意後、現地での停戦交渉に臨む日ソ両軍の代表団

[7月26日]

# 「日米通商航海条約」破棄
## アメリカ、日本への輸出を禁止

7月26日、アメリカのハル国務長官が1911（明治44）年以来続いてきた「日米通商航海条約」を破棄すると、突然通告してきた。条約が破棄されることになれば、6カ月後には失効する。

条約の破棄で即刻アメリカとの貿易ができなくなるというわけではない。しかし、日本にとっては由々しい事態だった。なぜなら、石油、屑鉄《くずてつ》といった重要な資源や工作機械などといった機械類の大半を、日本はアメリカからの輸入に頼っていたからだ。

衛生上の理由や動物、植物を保護する目的以外に輸出入を制限することはできないと定めていた条約による保護がなければ、アメリカからの輸入がいつなくなってもおかしくない状況に追い込まれたのである。もしこれらの物資が日本国内から枯渇することになれば、当然戦争どころではない。

アメリカが条約の破棄に踏み切ったのには日本による天津のイギリス租界の武力封鎖があり（6月14日）、それ以外にも反日感情の高まりがあった。アメリカの世論は次第に中国を支持するようになり、イギリス租界封鎖をきっかけに、ついに条約の破棄というカードを切ってきたのである。

突然の通告に、阿部信行内閣*は海軍大将の野村吉三郎《のむらきちさぶろう》にアメリカとの交渉をさせたが、アメリカを譲歩させることはできず、結局物別れに終わった。こうして条約は翌年の1月26日に失効した。

## 海軍の国際派・山本五十六 連合艦隊司令長官に就任

山本五十六《やまもといそろく》が連合艦隊司令長官に就任したのは8月30日のことだった。それまでは米内光政《よないみつまさ》海軍大臣の下で海軍次官を務めていた。

山本は国際情勢に関する知識はとても豊富だった。2度にわたってアメリカ駐在武官を務め、ワシントン海軍軍縮会議とロンドン海軍軍縮会議には、いずれも随員として出席している。それだけにアメリカの底力を知り尽くしていた。

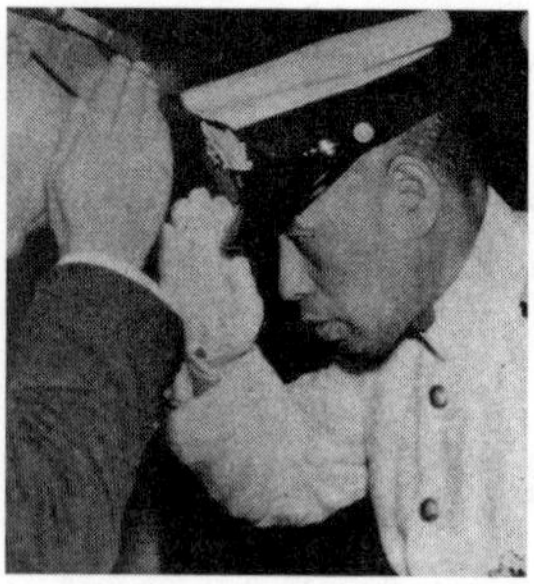

連合艦隊司令長官に就任した山本五十六中将（翌1940年11月に大将に昇格）

当時の日本政府は、陸軍の強引な主張で日独伊三国同盟を締結しようとしていた。その陸軍に対して米内・山本の海軍コンビは、三国同盟を結べば必ず日米戦になると主張し、同盟締結阻止に体を張っていた。山本の周囲には陸軍の意を受けた右翼がうろつき、憲兵（陸軍）が尾行するなど不穏な動きが活発化していた。

この最中の8月23日、ドイツが日本の仮想敵国であるソ連と不可侵条約を結んでしまった。ドイツの行為に衝撃を受けた平沼騏一郎《ひらぬまきいちろう》首相は、進めていた三国同盟交渉の打ち切りを決定し、28日に総辞職した。これを機に米内は山本を連合艦隊司令長官へ転出させた。

米内は、山本が「陸軍のまわし者か右翼に暗殺される恐れがあった」から、いったん中央から遠ざけるつもりで連合艦隊司令長官に就けたという。

*阿部信行内閣：1939（昭和14）年8月28日の平沼内閣総辞職を受けて30日に成立。野村吉三郎が外務大臣を務めた。

［9月1日］

# 禁酒禁煙、勤倹節約を義務化
# 初の「興亜奉公日」実施

9月1日から毎月1日の「興亜《こうあ》奉公日《ほうこうび》」が制定された。その前段として日中戦争が勃発して間もなくの、政府による「国民精神総動員要綱」の決定があった。運動の推進団体として国民精神総動員中央連盟も結成された。同連盟は1938（昭和13）年7月7日を「日中戦争1週年記念日」として、質素倹約を奨励し、一汁一菜、一戸一品金属廃品献納、自主的な灯火管制などを実施した。

そしてこの年の2月9日、政府はこの運動の強化方策を決定。遊興営業時間の短縮、ネオン全廃、中元歳暮の贈答廃止、学生の長髪禁止、パーマの廃止などが推進された。9月からは、年1回の「七・七記念日」に代わって、毎月1日が「興亜奉公日」とされたのだった。

その背景にあったのは、戦場である中国の前線と銃後である本土との温度差にあった。兵士たちは「自分たちの使っている軍事費が国民生活を圧迫しているのではないか。銃後の国民は貧困に苦しんでいるのではないか」と心を痛め、戦場で命を懸けて戦っていた。ところが兵士が帰還してみると、都会では国民が意外にも景気良く暮らしていることに驚いた。

それを象徴するのがデパートの盛況だった。前線の兵士の何よりの心の慰めとなるはずの慰問袋も、いつしかデパートで売り出されるようになった。銃後の女性たちが戦場で必要な物を、心をこめて袋に詰めるのではなく、3円、5円など値段別にセットされた既成品がそのまま戦地へ直送されるのだ。心がこもった物を望む前線の兵士たちの不満は高まっていた。

そのギャップを埋めるために制定されたのが月に1度の「興亜奉公日」だったのである。禁酒禁煙、勤倹節約が義務付けられ、一汁一菜の昼食、日の丸弁当が奨励された。食堂、喫茶店、娯楽施設等は休業となり、ビヤホールには「謹んで休業」といった張り紙が貼られた。飲食店に働く女性の団体では、軍事教練を実施するところもあった。

1939（昭和14）年4月12日に東京・日比谷公会堂で開かれた国民精神総動員強化大講演会

警官に呼び止められているパーマをかけた婦人

［9月3日］

# ドイツのポーランド侵攻に、英仏が宣戦布告
# 第2次世界大戦勃発

## 第1次世界大戦後のドイツの窮状

9月1日、ドイツはポーランド侵攻を開始した。2日後、ポーランドとの条約に従い、イギリスとフランスがドイツに宣戦した。こうして第2次世界大戦が始まった。

第2次世界大戦はヒトラーが率いるナチス・ドイツが引き起こした戦争だった。そのドイツは第1次大戦では敗者だったが、わずか20年余りで、世界中を相手に戦争を拡大させるまでになった。

第1次大戦の敗北でドイツは帝政が崩壊し、世界一民主的な「ワイマール憲法」のもと、共和国として生まれ変わったはずだった。

ところが敗北の現実は、ドイツにとってとてつもなく厳しかったのである。第1次大戦後に連合国との間で締結されたベルサイユ条約によって、海外の植民地は全て奪われ、自国の領土も13％（5万6980平方キロ）減らされたので人口も10％（647万人）減少した。植民地の一つに南洋群島があったが、その赤道以北が日本領土（正確には国際連盟による委任統治領）となったのもこのときである。

加えて、ドイツには1320億金マルクという巨額な賠償金が科せられた。これは1913（大正2）年のドイツ国民総所得の2・5倍、まさに天文学的数字といわれた理由がここにある。その他、軍隊は海軍が原則禁止、陸軍は10万人まで、ラインラントの非武装地帯（ライン川の左岸全域と右岸幅50キロメートル）など、徹底的な制裁を科された。

賠償支払いの重みは経済を疲弊させ、猛烈なインフレが襲った。第1次大戦が終わった1918（大正7）年に1ドル4マルクだったのが、1923（大正12）年には1ドル1300億マルクまでになった。

国内には不満が充満し、ドイツ人として生き残るにはどうすべきか、というナショナリズムが大衆的な規模で広がっていった。昔からドイツには「東方に生存圏を拡大せよ」という漠然とした考え方があったが、国民の間にはそういう伝統的思想にすがりたいという強い願望が広がり始めた。

あまりにも過酷な賠償支払いは何回も減額改訂され、ついには支払い停止の状態になった。賠償金の約半分を受け取ることになっていたフランスなど勝利国側は、あえて異議を唱えなかった。

だからといって、疲弊したドイツ国民がすぐに立ち直れたわけではない。どうやって国を立て直していくべきか、さまざまな提案がなされたが、その中で国民の支持を集めたのが、国民（国家）社会主義ドイツ労働者党（ナチ党）である。

最初は過激すぎる行動で非合法化されたが、再建後は合法政党に転身、ベルサイユ体制打破を叫ぶ姿勢に多くの国民が引き付けられていったのだ。

ドイツの民衆に囲まれるヒトラー。ヒトラーはドイツの国民が選んだ指導者だった

ポーランドに侵攻するドイツ軍機械化部隊。この電撃作戦で第2次世界大戦の幕が切って落とされた

## 民衆の心を捉えた ヒトラー総統の誕生

ヒトラーは類いまれな弁舌で頭角を現わし、1919（大正8）年に結成されたドイツ労働者党がナチ党（ナチス）と改称されて間もなく、1921（大正10）年、党の実権を握った。ヒトラーは暴力によって政権奪取を目指し、*ミュンヘン一揆を起こしたが失敗、党は非合法化され、ヒトラーも投獄された。

この間、獄中で書かれたのが、ナチズムのバイブルとなった『わが闘争』である。その内容は反ユダヤ主義、反民主主義、東欧征服と8000万ゲルマン民族生存圏の拡大等々を主張している。

ヒトラーの出獄後、ナチ党は合法政党として再出発した。過激な街頭宣伝で閉塞状態の国民の共感を獲得、とうとう国会の第1党となった。法に従い、ヒトラーはヒンデンブルク大統領から首相に任命された。1933（昭和8）年1月30日のことである。

そして同年2月27日に起きた国*会議事堂放火事件をきっかけに総選挙を実施、ナチ党が圧勝した。するとドイツ共産党を非合法化し、ヒトラーに独裁権を与える全権委任状を可決させた。反対したドイツ社会民主党はやがて活動を全面禁止され、次いで新党の結成を禁じた（7月14日）。こうしてナチ党が唯一の政党となったのだ。

これらの事柄をヒトラーは首相就任後約6カ月足らずで成し遂げた。ヒトラーは立法者であり、大統領・首相・ドイツ軍最高司令官を兼ね、「総統」と呼ばれるようになった。ヒトラーは政治的対立者や排斥すべきユダヤ人を強制収容所に入れ、絶滅させる政策を取った。最初の強制収容所はダッハウ（ミュンヘン北西18キロ）で、社会主義者、共産主義者、自由主義者、ユダヤ人指導者が犠牲となった。

こうしてヒトラーのベルサイユ体制への挑戦が始まった。本格的な再軍備、ラインラント非武装地帯の解消、*オーストリアの併合、チェコスロバキアのズデーテン地方の割譲要求など、矢継ぎ早に行

ポーランドを占領し、首都のワルシャワに入城するヒトラー

*ミュンヘン一揆：1923（大正12）年11月、ドイツ共和国の転覆を狙ってナチ党がミュンヘンで起こしたクーデター。
*国会議事堂放火事件：ヒトラーはこの事件をドイツ共産党員の犯行と断定、ヒンデンブルク大統領に国民の権利をほとんど停止させる「ドイツ国民と国家を防衛するための大統領緊急令」を発令させた。

動を起こした。

ズデーテン割譲要求のとき、英仏はようやく腰を上げヒトラーと会談（ミュンヘン会議）、「これが最後の要求だ」とのヒトラーの言葉を信じ、チェンバレン英首相はチェコスロバキアに割譲を認めさせた。チェンバレンのこの宥和《ゆうわ》外交は戦争を回避したと高く評価されたが、ヒトラーはかまわずチェコスロバキアに侵攻、同国を解体した（1939年3月）。ヒトラーの野望がはっきりし、英仏は次の戦争に備えたのである。

## 必然的だったドイツのポーランド侵攻

英仏にとってヒトラーのポーランド侵攻は予想されていたことだった。ポーランド領内にはドイツ人が多く住んでいた地域があったからだ。

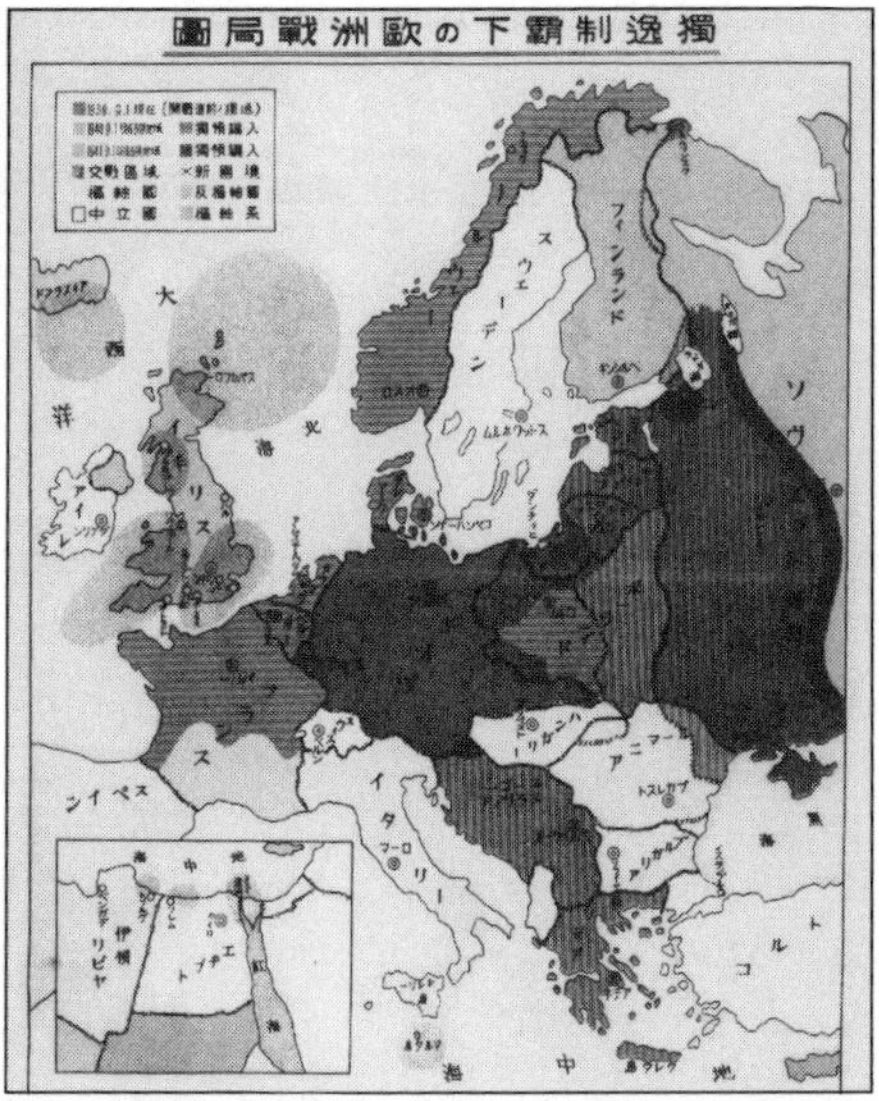


国立国会図書館所蔵

1941（昭和16）年刊行の『第二次世界大戦記録独逸戦史』（亜細亜画報社）に掲載されたヨーロッパでのドイツの勢力圏を示した地図

その一つ西プロイセンは、ベルサイユ条約でポーランドに与えられ「ポーランド回廊」と呼ばれていた。ポーランドはこの回廊でバルト海へ通じることができるようになったのだ。そのせいで、ドイツ領の東プロイセンは飛び地となった。主要港町のダンツィヒ（現・ポーランド領グダニスク）は国際連盟管理下に置かれ、実際はポーランド領の観があった。ベルサイユ体制の打破を叫ぶヒトラーが、この両プロイセンを実力で奪還するだろうことは容易に予測できたのである。

しかし、ヒトラーのポーランド侵攻は東西プロイセンにとどまらなかった。戦車3000両、兵員150万人、航空機2000機を動員したドイツ軍の進撃は、ポーランドそのものを消滅させる作戦であった。なぜならポーランド人の大部分がスラブ人であり、ヒトラーの人種観からすれば彼らは削減されるべきであり、生き残りは奴隷のように服従すべきだと考えていたからだ。

飛行機と戦車と自動車化された歩兵による目もくらむような迅速なドイツ軍の攻撃は、あたかも稲妻が大木を瞬時の一撃で打ち倒すようなもので、「ブリッツクリーク（電撃戦）」と言われた。実際、旧式装備のポーランド軍はたちまち敗退した。

9月17日、今度はソ連軍が東からポーランドに侵攻した。開戦1週間前に結ばれ、世界中がアッと驚いた「独ソ不可侵条約」の秘密協定で、ポーランド分割を約束していたのだ。こうしてポーランドは独ソによって分割された。そのソ連占領地はドイツ占領地より人口が少なかったので、ドイツとの協定に基づいてリトアニア*を獲得した。

*オーストリアの併合：1938（昭和13）年3月にナチス・ドイツが軍事的圧力をもってオーストリアを強行併合した。これを機にドイツ系住民が多く住む領土の割譲に乗り出すことになった。
*リトアニア：ソ連は1940（昭和15）年6月にバルト3国（エストニア・ラトビア・リトアニア）に侵攻し、8月に併合を果たした。

# アジア太平洋戦争新聞

## 1940年（昭和15年）

［1月16日］

## 天皇が推薦した反戦内閣 米内光政内閣成立

1月16日、米内光政内閣が成立した。

米内は旧盛岡藩士米内受政《ながまさ》の長男として盛岡に生まれた。海軍兵学校へ進み、日露戦争では海軍中尉として従軍した。のちにヨーロッパに駐在し、その地の実情を直に見聞した。第3艦隊司令長官、第2艦隊司令長官、横須賀鎮守府司令長官などを歴任。1936（昭和11）年に連合艦隊司令長官、翌1937（昭和12）年には林銑十郎内閣で海軍大臣に就任し、陸軍の主張する日独伊三国同盟に反対した。この反戦主義の姿勢は終戦まで変わらなかった。

米内光政首相

国立国会図書館所蔵

昭和天皇の信頼も厚く、岩手県出身者としては3人目となる内閣総理大臣に就任した。米内首相誕生の裏には、この天皇の意向が多大であった。

欧州におけるナチス・ドイツの快進撃は、日本にも影響を与え、「ドイツと同盟を結ぶべし」との日独同盟論が軍部を中心に盛んであった。しかし、米英との関係を悪化させかねない日独同盟に天皇は慎重だった。米内も「日独同盟論を抑えよう」との考えであったので、それを知った天皇が「私（天皇）の方から米内を（首相に）推薦」したのだった。

［3月30日］

## 南京に新政府樹立

### 首班に親日派の汪兆銘

3月30日、汪兆銘は日本軍占領下の南京に「国民政府」を樹立した。これは日本が中国と和平を結ぶための策略に汪が乗ってしまったからだった。

日中双方による和平工作は、次々登場しては消えていった。その最大の原因は、蒋介石率いる国民政府の徹底抗戦にあった。いくつかの和平工作の中に、国民政府副総裁で親日派の汪に対する軍民一体の和平工作があった。

「一面抵抗・一面交渉」。これは1932（昭和7）年、当時国民党の有力指導者だった汪が掲げた戦略の要諦である。日本と全面戦争をするには、今の中国はあまりにも無力。強硬論を唱える人もいるが、今こそ「我が国は抵抗と同時進行で交渉能力を発揮すべきではないか」と汪は考えたのだ。

　しかし、汪の思考法は、国民党内部でなかなか受け入れられなかった。特に対日強硬派たちは、汪を白眼視。汪が「一面交渉」をすればするほど、汪を対日譲歩の「漢奸《かんかん》(漢民族の裏切り者)」と見なすようになる。中国では国共合作以降、「安内攘外」(国内の混乱、つまり共産党討伐を完了してから、外敵を追い出す)という言葉は死語になっていた。

1941(昭和16)年3月、新政府樹立から1周年を迎えた汪兆銘首相

「国民政府を対手とせず」の第1次近衛声明により、泥沼に落ち込んだ日中戦争であるが、日本も解決策、和平の糸口を探していた。その交渉相手として日本に見込まれたのは、抗日を叫ぶ蔣介石ではなく、和平を訴える汪兆銘であった。日本は、汪と蔣を絶縁させ、汪に新政府(実質的には日本の傀儡政権)を樹立させることを狙っていたのだ。
　1938(昭和13)年12月18日、汪は国民党の根拠地・重慶を脱出した。その後、日本との交渉を経て、南京に国民政府を設立する。汪はあくまで重慶(蔣介石)政府との和解を目指していたというが、和解が成ることはなかった。同年11月、日本政府は、南京政府を承認する。しかし、汪政権は国際的にも中国国内でも支持を得られなかったため、日中和平はさらに遠のくことになった。

## 日用必需品10品目に切符制を導入

　4月24日、日用必需品10品目(米、味噌《みそ》、醤油《しょうゆ》、塩、マッチ、砂糖など)に切符制が導入された。これは購入物品に応じて必要な点数を定めるとともに、切符と一緒に代金を支払わなければならないシステムにすることにより、買い占めや贅沢《ぜいたく》を防止しようとする狙いがあった。

　国民の生活に対して国がさまざまな統制を行うようになったのは満州事変のころからだった。さらに、日中戦争の勃発によって国内は戦時体制を余儀なくされ、経済に対しても多くの統制法令が制定されるようになった。つまり、戦争を行うために必要な物資は国民より軍に優先させるという方策である。それを法的に明文化したのが1938(昭和13)年4月1日に公布された「国家総動員法」である。

　これによって、まず綿製品の製造と販売が制限され、翌年には繊維製品全般が規制されるようになる。国民の衣料が国に統制されるようになったのだ。

　それがいよいよ、生活必需品の食糧にまで及ぶようになった。戦争が始まると全ての物資は戦争に優先されることになる。結果、そのツケは国民に回され、国民の生活は不自由なものになっていったのである。

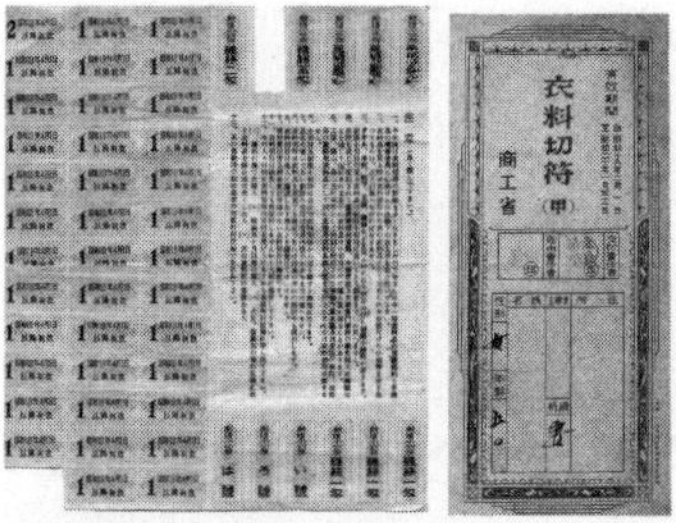

衣料切符の表面(右)と裏面

[5月1日〜6月12日]

# 中国軍が冬期大攻勢を開始
# 宜昌作戦を発動

1939（昭和14）年の12月から、中国戦線では中国軍が冬季大攻勢を開始し、各地で日本軍に襲い掛かってきた。ことに黄河以南の華中と華南で激しい戦いが展開された。

同年11月、大本営は第21軍に仏印（フランス領インドシナ3国。ことに現在のベトナム）との国境に近い華南の南寧《なんねい》攻略を命じた。南寧は援蔣ルートのハノイ・ルートと広西公路《こうせいこうろ》の有力な拠点だったため、ルート遮断と航空基地獲得を目的に攻略を命じたのである。攻略作戦は11月16日未明に第5師団と台湾混成旅団の欽州《きんしゅう》湾奇襲上陸によって開始された。日本軍は迎撃する中国軍を次々と撃破しつつ北進し、24日に南寧占領に成功し、さらに兵を進めて12月21日に仏印国境に近い竜州《りゅうしゅう》、鎮南関《ちんなんかん》を占領した。

ところが、冬季大攻勢を開始していた中国軍は、約25個師（師団）という大軍で第5師団に反撃してきた。今村均中将が指揮する第5師団は必死で陣地を死守し、軍司令部は南寧に増援部隊を送って反撃を開始を行い、年を跨いだこの年の1月下旬に中国軍を撃退した（賓陽《ひんよう》作戦）。

同じころ、華中の武漢地区でも約65個師という大軍を動員した中国軍が、大攻勢を展開していた。しかし、同地区を占領している第11軍も必死の反撃で持ちこたえ、同じく1月下旬には中国軍の攻勢を食い止めた。

占領した南寧市街を行進する日本軍

しかし大本営は、中国軍の冬季攻勢や欧州戦線の進展状況などから、1940（昭和15）年度中に事変を処理しなければ、世界情勢の変動に対処しきれないのではないか、という難問を突き付けられていた。そこで取られたのが、年度前半に中国軍に大打撃を与え、後半から兵力を漸次《ぜんじ》縮小して軍備の充実を図り、新情勢に対処するというものだった。その第1段作戦ともいえるのが華中の宜昌《ぎしょう》作戦だった。

作戦は第11軍の3個師団によって5月1日に開始され、5月末までに漢水《かんすい》（揚子江の支流）の左右両岸地区で機動包囲戦を繰り返して中国軍を撃破、6月12日に宜昌を占領した。この宜昌占領によって、日本軍は国民政府が根拠地とする重慶など中国奥地爆撃の中継基地を確保したのだった。

[5月18日～9月4日]

# 重慶爆撃・101号作戦 中国奥地への航空攻撃を敢行

日中戦争が勃発してから3年。蒋介石の国民党政府は、日本軍の侵攻から逃れるために、はるか奥地の四川省重慶まで退き、そこを新たな根拠地として抗日戦を指導していた。しかし、日本軍の戦力では重慶まで地上部隊を進めることはできない。そこで考えたのが「101号作戦」だった。目的は重慶などの主要都市を徹底的に爆撃し、蒋介石に対して日本が有利となる和平案をのませようというものだった。

作戦は5月18日から9月4日まで続けられ、大規模な爆撃が断続的に実施された。海軍は漢口、陸軍は運城《うんじょう》からそれぞれ爆撃機を発進させ、海軍は54回、陸軍は21回の爆撃を敢行した。そのうち、重慶にあてられたのは海軍で29回、陸軍で8回である。爆撃目標は「戦略施設」にもかかわらず、非軍事地帯にまで及んだ広範囲な無差別爆撃は重慶の街を焼き尽くし、焼死者は3300人を超えた。

重慶爆撃に向かう海軍航空隊の96式陸上攻撃機

101号作戦で初めて実戦に投入された零式艦上戦闘機(零戦)

## 究極の格闘能力を有する 新型戦闘機・零戦の登場

重慶などの中国奥地を爆撃する際に問題となったのが、距離が遠くなりすぎるために戦闘機の護衛を付けることができないことだった。96式陸上攻撃機などと違って戦闘機は航続距離が短く、重慶まで往復することができなかったのである。そのため、中国軍戦闘機の攻撃で航空機の損害は増えるばかりだった。

8月19日、海軍の爆撃隊に完成したばかりの零式《れいしき》艦上戦闘機(零《ゼロ》戦《せん》)が初めて随伴した(このときはまだ試作名称の「12試艦上戦闘機」)。零戦の航続力は飛行距離も長く、急旋回ができる戦闘機だった。当時は漢口～重慶を往復できる戦闘機はなかったので、零戦部隊が爆撃機編隊に付いていけば、爆撃機の損害が少なくなるはずだった。

零戦は占領直後の宜昌を中継基地として進攻した。しかし、新戦闘機の存在をつかんでいた中国軍はしばらくの間、空戦に戦闘機を出さなかった。しかし9月13日、零戦は初の戦果を挙げた。わずか13機で倍の27機を葬り去り、日本側の喪失機はなしという圧倒的な戦果だった。以後、零戦は中国、さらには太平洋の空までも席巻していくのである。

［7月22日］

## 陸軍が米内内閣を倒閣 第2次近衛内閣成立

軍部ではヨーロッパで破竹の進撃を続けるドイツと手を結び、日中戦争の行き詰まりを打開する活路を開かねばならないと考え、日独伊三国同盟締結論が急浮上してきた。しかし、時の内閣は三国同盟に対して絶対反対の米内光政海軍大将が首相である。

陸軍は米内内閣倒閣に出た。倒閣に使ったのが「軍部大臣現役武官制」という制度だった。軍部が陸・海相候補を指定しなければ組閣できないし、陸・海相を辞任させて後任を指定しなければ内閣は瓦解するしかないからだ。陸軍はその手を使い、畑俊六《はたしゅんろく》陸相を辞任させて米内内閣を総辞職に追い込み、7月22日、陸軍の言いなりの第2次近衛文麿内閣を誕生させたのである。

## 生体実験を繰り返した731部隊の実態

7月、軍令陸甲第14号により、関東軍防疫部は関東軍防疫給水部に改編された。そのうちの本部が関東軍防衛給水部本部、通称号「満州第731部隊」である。

日中戦争時、日本軍は中国や満州といった広大な地域に展開していたが、その中に細菌の研究を専門に行う部隊が存在していた。それが満州北部のハルビンに「関東軍防疫給水部」の看板を掲げていた731部隊である。関東軍に所属してはいたものの、実際は参謀本部直轄の特殊部隊で、京都帝大で細菌学と病理学の博士号を取得した石井四郎（終戦時中将）が部隊長を務めていた。

現在も中国に残る731部隊の施設跡

1932（昭和7）年8月、参謀本部は陸軍軍医学校に細菌兵器を研究する、文字通りの「細菌研究室」を設置した。これが731部隊の前身である。ハルビンに移転したのは、対ソ戦で細菌兵器を使用することを想定した場合、環境や気象状況がよりソ連に近い方が有効と考えられたからだった。

組織の規模は大きく、本部の下に細菌研究部、細菌実験部、防疫給水部、細菌製造部、総務部、教育部、資材部、診療部、そして石井部隊長の実兄・剛男《たけお》率いる特別班といったセクションが設けられていた。さらに林口《りんこう》、孫呉《そんご》、海林《かいりん》、ハイラルに支部も置かれていた。

731部隊の行っていた研究は、人間、動物などを使用した生体実験がほとんどだった。内容は主にペスト菌注射、生菌投与、凍傷実験、毒ガス実験、生体解剖、細菌爆弾実験、貫通実験、火炎放射器実験、壊疽《えそ》菌実験などがあった。

これらの恐ろしい実験に使用された人間は、逮捕された中国人やソ連人、蒙古人などで、もちろん実験を拒否することなどできない。万が一協力しなかった場合は射殺されたという。実験動物は部隊内で育てたものや捕まえてきたものだった。

しかし、731部隊は終戦時に資料を全て焼却し、施設の大半を爆破し証拠隠滅を行った。そのため731部隊の活動を記したものはほとんど残されていないのが実情である。

［9月23日］

## 南方進出への第一歩を踏み出す

# 日本軍、北部仏印に進駐

ドイツの破竹の勢いは、日本にも強烈な影響を与えた。従来より日本陸軍は対米英強硬論だったが、ドイツの勢いによりその声が高まった。日本の目に映ったのが、ドイツに打ち負かされたヨーロッパ列強国の姿だった。

イギリス、フランス、オランダは東南アジアを支配しており、石油や鉄などの資源地帯を植民地にしていた。その本国の衰退は資源を確保する好機、「バスに乗り遅れるな」という声が軍部はむろん、官民の大合唱になった。

そこから生まれたのが仏印（フランス領インドシナ）進駐だが、その思惑を隠し、まずイギリスとフランスに対して援蔣ルートの封鎖を要求することから始まった。

6月、日本政府は駐日フランス大使に対して仏印の、駐日イギリス大使には香港とビルマ（現・ミャンマー）の、それぞれの援蔣ルートの閉鎖を要求、衰退した両国とも応じるしかなかった。

これに乗じて軍部は、さらにフランスに対し、現地で援蔣物資禁輸を確認する監視団を受け入れるよう迫った。ドイツに降伏したばかりのフランスはこれも受け入れた。同月末、陸・海・外3省からなる40人の監視団がハノイに到着した。実は監視団には表向きの禁輸監視任務とは別に、日本軍の北部仏印進駐を実質的に認めさせるという任務が与えられていた。これを画策したのが、南方武力進出派だった。彼らのもくろみは、仏印国境から約180キロの南寧に駐屯する南支那方面軍の第22軍を北部仏印に進駐させ、その地域の飛行場を南方進出の拠点にしようというものであった。

そして、仏印のカトルー総督と交渉を続けているとき、日本で政変が起きた。三国同盟反対を唱えていた米内内閣を、強硬派が倒したのだ。これによって大本営政府連絡会議は「武力南進政策」を決定した。

南方進出派にとっては仏印進駐のお墨付きをもらったようなものだったが、現地では総督がド*・ゴール派に近いドクーに交代し交渉が難航していた。武力進駐を画策していた参謀本部第1部長富永《とみなが》恭次《きょうじ》や南支那方面軍参謀副長佐藤《さとう》賢了《けんりょう》らがハノイに乗り込み、仏印当局を恫喝《どうかつ》するなどの強硬姿勢で臨み、9月22日に至って日仏の協定調印が成立。翌23日、陸路からの北部仏印進駐が始まった。

仏印援蔣ルートの拠点であるハイフォンに駐留した陸軍部隊

*ド・ゴール：シャルル・ド・ゴール（当時フランスの国防次官・陸軍次官）。フランスがドイツに降伏すると、ロンドンに亡命政権の「自由フランス」を樹立し、対独抗戦を呼び掛けた。

[9月27日]

# 日独伊三国同盟締結

## ドイツの躍進に目がくらんだ日本

日独伊三国同盟調印式の様子。左からチアノ伊外相、リッベントロップ独外相、来栖駐独大使

北部仏印進駐からわずか5日後の9月27日、ドイツ・ベルリンの総統官邸で日本の来栖三郎《くるすさぶろう》駐独大使、ドイツのリッベントロップ外相、そしてイタリアのチアノ外相が協定書に調印した。それが終わるとヒトラーが笑顔で登場、各国代表と握手した。日独伊三国同盟締結の瞬間である。一方その夜、東京の外相官邸で催された祝賀会には、駐日の独・伊大使をはじめ東条英機《とうじょうひでき》陸相などの高官が居並び祝杯を上げた。その座でひときわ得意満面に杯を掲げていたのが、三国同盟締結の日本側の立役者、松岡洋右《まつおかようすけ》外相だった。

「独ソ不可侵条約」によって一時打ち切りになっていた三国同盟問題は、ドイツの破竹の進撃で再燃した。日本にとっての課題は、米国を牽制《けんせい》しつつアジアの指導者となることだった。松岡は日本が国際連盟脱退の際、「さようなら」と結んで連盟総会を退席、国民から英雄視された政治家。7月に誕生した第2次近衛内閣で、松岡は近衛首相から「陸軍を抑え、米国を敵にしない三国同盟を締結できるのは君だけだ」と口説かれ外相に就任していた。

その松岡は8月初めから日独の提携強化について打診を行っていた。当初はむしろ冷淡だったドイツ側は9月初旬、スターマー特使を送り込んだ。スターマーの来日を、松岡はドイツ側が自分の打診に応じて枢軸強化を決意したものと解釈し、三国同盟の腹案を作成した。同盟によって、3国は新たな外国からの攻撃に対して政治経済的および軍事的に相互に援助を行うというものであった。この自動参戦に海軍は反対したが、結局押し切られた。松岡は英米派の日本人大使を一気に更迭するなど、締結へ向けて豪腕を振るった。こうして、松岡はスターマーとの会談で「対英戦で日本の軍事力は求めない」「日ソの仲介斡旋《あっせん》を果たす」というドイツ案に合意、締結に至った。

松岡には、三国同盟がソ連を含めた四国同盟に発展し、対米交渉を有利に進めるという読みがあったといわれるが、それは全て砂上の楼閣にすぎなかった。10月12日にルーズベルト米大統領は「三国同盟に対抗する」と言明し、翌年6月にはドイツが対ソ攻撃を開始することになる。すでに対独参戦を決意したルーズベルトは、太平洋艦隊をハワイ・真珠湾に配置した。これに強く反対するジェームズ・リチャードソン司令長官を呼び付け、大統領は言った。

「艦隊をハワイに置くことが日本への牽制効果を持つ。やがて日本はアメリカを戦争に持ち込む間違いをしでかすはずだ」と。

［10月12日］

## 大政翼賛会発会
### 一党独裁の国家体制に

1940（昭和15）年に入ると日中戦争の長期化、それによる軍需物資、さらに一般国民の物資不足などが表立ってきた。

この困難を解決するために政治家の間で起こったのが「新体制運動」である。提唱したのは近衛文麿とそのブレーンのグループだった。その考え方はこうだ。

従来の政党を発展的に解消し、国防国家の完成、外交の振張、政治新体制の建設を基盤とする新党を結成する。簡単にいうと既存の政党を全て解散させ、一党に結集させる「高度国防国家体制」をつくり上げるということだった。いわばヒトラーのナチ党（ナチス）をまねたものだ。

その新体制運動の結実として10月12日、大政翼賛会が結成された。

「大政翼賛の臣道実践」という観念的スローガンを掲げ、衆議は尽くすが最終決定は総裁が下すという「衆議統裁」方式を運営原則とした。総裁は首相が兼任し全役員は全て総裁の指名によって任命され、中央本部に総務、組織、政策、企画、議会の5局と23部が置かれた。地方行政区域に対応して支部が設置され、各支部長の多くは知事および市町村長が任命され、中央と地方組織のそれぞれに協力会議が付置された。

しかし、軍部、内務官僚、財界、既成政党など支配層の各グループはそれぞれ異なる思惑を持っており、呉越同舟的組織であった。そのため翼賛会は、結成直後から主導権争いが絶えなかった。

この組織をうまく利用したのが、のちに登場する東条英機だった。大政翼賛会の名のもとに日本ファシズムの国民支配組織を確立し、憲兵支配の強化と相まって、治安対策的にほとんど完璧な権力支配を実現させた。

首相官邸にて大政翼賛会の発会を宣言する近衛文麿首相（総裁）

「興亜奉公日」に東京の銀座通りに設置された立て看板。「ぜいたくは出来ない筈だ！」は、「パーマネントは止めませう」とともに、戦時下の二大標語といえるものだった(1940年8月)

日本人なら
ぜいたくは
出来ない筈だ！
精動本部・東京府
警視廳・東京市

# アジア太平洋戦争新聞

## 1941年（昭和16年）

［4月1日］

## 小学校を「国民学校」に改称
### 6大都市で米穀通帳制も実施

3月1日に「国民学校令」が、同月14日には「国民学校令施行規則」が公布され、翌月の4月1日から全国一斉に小学校が「国民学校」となった。国民学校は単なる校名の変更ではなく、初等教育全般にわたる改革だった。つまり、教育の目的自体が一新されたのだ。

それはすなわち「皇道の道」にのっとった「皇国民の錬成」を目的とする、というものだった。

また同じ4月1日、国民生活に影響を与える大きな変革が制度化された。

日中戦争勃発以降、働き手の男性が戦争へ行くため、農作物の生産量は減っていった。さらに、米の国内消費量のおよそ4分の1を朝鮮や台湾からの移入に頼っていた日本は、輸送の問題に直面する。船舶やその燃料は軍用が優先され、国民生活は米不足になっていった。米穀を扱う商いは許可制となり、取引所が廃止となった。生産者である農家に対して、一定数量の自家保有米を除き、残る全ての米を決められた値段で国に売る義務が課されるようになる。

3月に主食や燃料などを配給で割り当てる「生活必需物資統制令」が「国家総動員法」に基づく勅令として発せられ、これにより、4月1日から東京、横浜、名古屋、京都、大阪、神戸の6大都市で米などの穀物は配給通帳制となった。そして、この制度の中に、米飯外食券の制度も組み入れられた。職場などで米飯食を取る者は、この食券を職場に差し出すことで、職場が米穀の配給を受ける仕組みである。

さらに食堂や旅館などの業務用主食にも大幅な制限が必要となり、旅行者用外食券制度が実施されるようになる。狭義には、外食券はこの旅行者用外食券をいうことが多い。外食券食堂が指定されると、これ以外の飲食店では主食は一切配給されないことになった。

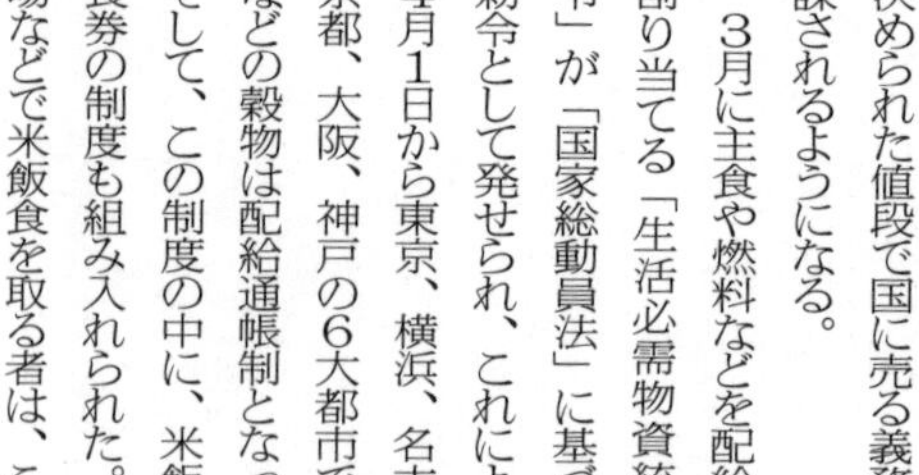

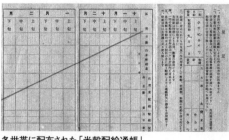

各世帯に配布された「米穀配給通帳」

## 東条陸相、陸軍将兵に「戦陣訓」を示達

1月8日、東条英機陸相の名によって全陸軍将兵に対して軍人の心得を示した「戦陣訓」が示達された。「戦陣訓」で最も有名なフレーズは「生きて虜囚の辱めを受けず、死して罪禍《ざいか》の汚名を残すこと勿《なか》れ」であろう。戦場でどんなに不利な状況に追い込まれても、降伏し捕虜になることを禁じているのだ。

日本人が降伏を忌み、捕虜となることを恥じるという観念は、大正・昭和期になってから社会的に確立した。軍人の心得を示した「戦陣訓」は、悠久の大義に生きることを悦《よろこ》びとし、天皇の軍隊として最後まで戦い続けることを説いた。精神力を無限に評価する「戦陣訓」の教えは、日本軍を玉砕と特攻へと導いていった。

[4月13日]

## 独ソ開戦前の駆け引き「日ソ中立条約」調印

1940（昭和15）年12月18日、ヒトラーはソ連への奇襲攻撃である*バルバロッサ作戦の指令を出した。ドイツが対ソ戦を決意したことは、同盟国である日本政府には知らされなかった。しかもその直前には、ベルリン駐在の来栖三郎大使がリッベントロップ外相より、日独伊の3国とソ連が提携するための条約案を受け取っていたのだ。

3月、松岡洋右外相はベルリンのリッベントロップから招待を受けていたこともあり、ドイツ、イタリア、ソ連を歴訪する旅に出た。

モスクワに立ち寄った松岡はモロトフ外相やスターリン書記長と会談を持った。3月26日、ベルリンに到着した松岡一行は、大歓迎を受けた。だが、ヒトラーやリッベントロップとの会談では、松岡が「リッベントロップ腹案」に基づいて進めようとした4カ国連合について、ドイツはソ連とのこれ以上緊密な協力は不可能であるとの態度に変わっていた。松岡は大島浩駐独大使などから、独ソ開戦は必至なので日ソ条約は断念するようにと説得されたが、意に介さなかった。松岡はあくまで独ソ開戦はなし、「四国同盟」の考えに固執していたのだ。

イタリアでムッソリーニとも会談を持った松岡は、再びモスクワへ向かい、4月7日からモロトフと不可侵条約に関して3度会談を行った。

日本がソ連から提供されていた*北樺太《からふと》（現・サハリン）の利権解消問題を巡って交渉が進まなかったが、突如、スターリンが4月12日に松岡と会談を行うことになった。ここでスターリンは、北樺太の利権解消について、「数カ月のうちに解決すべく努力する」という松岡の書簡を議定書の代わりに認めるという判断を下し、一気に条約調印の話は進んだ。

4月13日、相互不可侵と相互中立を定めた「日ソ中立条約」が成立した。条約の効力は5年、期間満了の1年前にいずれかより廃棄の通告がなければ、5年間の自動延長とされた。

モスクワ・クレムリンで「日ソ中立条約」に調印する松岡外相を見守るスターリン（右から2人目）

*バルバロッサ作戦：1941（昭和16）年6月22日に開始。同年12月まで実施されたが、最終目的のモスクワ攻略は失敗に終わる。

*北樺太（現・サハリン）の利権解消問題：1925（大正14）年1月20日に調印された「日ソ基本条約」で、日本はソ連から北樺太の油田開発の利権を獲得していた。

[4月16日]

日米の関係改善の糸口

## 日米交渉始まる

1940（昭和15）年1月、「日米通商航海条約」は失効した。日本はすでに1936（昭和11）年に「ロンドン海軍軍縮条約」から脱退し、軍縮と協調外交を指向したワシントン体制は崩壊していた。この「日米通商航海条約」の失効によって、日本とアメリカは〝無条約時代〟に突入した。

日本は条約失効後、9月23日に北部仏印に進駐し、次いで日独伊三国同盟を締結した。こうした日本の強硬な姿勢に日米関係はさらに悪化したが、なんとか両国の関係を改善し戦争を回避しようと始められたのが、この年の4月16日からワシントンで開始された野村《のむら》吉三郎《きちさぶろう》大使とハル国務長官との日米交渉だった。しかし、双方に妥協する姿勢は見られなかった。

[7月28日～8月31日]

## 重慶大空襲・102号作戦

### 海軍航空隊による連続無差別爆撃

前年5月から9月の「101号作戦」に続いて行われたのが「102号作戦」である。

海軍航空隊は5月3日から7月中旬まで22回重慶《じゅうけい》を空襲した。これは通常の空襲で、次の7月28日から8月31日までの連続空襲を102号作戦という。

102号作戦の特徴は、1式陸上攻撃機（1式陸攻）という新鋭爆撃機を使ったことである。前回の96式陸攻よりスピードや航続距離が改良されていた。1式の「1」は皇紀2001年（西暦1941年）の「1」で、この年に採用されたという意味である。102号作戦は陸軍航空隊も参加し、重慶爆撃を14回実施した。

この一連の重慶空襲では6月5日の大空襲が特に被害が大きく、防空壕を直撃した爆弾のため約4000人が閉じ込められ窒息死している。

8月8日には重慶に面する揚子江（長江）に浮かんでいた米海軍の砲艦「ツツイラ」の8ヤード（約7・3メートル）近くに爆弾が落下した。この日は計30波以上の空襲があったといい、米大使館付近にも爆弾が落下した。多くの大使館員が狙い撃ちされたようだと感じたという。

「満腔《まんこう》の熱誠と血肉に倭寇《わこう》（註・日本）の爆撃と砲火に対することすでに3年である。もし中華民族でなければ、誰がこれをよく行うであろう」「老人を助け、幼き者を連れ、重い荷物を背負って遠くへ避難する状況は、見るものの心を苦しませる。後の世の国民は、今日の父母たちが避難にあたって喫した苦痛が歴史上未曾有のことであったことを知らねばならない。（略）そうしてこそ、中華民国の子孫たるに恥じないのである」

これは重慶爆撃が行われていた最中の、蒋介石《しょうかいせき》の日記である。当時国民政府の首都重慶に対する空襲は、日本軍が武漢三鎮を占領した直後から断続的に実施されていた。主役を担ったのは海軍航空隊だった。日中戦争の地上戦はほとんど陸軍が行ったが、攻略作戦が一段落した後の重慶など中国奥地への空襲は、海軍が主役になったのである。

重慶爆撃は、この年の秋まで断続的に行われた。だがやがて、海軍航空隊は新たな敵・米英との戦いに備えるため漢口《かんこう》飛行場から引き揚げることになった。

日本軍の無差別爆撃で炎上する中国国民政府の首都重慶。一般市民を標的とする最初の戦略爆撃となった

［7月28日］

# 日本軍、南部仏印に進駐

## 日米両国の対立が決定的に

日本とアメリカは関係の悪化を改善しようと日米交渉を開始した。そんなことを知る由もない松岡洋右外相は4月22日、「日ソ中立条約」という手柄とともに意気揚々と帰国したが、自分の留守中に進められていた日米交渉に憤慨。日米了解案の英文を取り寄せた松岡は、これがアメリカ側の発意ではないことを察知し、5月12日、日本が三国同盟を順守するなどの、より強硬な修正案をアメリカに提示した。

するとアメリカは6月21日付で、日米了解原案よりさらに厳しい修正案で回答。そこには日米交渉の前提として暗に松岡の更迭が示唆されていた。松岡は激怒したが、日米交渉をまとめたい近衛文麿《このえふみまろ》首相は松岡を更迭するため7月16日に総辞職、2日後に第3次近衛内閣を発足させた。

日米交渉が暗礁に乗り上げようとしていた同月28日、日本政府はフランスのビシー*政府に日本軍の南部仏印進駐を迫り、実行した。仏印総督は日本軍と戦っても勝てるはずがないと、進駐を受け入れた。日本軍の最大の目的は、航空基地を造ることだった。仏印からならば海軍航空隊は楽にイギリス領のマレー半島やシンガポール、蘭印《らんいん》*（オランダ領東インド）を爆撃できるようになる。昨年9月23日の北部仏印に進駐したときよりも、米英に対する脅しはより現実的になった。日本はそれによってアメリカから最後の譲歩を得ようとしたのだ。

しかし、日本の思惑に反してアメリカの反応は激しかった。7月25日に日本の在米資産を凍結すると、8月1日には石油の対日全面禁輸を実施してきた。イギリスもただちに在英日本資産を凍結し、「日英通商航海条約」の破棄を通告。蘭印やオーストラリア、ニュージーランドも同調した。

アメリカの対日全面禁輸は日本政府に対米戦争を決意させる決定的なものとなった。当時の日本には石油の備蓄はまだかなりあったが、それでも2年半程度で日本海軍の軍艦はもちろん、航空機も燃料切れになることがはっきりした。日本は日米交渉でアメリカが要求する中国からの撤兵にも、日独伊三国同盟の骨抜きにも応じず、蘭印の石油を求めて米英との戦争に踏み切ろうとしていた。

南部仏印に進駐する日本軍

*ビシー政府：ドイツに敗北後、フランス中部の都市ビシーに成立した政府。対独協力の政策を実行した。
*蘭印（オランダ領東インド）：オランダが領有していた現在のインドネシア全域の名称。

［9月1日］

## 一般家庭も備品を供出 「金属類回収令」施行

4月1日、政府は「金属類特別回収要綱」を閣議決定した。これにより、官庁や公共団体が所有する鉄、銅製品の特別回収を実施した。さらに9月1日、「金属類回収令」が施行された。この法律で強制回収義務があるのは主として工場、事業所だった。回収が必要とされるものは看板、階段、傘立、手すり、欄干、門扉、さらに置物などの贅沢品など約42種類、銅製品46種類となっていた。

また、一般家庭に対しても家庭用備品の供出が町内会などを中心に行われ、門柱、門扉、広告板、溝蓋《みぞぶた》、手すり、欄干などが挙げられた。さらに「自発的に供出していただきたいもの」として鈴蘭灯《すずらんとう》、傘立、石炭用バケツ、置物、菓子器などが指定された。

［10月15日・18日］

## 日独の機密がソ連に漏洩 ゾルゲ事件発覚

10月15日、国際スパイ容疑で尾崎秀実《おざきほつみ》が検挙され、リヒャルト・ゾルゲも18日に検挙された。

ゾルゲはドイツの有力紙『フランクフルター・ツァイトゥング』特派員であり、尾崎秀実は朝日新聞社の記者だった。同じ時期にこの2人を含む外国人4人、日本人31人の計35人が、治安維持法、国防保安法、軍機保護法違反などの容疑で起訴された。彼らのうち17人はゾルゲが組織する諜報機関員であり、18人は本人の知らぬ間にその機関に協力させられていた者だった。

リヒャルト・ゾルゲ

ゾルゲ機関は1933（昭和8）年から8年にわたり日本で活動し、ゾルゲと尾崎が中心となって日本政府の最高機密や軍事情報、駐日ドイツ大使館の極秘情報などを入手し、ソ連赤軍参謀本部第4部（諜報部）に通報していた。

翌年5月に事件概要が司法省から発表されたときには、ソ連にどんな情報が流されたのかは未公表だった。だが、戦後に検事調書などにより事件の詳細が判明すると、日本が米英との戦争覚悟で南方進出を決定した御前会議の内容から、ベルリンより駐日ドイツ大使館に伝わったドイツ軍のソ連侵攻計画までの超極秘情報が、全てソ連に筒抜けだったことが分かり衝撃を与えた。ゾルゲ機関は「今世紀で最も成功したスパイ」と言われた。

尾崎秀実

これは元朝日新聞政治部記者や近衛内閣嘱託などを務めた尾崎の幅広い人脈と、日本史に通じた情報分析力により歴代ドイツ大使に重用され、大使館内に個室まで与えられていたゾルゲの抜群の能力が、結合された成果であった。

裁判では、ゾルゲと尾崎に死刑、マックス・クラウゼン（無線通信係。青写真複製機製造販売業）とブランコ・ド・ブーケリッチ（情報収集と写真係。フランス・アバス通信社記者）に終身刑、他の11人に懲役15年から2年（執行猶予2人）の判決が下った。他にゾルゲ機関主要メンバーのひとりだった宮城与徳《みやぎよとく》（画家）が、未決拘留中に死亡した。

[10月18日]

# 陸軍を抑え得る唯一の人物
# 東条英機内閣成立

アメリカが対日石油禁輸を発表すると、9月6日の御前会議では、10月下旬をめどに対米英蘭開戦準備を完成すると決定した。

開戦を渋る近衛文麿首相に対し、東条英機陸相は怒り、「米国の中国大陸からの撤兵要求に服せば支那事変の成果が壊滅する。満州国も危ない」と断固反対を主張して譲らなかった。万策尽きた近衛内閣は突如総辞職する。

この後継首相に、本人もまったく予想もしていなかった東条が指名された。

昭和天皇の側近、木戸《きど》幸一《こういち》内大臣は「強硬な陸軍を抑えられるのは東条しかいない。虎穴に入らずんば、虎児を得ず」の心境で東条に組閣を命じた。天皇は「御前会議の決定を白紙還元して検討せよ」と指示した。

どの軍人にとっても天皇は絶対だったから、東条はそれまでの主張を一転させ、御前会議の白紙撤回、開戦回避を連日会議を開いて日米交渉を再開させるべく大いに努力した。東条は変節したのか、との中傷めいた言葉が陸軍内部でささやかれたという。

しかし、生命線の石油は日々底を突きかけており、「座して死を待つよりも万一の勝利を期待してでも、開戦に決定し和平への道は閉ざされた」と東条は天皇に泣きながら報告した。

東条の人生を大きく変えたのは、二・二六事件であった。それにより政治と軍事に関心を持たず、また独自の見識や知識のない、軍務に忠実で命令と服従を頑《かたく》なに守り、妥協や調和を排し、偏狭で直情型の軍人が評価され、生き残ることになった。結果的に、東条のような軍人が模範とされるようになったのだ。

東条は首相に就任するまでに陸軍省の動員課長、歩兵第1連隊長、軍事調査部長、歩兵第24旅団長などを歴任した。

そして1935(昭和10)年9月に満州の関東憲兵隊司令官として渡満した。満州の東条は憲兵司令官として存分に腕を振るい、その存在感を大きくし、関東軍参謀長となる。その後、第1次近衛文麿内閣で陸軍次官に就任、中央に帰った。次官職をこなした東条は、第2次・第3次近衛内閣で陸軍大臣に就任し、ついには首相の座を射止めた。

東条内閣スタート時の閣僚。前列中央が東条首相

[11月26日]

# 日本に突き付けられた最後通牒
# 米政府、「ハル・ノート」を提示

東条英機内閣は、昭和天皇の強い意向に従い、日米交渉を再開した。しかしながら、一方では交渉の期限を12月1日午前0時とし、まとまらなければ12月8日開戦を決めていた。

政府は、日中和平（事実上の中国の降伏を前提としていたが）を条件に、華北と海南島《*かいなん》には25年駐留するが（それは事実上、永久駐留を意味していた）、その他の地域からは2年以内に撤退するという甲案、南部仏印から撤退する見返りに石油などの輸出にアメリカは応じるべきだとする緊急避難的な乙案を用意した。

アメリカは甲案に関してはあまり熱意はなく、日本は乙案を提出した。乙案に対してコーデル・ハル国務長官は3カ月暫定協定案を作って各国に打診したが、関係国（英中豪蘭）のうち中国が猛烈に反発し、結局、アメリカは妥協案を出さなかった。

ハル国務長官（中央）との会談に臨む野村吉三郎大使（左）と来栖三郎特使（出典:Wikimedia Commons）

## 「ハル・ノート」に見るアメリカ政府の思惑

そして11月26日、野村吉三郎・来栖三郎両大使に手交されたのが「ハル・ノート（包括的基礎協定提案）」だった。

渡されたハル・ノートの内容は、「中国、仏印からの全面撤兵」「満州国非承認」「三国同盟の廃棄」「蔣介石の国民政府以外の政府、政権の否認」という、これまでの日米交渉をまったく無にしてしまう強硬なものであった。

ハル・ノートには、日米戦の最初の一撃を日本に仕掛けさせたい、との思惑が感じられ、日本側にとって譲歩の余地がない最後通牒に等しいものであった。

ヘンリー・スティムソン陸軍長官がハルに電話したとき、ハルは、日本との渡り合いは「いまや貴下たち陸海軍の手中にある」として、外交関係が事実上断絶したことを伝えた。日本は戦争に訴えるだろう、と見通していたのである。また、「それで良し」というのが、ルーズベルト大統領の決断でもあった。

東郷茂徳《とうごうしげのり》外相はハル・ノートを一読し、天を仰いで慨嘆したが、軍部はそれを天佑《てんゆう》と呼び、ようやく開戦に踏み切れると喜んだのである。

*海南島：仏印（フランス領インドシナ）の一部であるベトナムとトンキン湾を挟んだ位置にあり、日本軍は中国南部を爆撃するための飛行場建設と南シナ海を制圧するための根拠地として、1939（昭和14）年2月に占領した。

［12月1日］

# 御前会議で対米英蘭開戦を決定

12月1日の御前会議で、ついに開戦が決定された。

御前会議のちょうど1カ月前の11月1日の政府連絡会議で、12月1日までに対米交渉がまとまらなかった場合は戦争に突入することが決定され、11月5日の御前会議で了承されていた。これを受けて、永野《ながの》修身《おさみ》軍令部総長は山本《やまもと》五十六《いそろく》連合艦隊司令長官に対して、正式に作戦命令を下していたのだ。

そして「ハル・ノート」が手交された11月26日の朝、※南雲《なぐも》機動部隊は一斉に錨《いかり》を揚げハワイへ向けて出撃を開始した。それでも山本は望みを最後まで捨てないでいた。すでに開戦が正式決定していた12月3日、昭和天皇から戦争の見通しについて見解を求められた際にも、「野村（吉三郎駐米大使）さんはなんとか日米交渉をまとめてくれるでしょう」と期待を口にしている。

また機動部隊指揮官の南雲忠一《ちゅういち》中将に対しても、戦争回避への希望を露骨に見せている。11月13日、連合艦隊を構成する8人の艦隊司令官をはじめ各艦隊参謀長や作戦参謀が一同に会して最後の会議が行われた。その会議が終わると、山本は次のように申し渡している。

「もし対米交渉が成立したならば、12月7日午前1時までに本職より出動部隊に引き揚げを命令する。命令を受領したならば即刻撤退、帰来せよ」

しかし、計画ではその時間、すでに空母から真珠湾奇襲の航空隊が飛び立っているはずだ。そこで南雲が「いったん出撃して、引き返すことなどできません」と消極的な姿勢を見せた。すると山本は激怒し、

「もしこの命令を受けて帰って来られないと思う指揮官があるなら、ただ今から出動を禁止する。即刻辞表を出せ」

と厳命した。もちろん辞表を出した者はいなかったが、日米交渉は決裂し、計画通り真珠湾奇襲攻撃を行うことになった。

日米開戦に備えて作戦立案中の山本五十六長官（中央）。左が宇垣纏（うがき まとめ）連合艦隊参謀長

＊南雲機動部隊：1941（昭和16）年4月10日に編成された第1航空艦隊のこと。「赤城（あかぎ）」「加賀（かが）」「飛龍（ひりゅう）」「蒼龍（そうりゅう）」「翔鶴（しょうかく）」「瑞鶴（ずいかく）」の6空母を基幹とする空母機動艦隊で、南雲忠一司令長官の名前から「南雲機動部隊」とも呼ばれた。

［12月8日］

# 太平洋戦争開戦

## 海軍機動部隊、ハワイ・真珠湾を奇襲攻撃

ハワイ作戦に向けて択捉島の単冠（ヒトカップ）湾で待機する南雲機動部隊

### 攻勢作戦に賭けた山本司令長官

太平洋戦争は12月8日、日本軍によるハワイ・真珠湾への奇襲攻撃で始まった。

太平洋戦争開戦時、日本海軍最大の実戦部隊である連合艦隊を率いていたのは、山本五十六大将だった。よく知られているように山本は日米開戦には反対だった。

一方でいざ開戦となった場合は対米作戦では積極的に攻勢を行い、終始主導権を握ってアメリカを守勢に追い込み、早期講話に持ち込むしか活路がないと感じていた。そして山本が目を付けたのが、米太平洋艦隊の根拠地となっていたハワイの真珠湾である。初戦で米太平洋艦隊を一挙に壊滅させれば、アメリカの戦意を挫《くじ》くことができ、早期講話への道も開けると考えたのである。

山本はこの年の1月、及川《おいかわ》古志《こし》郎《ろう》海軍大臣（当時）に「戦備ニ関スル意見」と題した私信を書き送っている。この中で開戦劈頭《へきとう》、真珠湾に停泊する米艦隊を航空機で徹底的に叩く、とする作戦構想を明らかにした。間もなく連合艦隊司令部では真珠湾攻撃（ハワイ作戦）を正式な作戦とするように働き掛けを始めた。

軍令部はハワイ作戦に猛反対した。それでも連合艦隊は作戦の採用を強硬に迫る。10月19日、軍令部で交渉に臨んだ黒島亀人《くろしまかめと》首席参謀は伊藤整一軍令部次長を引っ張り出して「山本長官は、もしこの案がどうしても採用できないというのでしたら、連合艦隊司令長官

の職をご辞退すると申しておられます」と伝えた。恫喝ともいえる言動に伊藤は真っ青になり、「ちょっと待て」と言い置いて総長室に消えた。しばらくして永野修身軍令部総長がやってきて、「山本長官がそれほどまでに自信があるというのならば、総長の責任として希望通り実行するようにいたします」と明言した。こうしてハワイ作戦の採否を巡る連合艦隊と軍令部の対立は、軍令部が屈服する形で幕を閉じた。

## トラ・トラ・トラ　われ奇襲に成功せり

開戦日の12月8日は、ハワイ時間では7日で日曜日であった。訓練を終えた米艦隊が真珠湾に戻ってくる確率も非常に高い。

この日、現地時間の午前6時15分、ハワイ・オアフ島の北方約430キロの海上にあった6隻の空母「赤城」「加賀」「蒼龍」「飛龍」「翔鶴」「瑞鶴」から総飛行隊長淵《ふち》田美津雄《だみつお》中佐に率いられた183機の第1次攻撃隊が出撃した。

午前7時40分ごろ、第1次攻撃隊は穏やかな日曜日の朝を迎えたオアフ島上空に接近した。淵田中佐は風防を開けて展開下令の信号弾を発射した。午前7時49分、淵田機は「全軍突撃せよ」を命じるトトト……（ト連送）を攻撃隊全機に向けて発信した。真珠湾は目前で米戦艦をはっきり視認できたが、米軍機は1機も上空に現れない。淵田は後席の水木徳信電信員に向かって言った。

「水木兵曹、甲種電波で艦隊宛てに発信……われ奇襲に成功せり」

符号は「トラ・トラ・トラ」。時に12月7日午前7時53分（日本時間・8日午前3時23分）であった。

2分後、高橋赫一《たかはしかくいち》少佐が指揮する「翔鶴」の急降下爆撃隊*がヒッカム飛行場へ第1弾を投下した。続いてフォード島、ホイラー飛行場へも急降下爆撃が行われた。村田重治少尉の率いる雷撃隊*は低空からフォード島に沿った戦艦泊地に侵入した。雷撃隊は鹿児島湾で、桜島をフォード島に見立てて水深の浅い真珠湾で魚雷を確実に放つ猛訓練を行っていたが、鍛錬の成果と新たに開発された浅海面魚雷の効果で不可能といわれた雷撃を見事に成功させた。

攻撃は30分余りで終わったが、第1次攻撃隊より1時間後に空母を出撃した第2次攻撃隊167機（指揮官嶋崎重和少佐）が午前9時、黒煙を吹き上げる真珠湾に殺到した。すでに戦端は開かれているので第2次攻撃隊は奇襲とならない。激しい対空砲火をかいくぐる強襲で、第1次攻撃隊が討ち漏らした米戦艦に果敢に攻撃を仕掛けていった。

真珠湾を目指して空母「瑞鶴」から発艦する零戦

日本軍の攻撃が完全に終わったのは午前9時45分。真珠湾には壊滅した米太平洋艦隊主力の残骸が残された。

## 警戒を欠いていた　米太平洋艦隊

第1次攻撃隊がハワイに向かって飛んでいたころ、湾外を哨戒中の米駆逐艦が、真珠湾に忍び込も

*急降下爆撃隊：航空母艦搭載の艦上爆撃機(艦爆)による急降下爆撃を任務とした航空戦隊。
*雷撃隊：艦爆と同じく空母搭載の艦上攻撃機(艦攻)で魚雷攻撃を担う航空戦隊。艦攻は上空から大型爆弾を投下する水平爆撃も行った。

日本軍の攻撃開始時の真珠湾。湾内中央に浮かぶフォード島の東側に停泊している米戦艦群には雷撃が加えられ、水柱が上がっている

爆撃を受けて黒煙を上げるヒッカム飛行場(手前)の上空を飛ぶ日本軍の97式艦上攻撃機

日本軍機の攻撃を受けて炎上する米戦艦「ウェスト・バージニア」(手前)と「テネシー」

2番砲塔の火薬庫に爆弾を受け、爆発しながら沈没する米戦艦「アリゾナ」

うとした特殊潜航艇（2人乗りの小型潜水艦）の1隻を撃沈していた。また早朝にはカフク岬近くに置かれたレーダーが日本軍機を捉えていたが、友軍機と信じ切って対応しなかった。12月7日のハワイはまったく警戒を欠いていたと言わざるを得ず、そのため米太平洋艦隊司令長官ハズバンド・キンメル大将はただちに更迭され、のちに査問を受ける身となった。

日本軍の急降下爆撃隊の攻撃によって炎上するホイラー飛行場

　それでも米軍は果敢に反撃した。攻撃開始から3分後には「パールハーバー空襲ヲ受ケル。コレハ演習デハナイ」との平文（暗号のかかっていない電文）が発せられた。米兵はすぐに高角砲に飛び付いて、上空を乱舞する日本軍機に銃弾を浴びせた。

　激しい対空砲火によって第1次攻撃隊は9機、混乱の戦場に飛び込んだ第2次攻撃隊は20機が未帰還となっている。機動部隊の戦死者は55人を数え、他に特殊潜航艇の乗組員10人のうち9人が戦死した（1人は捕虜となった）。しかし、損害はアメリカの方がはるかに大きく、3784人の死傷者が出た。一般市民も68人が死亡したが、犠牲者の大半は海軍で、戦死者は2000人余り、その約半数、1177人が戦艦「アリゾナ」の乗組員であった。

## リメンバー・パールハーバー

　この日、ワシントンでは野村吉三郎駐米大使がコーデル・ハル国務長官に午後1時（ワシントン時間）の会見を申し込んでいた。攻撃開始予定時刻の30分前である。前日までに国務長官に手交する最後通牒は駐米大使館に打電されていた。

　しかし、大使館員の送迎会などがあってタイピングはまったく進んでいない。野村は会見を45分延ばしてもらったが、タイプを終えて来栖三郎特使とともに国務省に駆け付けたのは午後2時をすぎ、真珠湾で奇襲攻撃が行われている真っ最中だった。もはや最後通牒は意味を成さない。

　ハルは不愉快な態度を隠さずに野村・来栖両大使と会見し、「これほど恥知らずな、虚偽と歪曲《わいきょく》に満ちた文書を見たことがない」と言い捨てて野村らを追い払った。もっとも、アメリカは開戦前に日本の外交暗号の解読に成功しており、日本大使館がタイプに手間取っている間にさっさと翻訳を終え、ハルもその内容を知っていたのである。

　ともかく奇襲攻撃後に最後通牒を手交するという駐米大使館の不手際は、日本の騙《だま》し討ちと非難され、「真珠湾を忘れるな（リメンバー・パールハーバー）」の掛け声とともにアメリカの世論を沸騰させたのである。

真珠湾攻撃を最も早く報じた『ホノルル・スター・ブリティン』紙

[12月8日]

# 真珠湾攻撃より早く戦端を開く
# マレー半島敵前上陸作戦

太平洋戦争は海軍機動部隊の真珠湾攻撃で幕を開けたと一般的にはいわれているが、戦闘そのものは陸軍のマレー半島敵前上陸作戦の方が早かった。

開戦を示す暗号は『ヒノデ』ハ『ヤマガタ』トス」である。「ヒノデ」は開戦、「ヤマガタ」は12月8日を意味している。

この暗号電報が東京の参謀本部から南方軍*に発せられたのは12月3日だった。電報を受け取った翌4日早朝、占領地の海南島から日本軍の将兵を満載した輸送船団が、マレー半島の上陸地点に向けて出港した。

マレー作戦の最終目的は、香港と並ぶ東洋におけるイギリスの最大拠点シンガポールを占領することにあった。

シンガポールはイギリス東洋艦隊の根拠地で、強大な攻撃力を誇る要塞と強固な防備で守られているため、海側から攻め落とすことは不可能に近かった。そのためマレー半島を縦断南下して、背後からシンガポールを攻略することにしたのである。シンガポールを奪取し、イギリスの東洋艦隊を撃滅して制海権を確保すれば、安心して石油をはじめとする南方資源を日本に運べる。

マレー半島東岸のコタバルは北端の軍事拠点となっていた。日本軍は上陸地点の一つをそのコタバルと決定した。同地の英空軍の飛行場を制圧しなければ、上陸作戦も、その後のマレー半島南下も難しくなるとの判断からだった。

12月7日深夜、コタバルの沖合に兵力約5300人の佗美《たくみ》支隊(佗美浩《ひろし》少将指揮。第18師団第56連隊基幹)を乗せた船団が錨を下ろす。上陸用舟艇に乗り移った将兵は高波にもまれながら次々とコタバルの海岸に到着。浜辺一面に張られた鉄条網をかいくぐり、イギリス軍との戦闘が始まった。時

コタバルに上陸した佗美支隊。コタバル市を占領後、東岸沿いに南下した

*南方軍：マレー・シンガポール、香港、フィリピン、蘭印(オランダ領東インド)、ビルマ(現・ミャンマー)各地を一斉に攻略する南方作戦のために創設された。その下に置いた第14軍・第15軍・第16軍・第25軍などが作戦を分担した。

間は8日午前1時30分。連合艦隊の真珠湾奇襲より1時間50分も早かった。

イギリス軍の抵抗は激しく、飛行場からも英軍機がやってきて輸送船団を爆撃。上陸部隊は8日の日中は海岸に釘《くぎ》付けにされた。しかし、日没とともに前進し、9日午前9時に第1目標の飛行場を制圧、昼すぎにはコタバル市を完全に占領した。マレー半島に上陸した日本軍は休む間もなく、シンガポールを目指して南進を始めた。

マレー半島のジャングル地帯を進む日本軍の戦車隊

## 英最新鋭戦艦を撃沈したマレー沖海戦

開戦時の真珠湾攻撃が世界に衝撃を与えたのは、航空攻撃で戦艦群を沈めたからである。しかし、相手は湾内に停泊している戦艦であり、これが作戦行動中の艦艇であれば無理だったのではないか。そう疑問を持った人も多かったのではないか。何しろ航空機はまだ海戦の主戦力として認められていたわけではないし、海軍関係者たちは航空機の実力に対しては半信半疑なのが実情だったからだ。

しかし、12月10日のマレー沖海戦で航空機はその威力をまざまざと見せつけた。相手はイギリスの最新鋭戦艦「プリンス-オブ-ウェールズ」と巡洋戦艦「レパルス」である。

もともとこの2隻は東アジアでの抑止力としての役割が期待されていた。つまり最新鋭戦艦で日本を威嚇し、戦争を踏みとどまらせようと考えていた。「プリンス-オブ-ウェールズ」がシンガポールへ回航された際、本来なら最高の軍事機密であるはずの内部を報道陣に公開したことからも、イギリスの自信のほどがうかがえた。実際、このイギリス戦艦と戦うには、当時の日本で最強の戦艦「長《な》門《がと》」クラスをぶつけなければ勝ち目はなかった。

ところがイギリス自慢の最新鋭戦艦は、日本海軍の基地航空隊によって、いとも簡単に撃沈されてしまった。

作戦行動中の戦艦と巡洋戦艦を航空機だけで沈めたのは、戦史上前例のないことだった。これには勝利した日本軍さえ驚いたというから、イギリスが受けた衝撃は推して知るべしである。

日本軍の航空攻撃にさらされる英戦艦「プリンス-オブ-ウェールズ」(下)と巡洋戦艦「レパルス」

# アジア太平洋戦争新聞

## 1942年(昭和17年)

［1月2日］

# フィリピン攻略

## 日本軍、マニラを無血占領

南方（東南アジア）地域において、シンガポールがイギリスの拠点なら、アメリカの拠点はフィリピンである。日本軍は同地を攻略するために、本間《ほんま》雅晴《まさはる》中将率いる第14軍を送り込んだ。相対するのは、ダグラス・マッカーサー大将率いるアメリカ・フィリピン軍（米比軍）である。

日本軍はマッカーサーの「オープン・シティ」宣言でマニラに無血入城した

ルソン島のリンガエン湾に前年の12月23日、ラモン湾に翌24日に上陸した日本軍は、1月2日には早くも首都のマニラを占領した。マニラに戦火が及ぶのを避けたかったマッカーサーが同地を「オープン・シティ」、つまり非武装都市にして無血で日本軍に明け渡したためだった。

### 米比軍を見くびった日本軍の認識の甘さ

ところが日本軍は米比軍に対して、戦わずに逃げた弱い軍隊という印象を持ってしまった。日本軍は勝手に楽勝ムードに浸ってしまったのである。このことが以後の作戦に深刻な影響を及ぼすことになる。

マニラから退却した米比軍は西部のバターン半島にこもって日本軍を待ち構えていた。米比軍は初めからここで決戦をするつもりで、1年前から準備をしていたのである。ジャングルに覆われた山岳地帯には3段構えの強固な陣地が築かれ、各部隊は演習を繰り返していた。その数は米軍3万、フィリピン軍7万にも上った。

一方の日本軍は米軍の戦力はせいぜい3万と判断し、第14軍の最強部隊である第48師団を蘭印攻略に回していた。さらに日本軍がバターン半島を攻略するために送り込んだのは、本来なら占領地などの警備にあたる、つまり戦闘用の部隊ではない第65旅団約7000人だった。装備は小銃程度のもので、砲兵部隊などはもちろんいなかった。このことは日本軍がバターン攻略をいかに甘く見ていたかを如実に示していた。

第65旅団はもちろん壊滅的な打撃を受け、途中で第16師団の一部を増援するが焼け石に水だった。バターン半島の戦いは、順調に推移した初期の南方作戦では唯一のつまずきとなり、作戦後に本間中将は責任を取って予備役に編入(軍人を引退させられる)された。

バターン半島攻略戦で火を噴く日本軍砲兵部隊の大砲

## 「バターン死の行進」を生んだ悲劇

第1次バターン攻撃が失敗に終わったことで、日本軍は攻撃態勢の大幅な見直しを迫られた。北島《きたじま》驥子雄《きねお》中将が指揮する大規模な砲兵部隊、重爆撃機を中心とした航空隊を補強した。さらに第16師団と第65旅団の損失兵力も補充し、第4師団も新たに加えた。

攻撃は4月3日、勝利をほぼ決定付けたといわれる日本陸軍史上最大規模の砲撃から始まった。戦場は一気に修羅場と化し、そこへさらに地上部隊が突入していった。苦戦した第1次とは打って変わって、4月9日には米比軍司令官エドワード・キング少将が降伏し、*バターン攻略戦は幕を閉じた。

ところが、この後がいけなかった。バターンには10万人もの捕虜がいたが、日本軍は彼らを半島の突端にあるサンフェルナンドの収容所まで徒歩で移動させた。案の定、炎天下での移動のために捕虜が途中でバタバタと倒れていった。米兵1万2000人とフィリピン兵1万6000人が死亡あるいは行方不明となった。

この事実は、途中で逃亡しオーストラリアに渡った捕虜によって伝えられ、日本軍の残虐行為の象徴「バターン死の行進」として繰り返し喧伝された。「リメンバー・パールハーバー」と並ぶ一大スローガンとなった。

放送を傍受した日本軍関係者は「デスマーチ・オブ・バターン」の意味がまったく理解できなかった。戦後、軍司令官の本間は、軍事裁判でこの責任を追求されるが、何のことか分からなかったという。それでも、本間はこの罪で銃殺刑となった。

当時、バターンには食糧もほとんどなく、マラリアの危険性も高かった。捕虜をそのままにしておくわけにはいかない。ところがトラックがなかったために、やむなく60キロ以上の距離を徒歩で護送することになったのである。また、日本軍にとっては60キロを徒歩行軍することは当たり前の行為だった。「バターン死の行進」は、両軍の認識の違いが生んだ悲劇だったのである。

1日約15キロ、数日間続いたバターンの米比軍捕虜の行進

*バターン攻略戦は幕を閉じた：バターン半島を攻略後、日本軍は米比軍最後の要塞であるコレヒドール島に進攻する。1942(昭和17)年5月7日に米比軍が降伏し(マッカーサーは事前にオーストラリアに脱出)、日本軍はフォリピン全域を制圧した。

[2月15日]

# シンガポールの英軍降伏
## 山下将軍、「イエスかノーか」の真相

シンガポールはアジアでは香港と双璧を成すイギリスの最大拠点の一つで、軍港を有するなど、より軍事的重要性を持っていた。シンガポールが陥落することは、英東洋艦隊が東洋最大の根拠地を失うことになり、東洋におけるイギリスの権威を失墜させるという意味を持つ。

2月8日、日本軍の砲兵隊は朝から一斉に砲撃を開始し、さらに、陸軍第3飛行集団の戦闘機、爆撃機がシンガポールの各地を爆撃した。シンガポール上陸作戦の開始である。

対するイギリス軍も猛烈な砲撃を返してきた。日英両軍はジョ*ホール水道を隔てて砲撃戦を展開し、第25軍（司令官山下奉文《やましたともゆき》中将）の司令部が置かれていたジョホールバルは砲弾の雨にさらされた。市街は破壊され、炎上した。砲撃は夜になるとますます激しさを増した。それでも現地時間の午後10時30分、第5師団、第18師団は北西正面からジョホール水道の渡河を開始した。

渡河を開始してから10分後、不安に駆られる山下の目に飛び込んできたのは青色の光だった。それは第5師団上陸成功を示すサインである。さらに時を置かずして赤い光を確認した。同じく第18師団の上陸成功を表すものだった。

翌9日の夕方には近衛師団がシンガポールに上陸した。そのころ、先に上陸していた第5師団、第18師団はテンガ飛行場の東側の線に

フォードの自動車工場で行われた降伏会見で、パーシバル中将（右側中央）に降伏を迫る山下奉文中将（左側中央）

*ジョホール水道：マレー半島南端のジョホールバルとシンガポール島をつなぐ海峡。日本軍の各師団はマレー半島上陸後、各地の英印軍と応戦しながら、ジョホールバルに集結していた。

進出した。さらに翌日の夜には、第5師団が英印軍の要衝ブキテマ高地の西方に進出し、第18師団は11日の夕方にブキテマ東方の255高地を占領した。こうして第25軍はブキテマを東西から包囲する形になり、攻撃態勢を整えた。

　ところが、ブキテマを占領し降伏勧告をしたにもかかわらず、イギリス軍司令官アーサー・パーシバル中将は降伏する気配を見せなかった。それどころか、シンガポール市街に近づくにつれて抵抗は激しくなった。

　15日には攻撃が頓挫しかかったが、そこへ突然イギリス軍が白旗を掲げてきた。給水を断たれたことが致命傷になっていたのである。パーシバルはあっさりと降伏に踏み切ったようだが、山下にとってはぎりぎりでつかんだ勝利だった。

　山下中将とパーシバル中将の会見は、ブキテマ近くにあったフォード自動車の工場の事務所で行われた。

　この会見でよく知られているのが、山下の「イエスかノーか」発言である。

　この言葉からは、強圧的で威嚇するようなイメージを持てる。実際にシンガポール陥落時、国内では無条件降伏を迫る山下が、「イエスかノーか」の台詞とともにテーブルをドンと叩いて即答を求めたと報じられ、山下の勇名は国民の間に広く知れ渡った。

　しかし「イエスかノーか」は、実際は回りくどい通訳に対して「君はイエスかノーかを聞けばいいのだ」とちょっときつく言っただけだったという。それでも、弾薬が尽きかけ、将兵の疲労も限界に達していたことから、山下としては何としてもイギリスを降伏させなければならなかったのは確かだった。

## 貞順なる妻の犠牲的精神。「大日本婦人会」発足

太平洋戦争開戦当時、「大日本国防婦人会」「愛国婦人会」「大日本連合婦人会」などが活動していたが、各会派の活発な活動によって、衝突を繰り返す場面が起こり、帝国議会の建議により、1月の閣議決定を経て「大日本婦人会」に統合されることになった。

　2月2日の発会式は、東京・九段の軍人会館で行われ、オールスター級の来賓が馳せ参じた。すなわち、東条英機首相の他、小泉厚相、井野拓相*、鈴木企画院総裁、鈴木東部軍司令官、本庄軍事保護院*総裁、安藤大政翼賛会副総裁などのお歴々が顔を見せた。当日、東条首相の祝辞の要約が残っているが、当時の雰囲気と家庭の主婦に寄せられた期待を知ることができる。すなわち、

「誇るべき大和民族の歴史は婦人の力に負うところ大であり、男子が後顧の憂いなく活躍することの出来るのは貞順なる妻の犠牲的精神による。皇国未曾有の秋《とき》にあたって伝統の日本婦徳の涵養発揮に務め、その持ち場を通じて前線の将兵をして後顧の憂いなからしめるとともに、また国内戦時体制の強化に婦人の最大限の能力を発揮されんことを望む」

　というものである。「貞順なる妻の犠牲的精神」といい、「前線の将兵をして後顧の憂いなからしめる」といい、戦時下にあって妻という立場の女性がいかなる期待を掛けられていたか、端的に知ることができるだろう。

*拓相：拓務大臣。拓務省は日本の植民地行政を統括していた官庁。
*軍事保護院：傷痍軍人および軍人遺族・軍人家族の援護のために設立された厚生省外局の機関。

［3月9日］

## 戦争遂行のための最重要課題
# 日本軍、蘭印作戦成功

日本がアメリカ、イギリスとの戦争に踏み切ったとき、目標はハワイ・真珠湾奇襲攻撃の成功でもなければ、フィリピンやマレー・シンガポールの米英軍の撃滅でもなかった。最大の目標は蘭印（オランダ領東インド）の軍事占領で、ここで産出される石油を抑えることだった。

アメリカとの戦争を決意したとき、日本には戦争に勝利する方策がなかった。アメリカとの戦いでは、短期決戦はとうてい望めず、長期戦となることを当時の日本の指導者は十分理解していた。

しかし、長期戦となれば石油をはじめとした物資の供給は不可欠で、しかも最大の供給国はアメリカであったから、日本はアメリカに代わる資源の供給先を確保しなければならなかった。そのためには、日本の石油需要を賄える約800万バレルの産出量を持つ蘭印の占領が、日本の戦争遂行に欠かせない絶対条件だった。

蘭印攻略のため陸軍は第16軍（司令官今村均《いまむらひとし》中将）を編成した。第2師団、第38師団（フィリピン攻略戦から転用）、坂口支隊（歩兵第146連隊基幹）、東方支隊（歩兵第228連隊基幹）。川口支隊（歩兵第124連隊基幹）など、総兵力は約10万人を数えた。

蘭印の政治、経済、文化の中心地ジャワ島に対する攻撃は、フィリピンやシンガポールの連合国軍を壊滅させるか降伏させた後に実施される予定で、攻略開始日は開戦の150日後、3月中旬をめどとしていた。しかし、すでに第16軍の部隊は行動を開始し、蘭印の外郭攻略に取り掛かっていた。

### 落下傘部隊による油田制圧

日本が最も欲した蘭印の油田はボルネオ島とスマトラ島にあった。まず1月13日、坂口支隊が良質の石油を産するボルネオ島東岸のタラカンを攻略した。続いてボルネオ島東岸に沿って海路を南下、精油所のあるバリクパパン攻略に向かったが、上陸直前に軽巡洋艦2隻、駆逐艦4隻による連合国軍艦隊の攻撃を受けて輸送船3隻が撃沈された（他に蘭潜水艦により輸送船1隻が沈没。バリクパパン沖海戦）。それでも日本軍の進攻を食い止めることができず、バリクパパンは25日に占領された。輸送船を失った坂口支隊だったが、バリクパパンを攻略すると、ジャン

パレンバンに降下する陸軍落下傘部隊

＊挺進第2連隊：陸軍の空挺作戦用に編成された部隊（落下傘部隊）。パレンバン降下作戦の成功によって、落下傘部隊は『空の神兵』と称され、戦時歌謡にもなった。

グルを踏破して2月11日にバリクパパン南西の拠点バンジャルマシンを占領した。

スマトラ島東部にあるパレンバンには蘭印最大の油田があった。できれば無傷で手に入れたい日本軍が行ったのは、落下傘部隊による奇襲作戦だった。

陸軍の落下傘部隊は2月14日にパレンバンの油田地帯に降下した。*挺進《ていしん》第2連隊の約300人で、このニュースはただちに大本営発表としてラジオを通じて知らされた。もっとも、海軍落下傘部隊によるセレベス島（現・スラウェシ島）メナドへの空挺作戦の方が1カ月も早いが、海軍落下傘部隊の戦果が知らされたのは、パレンバン降下作戦の後だった。

## 上陸から8日で降伏した蘭印軍

蘭印の中心地ジャワ島に対する上陸作戦は3月1日に実施された。第16軍主力のうち、第2師団がバタビア（現・ジャカルタ）近郊のバンタム湾、歩兵第230連隊基幹の東海林《しょうじ》支隊がエレタン海岸、ジャワ島東部のクラガン岬に第48師団と坂口支隊がそれぞれ上陸した。上陸に先立って日本艦隊と連合国軍艦隊（米英蘭豪各国の頭文字からABDA艦隊と呼ばれる）との海戦が行われ、今村軍司令官が味方魚雷の誤射で海中に投げ出される事態も起こったが、*2度の海戦でABDA艦隊は全滅した。

地上の戦闘は順調に進んだ。蘭印軍にもはや戦意はなく、各地で敗退、降伏が相次いだ。8万人以上の兵力がこもるバンドン要塞の攻略に向かった東海林支隊は、3日にバンドン要塞手前のカリジャチで激しい抵抗を受けたが、これを撃退すると蘭印軍の戦意は衰えていった。東海林支隊が要塞の一角を抑えた3月7日、蘭印軍が停戦を申し込んできたのである。東海林支隊の兵力はわずか2300人、東海林俊成《とししげ》支隊長は敵の計略ではないのかと疑ったという。

3月9日に蘭印軍指揮官は降伏、ラジオを通じて蘭印軍全体の投降を命じた。第16軍がジャワ島に上陸してからわずか8日目のことだった。

バタビア（現・ジャカルタ）市街地を進む日本軍の97式軽装甲車

[2月19日]

## 「大統領令9066号」署名 日系人が強制収容所へ

日本が太平洋戦争を始めるとアメリカを含む連合国軍は、アジアや太平洋、インド洋などにおける日本軍との戦いにおいて敗退の一途をたどった。

その結果、「日本軍によるアメリカ本土上陸が近い」「日本軍による空襲が行われる」と噂《うわさ》され、政府上層部がその対応に追われるなど、アメリカ人の反日感情はピークに達していた。こうして2月19日、ルーズベルト大統領は「大統領令9066号」に署名を行い、「軍が必要がある場合（国防上）に強制的に『外国人』を隔離する」ことを承認した。

そのため、アメリカ国内に点在していた日系移民は内陸の各地に建設された強制収容所へと送られた。その数は11万人を超えた。

*2度の海戦：スラバヤ沖海戦とバタビア沖海戦。日本艦隊によって英重巡洋艦「エクセター」、米重巡洋艦「ヒューストン」など、連合国軍艦隊の主力艦が撃沈された。

[4月18日]

# ドゥリットル空襲決行
## 日本本土初空襲が与えた衝撃

米空母「ホーネット」から飛び立つB25爆撃機

ドゥリットル空襲とは、まだB29爆撃機が完成する前の4月18日、白昼の東京を襲った米軍による初の空襲である。結果的にはそれほど大きな被害には至らなかったが、この作戦は日米両国に大きな影響を及ぼした。

米軍の狙いは、開戦以来負け戦が続いたことで沈滞している軍と国民の士気を一気に盛り上げること。同時に日本にできるだけ大きなショックを与えることだった。それには、昭和天皇のいる東京を空襲することが最も有効と考えられたのである。

東京空襲は、陸軍の中型爆撃機B25を空母から発艦させるという荒技で決行された。通常の空母艦上機では航続距離が短いためである。しかし、B25は航続距離は足りていたものの、機体が大き過ぎて着艦はできない。そのため、空爆後はそのまま中国の飛行場まで飛んでいくことになった。

「ホーネット」甲板上でのドゥリットル中佐(中央左)とミッチャー中将の出撃前の記念写真

作戦の隊長にはジェームズ・ドゥリットル陸軍中佐が推薦された。彼はアメリカ大陸横断飛行の新記録や、逆さ宙返りを創始するなど、航空工学の権威として知られていた。彼の指揮する16機のB25がマーク・ミッチャー海軍中将の空母「ホーネット」に積み込まれ、それを作戦指揮官ウィリアム・ハルゼー海軍中将の空母「エンタープライズ」が護衛して日本近海まで運ばれることになった。

爆撃機は東京の400マイル圏内に入った時点で発進させることが決定した。しかし、米機動部隊は日本から650マイルの地点で日本の監視船「第23日東丸」に発見されてしまう。すぐに撃沈したものの、すでに「敵空母発見」を打電されていたため、やむなくこの地点から攻撃隊を発進させた。

約1時間かけて全機発艦に成功したドゥリットル隊は、日本軍の迎撃を受けることもなく悠々と日本上空に侵入し、13機が東京、残り3機が名古屋、大阪、神戸に爆弾を落として中国に飛び去った。

横須賀の海軍工廠を爆撃するドゥリットル隊

## ミッドウェー作戦発動の要因に

当初、ドゥリットル隊は中国浙《せっ》江《こう》省の飛行場*に着陸し、そこから重慶に移動する予定だった。しかし、出発地点が遠くなったために、燃料が不足してたどり着くことができずに不時着、またウラジオストクに行き先を変更した機体もあった。

結局80人の隊員のうち、中国にパラシュートで降下した4人が溺死、日本軍に3人が捕まり、うち2人が刑死、1人が獄中死した。またウラジオストクへ降り立った搭乗員はソ連に抑留され、その後各地をたらい回しにされることになる。生還することができなかった隊員は合計9人に上ったが、一方、無事にたどり着いたパイロットたちは中国人から盛大な歓迎を受けた。

16機のB25がもたらした日本側の死傷者は363人と、のちの大空襲に比べればごく少ないものだった。しかし、米軍の狙い通り、日本に与えた衝撃は非常に大きかった。太平洋で負け知らずの快進撃を続けて浮かれている中で、天皇のいる東京が突然空襲を受けたのである。

当初、日本軍はドゥリットル空襲がいかにして実施されたのかまったく分からなかったが、捕まえたパイロットを尋問した結果、それが空母から発進したものだということが分かった。ちょうどこのころ、山本五十六連合艦隊司令長官が米機動部隊撃滅を主眼とするミッドウェー作戦を提案し、反対していた軍令部が渋々認めていたところだった。

しかし、空母の機動力を見事に生かしたドゥリットル空襲によって、軍令部は米機動部隊を野放しにしておくことの危険性を知る。空襲は、図らずもミッドウェー作戦の正当性を認めさせることにもなったのである。

＊中国浙江省の飛行場：ドゥリットル隊が着陸した飛行場を今後も米軍に利用されないために、日本軍は飛行場破壊を目的とした浙贛(せっかん)作戦を実施した。

[5月7日~8日]

# 洋上の航空戦 珊瑚海海戦
## 史上初の空母対空母の対決

4月、開戦以来の南方進攻作戦を順調に進行させた日本軍は、オーストラリア北部への進撃を含む*第2段作戦を計画した。この作戦の目的は、アメリカとオーストラリアの連絡線を分断し、オーストラリアが連合国軍の反撃基地となることを阻止することだった。

日本軍はまずニューギニア東南部のポートモレスビーの攻略を実行に移すことになった。ポートモレスビーは現在のパプアニューギニアの首都で、当時はオーストラリア領だった。このポートモレスビー攻略作戦は「MO作戦」と名付けられた。同作戦の総指揮官には第4艦隊司令長官井上成美《いのうえしげよし》中将が就いた。

井上は南雲機動部隊の中から、第5航空戦隊（司令官原忠一《はらちゅういち》少将）の新鋭空母「翔鶴」と「瑞鶴」を引き抜き、この2隻の空母を中心とした「MO機動部隊」を新編成した。それと同時に完成したばかりの軽空母「祥鳳《しょうほう》」が第6戦隊を主体とする「MO攻略部隊」に編入された。

しかし、米軍は日本海軍の暗号解読の情報により、「ポートモレスビー攻略計画」を事前に察知していた。米太平洋艦隊司令長官チェスター・ニミッツ大将は迎撃準備を進め、空母「ヨークタウン」と「レキシントン」などで第17機動部隊を編成した。総指揮はフランク・フレッチャー少将が執ることになった。

5月7日早朝、「翔鶴」の索敵機から「米空母1隻、駆逐艦3隻発見」の報告が入った。すぐに空母「翔鶴」「瑞鶴」から78機の攻撃隊が発進した。だが、目標地点に米空母の姿はなく、油槽艦「ネオショー」と護衛の駆逐艦「シムス」の2隻がいるのみだった。攻撃隊はこの2隻を攻撃、沈没させ帰艦した。

一方の米機動部隊は、空母「ヨークタウン」から発進した索敵機から「日本艦隊発見」の報を受けた。フレッチャーは、これを日本の空母部隊と判断し、93機の大編隊を発艦させた。しかし、米索敵機が発見した日本艦隊は、目的のMO機動部隊ではなく、4日にラバウルを出発した「祥鳳」を含むMO攻略部隊であった。米軍の艦爆隊は空母「祥鳳」に攻撃を集中した。第1波はなんとか回避した「祥鳳」だったが、第2波の攻撃は防げなかった。「祥鳳」は魚雷7発、爆弾13発の命中弾を受けて火災を起こし、午前9時33分に沈没した。

炎上する空母「祥鳳」。日本で初めて沈没した空母となった

### 勝利と引き換えに支払った代償

MO機動部隊の最初の攻撃が空振りに終わった後、原司令官は熟練搭乗員のみで編成した夜間攻撃隊を出撃させた。97式艦攻18機と99式艦爆12機の合計30機が米空母

*第2段作戦：日本軍によるハワイ作戦から蘭印攻略作戦までの南方作戦（第1段作戦）に続く進攻作戦。ポートモレスビー攻略作戦、ミッドウェー攻略作戦、アリューシャン列島攻略作戦、フィジー、サモア攻略作戦がこれにあたる。

の予想位置に到着したが、そこに米空母の姿はなかった。仕方なく帰艦することになったが、その帰路、夜間攻撃隊は米軍戦闘機と遭遇して13機を失い、多くの搭乗員も同時に失ってしまった。

翌8日午前4時すぎ、97式艦攻7機を使って再び索敵を開始した。午前6時30分、「翔鶴」から発進した索敵機から「米空母発見」との報告があった。午前7時10分、「翔鶴」から零戦9機、99式艦爆19機、97式艦攻10機、「瑞鶴」から零戦9機、99式艦爆14機、97式艦攻8機の合計69機が出撃した。

総員退去令が出された米空母「レキシントン」。飛行甲板から海に飛び込む乗組員たち

午前9時10分、攻撃隊は米機動部隊に対して攻撃を開始した。「瑞鶴」隊は二手に分かれて「レキシントン」と「ヨークタウン」に、「翔鶴」隊は全機「レキシントン」に襲い掛かった。

「レキシントン」には爆弾5発、魚雷2発が命中し、乗組員200人余りが、艦載機36機と共に海没した。「ヨークタウン」も命中弾1発、至近弾2発を受けた。命中弾は飛行甲板を貫通して第4甲板倉庫で爆発したが、沈没は免れていた。

日本軍の攻撃隊は全弾を投下したにもかかわらず、「ヨークタウン」はまだ戦闘行動を続けていた。攻撃隊は結局「ヨークタウン」にとどめを刺すことができずに帰途に就くことになった。

日本軍の艦載機が米空母を攻撃しているころ、「翔鶴」も米艦載機の攻撃を受けていた。

「レキシントン」の索敵機から「日本機動部隊発見」の報告を受けたフレッチャー隊は、F4Fワイルドキャット戦闘機15機、TBDデバステーター雷撃機21機、SBDドーントレス急降下爆撃機46機を発進させ、午前8時30分に攻撃態勢に入った。「翔鶴」は米機の魚雷を全てかわしたが、艦爆による3発の命中弾を浴びた。「翔鶴」は甲板が損傷を受け、攻撃機の発着艦ができなくなったため戦線を離脱した。

この珊瑚海海戦は史上初の空母対空母の戦いだった。この戦いで空母「翔鶴」が中破し、さらに熟練搭乗員の多くを失った。当時は正規空母1隻を撃沈した日本側の勝利といわれたが、長期的に見ると多くの飛行機と熟練搭乗員の損失は日本軍にとって大きな痛手であったといえるだろう。

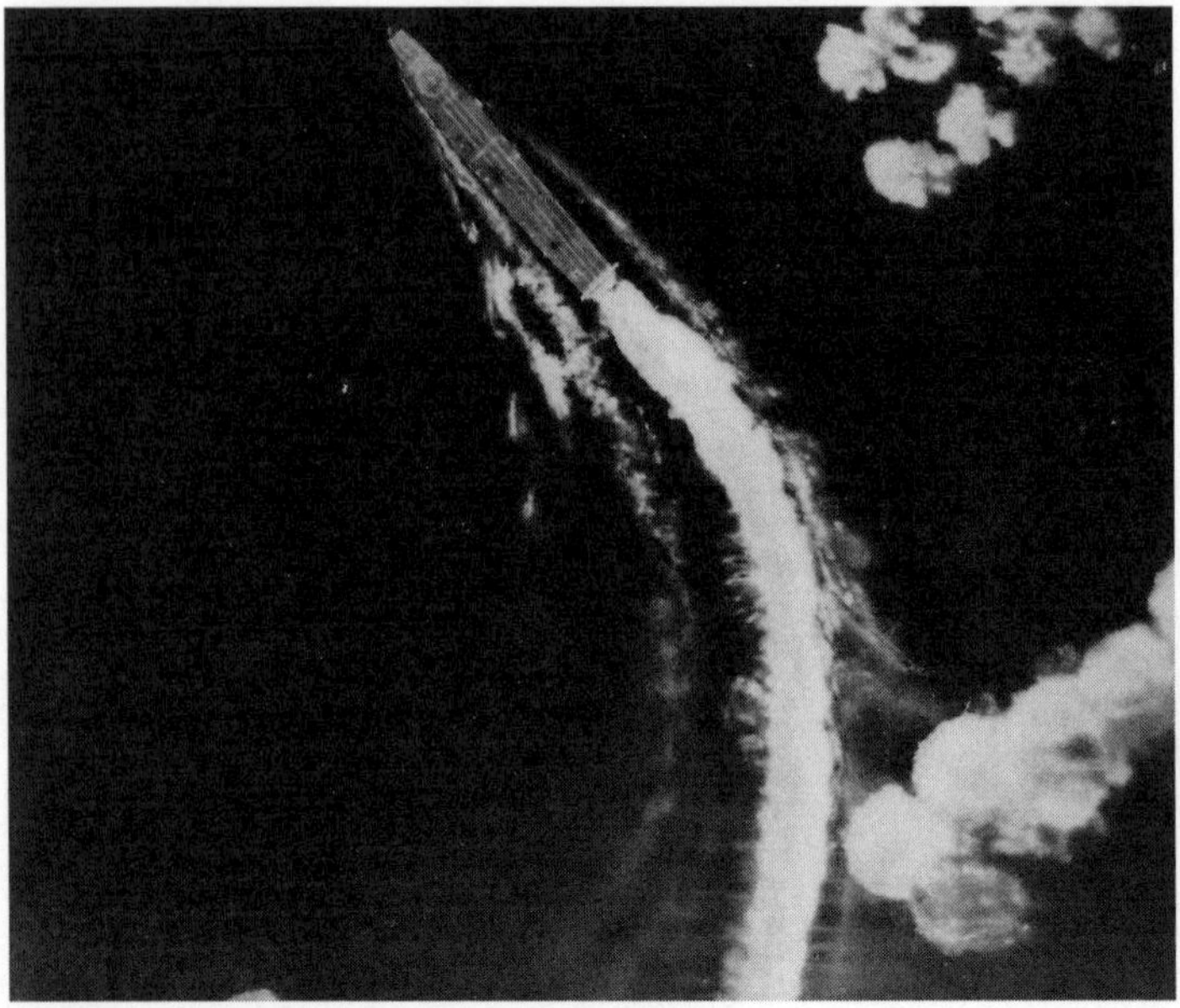

米軍機の急降下爆撃を必死で回避する空母「赤城」

［6月5日～6日］

# ミッドウェー攻略作戦

## 無敵艦隊崩壊。戦局を変えた未曾有の大敗

真珠湾奇襲攻撃以来、連戦連勝の連合艦隊ではあったが、司令長官である山本五十六大将は米機動部隊が健在である限り、いつかは日本本土が空襲されると考えていた。米軍の本土空襲を阻止するためには、米機動部隊を壊滅させる以外に方法はない。山本が開戦前に周りが反対するのにもかかわらず、強引に真珠湾攻撃を行ったのも、そこが米太平洋艦隊の根拠地であったからである。

しかし、真珠湾攻撃日には空母は1隻もおらず、討ち漏らしてしまった。その米機動部隊を撃滅するために山本が立案したのがミッドウェー作戦だった。

山本は、大本営が策定中の第2段作戦計画の最大目標をミッドウェー島攻略に置き、連合艦隊の幕僚たちに作戦の研究を命じた。山本の作戦案は、海軍の総力を投入して米軍基地ミッドウェー島を占領する。その際出動してくるであろう米艦隊・機動部隊を撃滅する、というものだった。

山本は海軍の作戦を統括する軍令部の反対を押し切って、このミッドウェーと*アリューシャン列島攻略の同時作戦を認めさせた。そして5月27日、南雲忠一中将率いる第1機動部隊（第1航空艦隊）が広島湾から出撃した。*主力の4空母には二百六十数機の攻撃機が搭載されていた。

翌28日には、ミッドウェー島攻略部隊である陸軍部隊と海軍陸戦隊を乗せた15隻の輸送船団もサイパン島を出撃した。参加の艦艇およそ350隻、参加将兵約10万人という大作戦である。

*アリューシャン列島攻略：日本軍は1942（昭和17）年6月7日にアリューシャン列島のキスカ島を、翌8日にアッツ島の占領を果たした（145ページ参照）。

*主力の4空母：第1航空艦隊を構成する空襲部隊である第1航空戦隊の「赤城」「加賀」、第2航空戦隊の「飛龍」「蒼龍」。

ところが米海軍は日本海軍の暗号を解読し、「MI作戦」と呼称されたこの攻略作戦の全容をつかんでいた。チェスター・ニミッツ大将の米太平洋艦隊は攻撃態勢を整え、日本海軍を待ち受けるためすでに出撃していたのだ。

太平洋のほぼ中央にあるミッドウェー基地には2400人余りの海兵隊と、約1500人の基地要員が駐屯しており、旧式の急降下爆撃機や哨戒機を含む121機の飛行機があった。6月5日午前4時30分、そのミッドウェー島に対して、南雲機動部隊は4空母から友永丈市《ともながじょういち》大尉率いる第1次攻撃隊108機を発艦させた。

## 基地攻撃か空母打撃か運命を分けた打電

この第1次攻撃隊の出撃と前後して、機動部隊は各艦から計7機の索敵機を発艦させた。そして4空母に残った艦上攻撃機には敵艦隊攻撃用の800キロ魚雷を、艦上爆撃機には250キロ爆弾を装着、第2次攻撃隊（全108機）として待機させた。

第1次攻撃隊は発艦2時間後、ミッドウェー島北西30浬（約56キロ）で米迎撃戦闘機27機に遭遇したが、零戦隊は15機を撃墜し、残りを四散させた。その間に攻撃隊は激しい対空砲火の中で基地施設を爆撃した。しかし、滑走路に飛行機の姿はなかった。約15分前に全機離陸し、日本の空母群攻撃に出撃していたのだ。友永大尉は機動部隊に打電した。

「第2次攻撃の要あり」

この短い電文が、やがて南雲機動部隊の命運を決するのである。

一方、ミッドウェー基地から「日本の艦上機、基地を攻撃中！」という報告を受けたレイモンド・スプルーアンス少将は、空母「エンタープライズ」と「ホーネット」の攻撃隊に出撃を命じた。午前7時2分、雷撃機、爆撃機、戦闘機からなる116機の攻撃隊が発艦した。この米艦上機隊の出撃時刻とほぼ同時刻の午前7時すぎ、ミッドウェー基地を発進した米軍の雑多な飛行機五十数機は次々と南雲機動部隊の上空に到達、攻撃を開始した。しかし、上空を援護する零戦隊に撃退され、日本の空母に被害はなかった。

この間、日本の艦上攻撃機は友永大尉からの「第2次攻撃の要あり」という報告で、艦艇攻撃用の雷装を外し、陸上攻撃の爆装に転

友永隊の爆撃で黒煙を上げるミッドウェー島の米軍施設

換する作業が終わりつつあった。ところが午前8時すぎ、重巡洋艦「利根《とね》」の索敵機から相次いで敵艦隊発見の報告が入り、午前8時30分の第3報では「敵はその後方に空母らしきもの1隻伴なう」と報告してきた。

南雲中将は艦攻隊に魚雷装備への再転換命令を出した。800キロ爆弾を外して再び魚雷を装着するのだ。まさに右往左往である。このとき「飛龍」艦上の第2航空戦隊司令官山口多聞《やまぐちたもん》少将から「現装備のまま攻撃隊直ちに発進せしむを正当と認む」という厳しい調子の発光信号が南雲中将宛てに送られてきた。先手必勝、とにかく爆弾でもいいから一時も早く敵空母を攻撃すべしというのだ。しかし、南雲中将も草鹿龍之介《くさかりゅうのすけ》第1航空艦隊参謀長も山口少将の具申を握りつぶした。

南雲忠一中将

兵装転換でごった返す各空母に、第1次攻撃隊が続々と戻ってきた。各空母の甲板は混乱の極みに達したが、兵装転換も終わり、第2次攻撃隊の準備がやっと整った。「赤城」「加賀」「蒼龍」「飛龍」の雷撃機54機、艦爆36機、零戦12機の合計102機の大編隊になる。

攻撃機のプロペラが回り始め、午前10時20分、発艦が開始された。ほぼ同時に断雲の間から突如、SBDドーントレス急降下爆撃機の編隊が「加賀」上空から急降下して投弾。続いて「赤城」と「蒼龍」にも襲い掛かった。「加賀」には25機（4発命中）、「赤城」に5機（2発命中）、そして「蒼龍」には17機（3発命中）が殺到した。「飛龍」は後方に離れていたため攻撃の対象にはなっていない。

日本の3空母の甲板はたちまち火炎に覆われ、発艦寸前だった攻撃機に次々と引火、燃料が爆発して凄《すさ》まじい炎を上げ始めた。あっという間の出来事だった。

南雲中将らは軽巡洋艦「長良《ながら》」に移乗し、航空戦の指揮は、まだ健在な「飛龍」の山口少将に代わった。時に午前11時30分だった。

## 主力4空母撃沈　南雲機動部隊壊滅

唯一残された「飛龍」座乗の山口少将は、直ちに艦長の加来止男《かくとめお》大佐と共に小林道雄大尉指揮の第1次攻撃隊（99艦爆18機、零戦6機）を発進させた。小林隊は空母「ヨークタウン」を発見するや、12機のF4Fワイルドキャット戦闘機が迎撃する中で果敢に突撃、10機を失いながらも3発の命中弾を与えた。

午後2時40分ごろ、小林隊に続いて友永大尉率いる「飛龍」第2次攻撃隊（97艦攻10機、零戦6機）が、まだ健在の「ヨークタウン」を発見した。そして2本の魚雷を命中させて葬り去ることに成功した。だが、早朝のミッドウェー島攻撃で愛機の主翼に被弾していた友永大尉は、片道燃料で出撃したため、ついに母艦に帰ることができなかった。

最後まで生き残っていたその「飛龍」も、「エンタープライズ」と「ホーネット」から発進した急降下爆撃機40機の襲撃を受け、4発の命中弾を受けて戦闘力を失ってしまった。

加来艦長は総員退去を命じた。参謀たちは山口司令官と加来艦長の退艦も強力に求めた。だが2人は首を縦には振らなかった。傾斜

米空母「ヨークタウン」の左舷に「飛龍」攻撃隊の魚雷が命中した瞬間

の激しくなった「飛龍」の艦橋に入った2人は、堅い握手を交わした。そして山口少将は加来艦長に「一緒に月でも眺めるか」と言い、笑みを交わした。

　翌6日午前5時10分、「飛龍」は駆逐艦「巻雲《まきぐも》」によって自沈処理され、2人の指揮官と共に海中に姿を消した。日本軍の損害は、この「飛龍」も含めた4空母の他、重巡「三隈《みくま》」が重巡「最上《もがみ》」と衝突して沈没、「最上」も大破した。また342機の飛行機と多数の熟練搭乗員を喪失し、戦死者も3057人を数えた。米軍は空母「ヨークタウン」の他、駆逐艦1隻が沈没、飛行機150機喪失、戦死者362人だった。

　ミッドウェー作戦の失敗は、情報、暗号解読の危険性を認識できなかったこと、目的が曖昧だったこと、さらに索敵の失敗（重要視せず、発進遅延、見落し、索敵コースのはずれ、発見位置の誤認、報告の不手際）、航空作戦指導、艦隊編成などさまざまな原因が挙げられている。また兵装転換*による戦術ミスは、以前にも見られたにもかかわらず、また同じ失敗を繰り返していたのである。そして、ここで失った貴重な戦力はその後挽回することはできず、日本軍は敗退への道を突き進むのだった。

航行不能になった重巡「三隈」

*兵装転換による戦術ミス：1942(昭和17)年4月5日〜9日、日本海軍とイギリス東洋艦隊との間で起きたセイロン沖海戦で、南雲中将は索敵機の報告から爆装から雷装への兵装転換の変更を急遽命令。飛行甲板上の作業は混乱し、その最中に英軍機から攻撃を受けていた。

ガダルカナル島に上陸する米軍

［8月7日］

# 米軍、ガダルカナル島上陸

## ガ島を巡る日米両軍の争奪戦

### 米軍による本格的反攻戦が始まる

日本から南へ約6000キロ、オーストラリアの北東部、赤道を越えた南緯5度から11度にわたって点在する大小無数の島々からなる列島群がある。ソロモン諸島だ。ガダルカナル島（以下、ガ島）は、その諸島の南端部に位置し、東西140キロ、南北45キロほどの島である。

ガ島の争奪戦は、太平洋戦争前半の天王山ともいえる戦いで、この年の8月から翌年2月までの半年間、日米両軍が可能な限りの戦力を投入し、〝一大血戦〟を展開した。そして、その結末は日本軍にとって言語に絶する悲惨なものとなった。

日本軍はガ島に延べ3万人余りの兵力を投入した。しかし、かろうじて撤退できたのはおよそ1万人で、2万人以上の将兵が、この南海の孤島に朽ち果ててしまった。制空権のない日本軍は、食糧などの補給が途絶えてしまい、兵士たちは飢餓に直面、「ガ島」はすなわち「餓島」となった。2万1000人余りといわれる死者の3分の2は、飢餓による栄養失調やマラリアなどの病気が原因といわれている。

では、ガ島戦はなぜ起きたのか。ミッドウェー海戦で敗れた日本海軍は、第2段作戦における米豪遮断を企図したFS作戦（フィジー、サモア島の攻略）を中止し、代わりにラバウルの前進基地*としてガ島に飛行場建設を始めた。飛行場が完成すれば、基地航空隊の力で米豪の通商を遮断できると考えたのである。

ところが、ガ島の飛行場がほぼ完成した8月7日、突如1万5000人の米海兵隊がガ島に上陸。

*ラバウルの前進基地：日本軍は1942（昭和17）年1月23日にニューブリテン島のラバウルを占領。占領後、海軍と陸軍の航空部隊が進出。ラバウル基地は南方方面の要衝となった。

飛行場建設の設営隊、海軍の陸戦隊を駆逐し、せっかく日本軍が造った飛行場をあっという間に占領してしまった。米軍はこれをヘンダーソン飛行場と名付けた。ミッドウェー海戦で勝利を収めた米軍の本格的な反攻の始まりであった。

## 兵力の逐次投入で惨敗するガ島奪回戦

米軍の猛攻を受けて全滅した一木支隊の将兵

米軍のガ島上陸の報に接した日本軍は、ガ島を奪回すべく、一木《いっき》清直《きよなお》大佐が率いる一木支隊先遣隊約900人をガ島に派遣した。

一木支隊先遣隊は8月21日、飛行場奪回のため夜襲を仕掛けた。しかしあえなく全滅した。問題は「米軍兵力約2000人」という、一木支隊に与えられていた情報である。それは、何の根拠もない推測にすぎなかった。米軍の公刊戦史には、「一木支隊が飛行場に脅威を与えたことは1度もなかった。驚くばかりの少数兵力で海兵隊を攻撃したことは、情報機関の欠陥か、しからずんば敵側の過大な自信を示したものである」と記されている。

一木支隊先遣隊全滅の報に接した大本営は、川口清健《かわぐちきよたけ》少将率いる川口支隊約6000人をガ島に派遣した。川口支隊は米軍の制空権下、大きな犠牲を払いながら駆逐艦や舟艇で輸送された。そして一斉攻撃を9月12日から3日間続けたが、飛行場奪回はできず撃退されてしまった。

これで大本営が米軍の手ごわさを知ったかといえば、はなはだ疑わしい。兵隊の数が不足していると単純に信じていたフシがある。だから、前よりも大きな兵団を送ればいいだろうという程度に考えていた。第2師団（1万7000人）の派遣がそれである。

そこには、相手の弱点や長所を研究し、どこをどうやって攻めるべきか、研究した跡が見られない。相手の猛烈な砲火や爆撃をかわすには、どんな準備をすれば良いのか、そういう工夫も一切成されなかった。「夜襲による銃剣突撃」それのみであった。

第2師団はジャングルを切り開いて、米軍が占領している飛行場を背後から攻撃しようとした。そして10月24日〜25日の2日間、夜襲による総攻撃を行った。だが川口支隊同様、米軍の重火器による猛反撃を受け、第2師団は壊滅的な打撃を被って攻撃は失敗した。第2師団の投入も、兵力の逐次投入の愚を繰り返しただけに終わったのである。

海岸と飛行場に設置された米軍の5インチ砲。突撃する日本軍に砲弾を浴びせた

[8月8日・24日]

# ガ島を巡る戦いで起こった ソロモン海の激戦

ソロモン諸島は南太平洋のメラネシアにある島嶼《とうしょ》群で、ブーゲンビル島から南東に延びている列島である。日本軍の航空基地があるラバウルはブーゲンビル島西側のニューブリテン島にあり、こちらはビスマルク諸島に属している。

第1次ソロモン海戦。探照灯で照らされる米艦艇

このソロモン諸島の東端にあるのがガダルカナル島（以下、ガ島）で、ソロモンの海戦はこのガ島を巡って起きた多くの海戦のことをいう。全ての細かい海戦を取り上げることはできないので、ここでは第1次、第2次ソロモン海戦を取り上げる。

## 第8艦隊による夜戦 第1次ソロモン海戦

日本軍は7月1日からガ島に飛行場建設を始め、8月上旬には完成した。ところが飛行場の完成を待っていたかのように米軍はガ島を急襲し、完成したばかりの飛行場を占領してしまった。それが8月7日早朝のことで、ガ島にいた飛行場設営隊約3000人に戦闘部隊はおらず、大部分は後方の密林に逃れることになった。

ガ島から約1000キロ西に位置するニューブリテン島ラバウルを泊地とする第8艦隊（司令長官三川軍一《みかわぐんいち》中将）は、直ちに戦闘準備を整え、その日の午後には出撃し、8日深夜、ガ島近海に達した。こうして起こったのが第1次ソロモン海戦である。第8艦隊には戦艦がなく、重巡洋艦5隻が主な兵力だった。艦隊はガ島近くのサボ島沖で米豪艦隊を暗闇で奇襲し、重巡4隻を撃沈した。これから約6カ月にわたって行われることになる戦いの第1ラウンドは日本軍の勝利で終わった。

## 新編成の機動部隊出撃 第2次ソロモン海戦

ガ島を奪回するために海軍の要請に応じた陸軍は、一木支隊を派遣した。8月18日、一木支隊はガ島に上陸。しかし、飛行場の奪回を目指して進軍した先遣隊は全滅した。そこで一木支隊の残り1000人を上陸させることにした。

この上陸を援助するために出動した日本軍の機動部隊（指揮官は第3艦隊司令長官南雲忠一中将）と、米機動部隊が戦ったのが第2次ソロモン海戦である。

日本軍の機動部隊は大型空母「翔鶴」「瑞鶴」と小型空母「龍驤《りゅうじょう》」を中心に、戦艦「比叡」「霧島《きりしま》」「陸奥《むつ》」と重巡洋艦9隻などで編成されていた。

一方の米軍もガ島への日本軍の上陸を阻止しようと、可能な限りの航空兵力を集めていた。空母「サラトガ」「エンタープライズ」「ワスプ」を基幹に、第17任務部隊のフランク・フレッチャー少将が指揮を執ってガ島の東方海面に展開し、日本軍を待ち構えていた。

8月24日、「龍驤」と重巡「利

根」、駆逐艦「時津風《ときつかぜ》」「天津風《あまつかぜ》」からなる機動部隊支隊(司令官原忠一少将)は、艦攻6機、零戦15機を発進させ飛行場を空襲させた。

日本軍の機動部隊による攻撃に米軍のフレッチャー少将は驚いた。「日本軍の機動部隊は現れない」との情報を得ていたフレッチャー少将は「ワスプ」を燃料補給のために、珊瑚海の島々の補給基地へ南下させていたのだ。そのため米機動部隊は2隻の空母で日本軍と戦うことになった。

フレッチャー少将は直ちに「サラトガ」からSBDドーントレス急降下爆撃機30機、TBFアベンジャー雷撃機8機の航空隊を出撃させた。米攻撃機は午後2時ごろ、「龍驤」に襲い掛かった。

「龍驤」はまず艦尾エレベーター後方に500ポンド爆弾が命中し火災が発生。さらに急降下爆撃で2発が命中。雷撃隊は右舷後方に魚雷1本を命中させた。これにより「龍驤」は動けなくなり、その後沈没した。

日本の機動部隊本体が米機動部隊を発見したのは午後12時すぎである。「翔鶴」「瑞鶴」から艦爆27機、零戦9機が発進し、午後2時20分、「エンタープライズ」を中心とする米艦隊を発見、攻撃を開始した。

米艦隊はレーダーで日本軍攻撃隊の接近を探知しており、F4Fワイルドキャット戦闘機30機が上空で待ち構えていた。急降下爆撃の態勢に入ろうとした日本軍の艦爆6機がたちまち撃墜されてしまう。それでも日本軍の攻撃隊は「エンタープライズ」の飛行甲板に250キロ爆弾を3発命中させた。このうち2発は甲板を貫通して下士官室で炸裂《さくれつ》し、火災を発生させたが、「エンタープライズ」は傾斜3度の損害ながら24ノットで航行できた。

同じころ、その「エンタープライズ」の米攻撃隊が日本の機動部隊攻撃のために出撃していた。しかし、米攻撃隊は日本の「翔鶴」「瑞鶴」を攻略することができず、代わりに水上機母艦「千歳《ちとせ》」を攻撃し、大破炎上させた。

これが第2次ソロモン海戦で、損害は日本軍の方が大きかった。「龍驤」を失った上に零戦30機、艦爆23機、艦攻6機、水上偵察機2機を失った。一方の米軍は「エンタープライズ」が修理に2カ月前後かかる損傷を受けた他、艦上機20機を失った程度だった。

第2次ソロモン海戦。米空母「エンタープライズ」の飛行甲板に日本軍機の爆弾が命中した瞬間

[10月26日～27日]

# ガ島決戦 南太平洋海戦開始
## 連合艦隊が手にした最後の勝利

日本軍機の艦爆攻撃で前部砲塔に命中弾を受けた米戦艦「サウスダコタ」

10月25日、兵力1万7000人の第2師団による米軍のガダルカナル島（以下、ガ島）飛行場への総攻撃に呼応して、海軍は艦砲射撃などで総攻撃を支援すると同時に、出現するであろう米艦隊を撃滅する作戦を取った。そして予想通り現れた米機動部隊と日本機動部隊との戦闘が、南太平洋海戦である。

この海戦はミッドウェー海戦で惨敗した責任を、山本五十六連合艦隊司令長官の情けで免れた南雲忠一中将と草鹿龍之介少将にとっては、雪辱戦ともいえた。

一方、米軍は暗号解読や通信解析によってガ島の日本軍の大規模攻撃と、それに呼応する海軍の行動を予測していた。

そして米軍は空母「エンタープライズ」と「ホーネット」をガ島北方のサンタクルーズ諸島沖に派遣して、日本軍を迎え撃つ態勢を整えた。

戦闘は両軍の攻撃隊とも正確に相手を発見しての攻撃開始となった。日本の攻撃隊は第1次、第2次の攻撃で「ホーネット」を大破炎上させ、さらに執拗な攻撃を繰り返して撃沈した。「エンタープライズ」にも命中弾を与えたが、撃沈はできなかった。

対する米機動部隊の攻撃隊も、空母「瑞鳳《ずいほう》」を中破、「翔鶴」を大破させ、戦場からの離脱を余儀なくさせた。

海戦の結果、米軍は「ホーネット」の他に駆逐艦「ポーター」が沈没し、「エンタープライズ」と戦艦「サウスダコタ」、軽巡洋艦「サンフアン」の他、駆逐艦2隻が大破した。日本側には沈没艦はなく、「翔鶴」「瑞鳳」の他には重巡洋艦「筑摩《ちくま》」と2隻の駆逐艦の大破にとどまった。

こうした結果から、海戦は日本

の勝利といわれた。そして南雲中将はミッドウェー海戦惨敗の汚名を一応は晴らすことになり、海戦の翌月、佐世保鎮守府司令長官に転任し、開戦以来の機動部隊に別れを告げた。

## 人的損失が続く海戦で低下する日本の航空戦力

海戦の結果は、沈没艦を出さなかった日本の勝利といってもいい。事実、米軍は空母1隻が沈没し、もう1隻が大損害を被ったため、一時的とはいえ太平洋上で行動可能な米空母は1隻もなくなっていた。しかし、日本軍にはその好条件を生かして攻勢に出る余裕はなかった。

日本は艦艇こそ失わなかったものの、多くの飛行機と真珠湾攻撃以来のベテラン搭乗員を多数失っていた。

その数は戦闘機24機、艦上爆撃機40機、艦上攻撃機28機の合計92機で、米軍の74機を20機も上回っていた。そして戦死した搭乗員は150人を数えた。

正規空母「瑞鶴」はほぼ無傷で残ったものの、航空兵力は大打撃を受け、そのため日本の機動部隊の戦力は、著しく低下してしまった。米機動部隊の戦力低下に付け込めなかったのは、そういった理由からだった。

また、第2師団の総攻撃が失敗に終わったため、ガ島の飛行場と周辺の制空権は依然として米軍の手の内にあり、海戦でいくら米空母を沈めたからといって、日本が戦局を好転させるのは難しかったのである。

艦攻隊と艦爆隊から同時攻撃を受ける米空母「ホーネット」

[11月1日]

## 東条内閣、大東亜省設置
### 外務省は強く反対を表明

11月1日、東条英機内閣は大東亜省を設置した。太平洋戦争の開戦によって日本の占領地域が拡大した。それに伴い、「大東亜諸地域」の総力を戦争に動員することが必要となり、大東亜共栄圏内の諸国ならびに諸地域に対する政務の施行を担当するために設置されたのである。日本国内、朝鮮、台湾、樺太を除く地における日本の権益の保護、在留日本人に関する事務、移民、文化事業などを管理した。

東郷茂徳外相は、外務省の権限が縮小されることもあり、その新設に反対して辞任したが、軍の圧力で設置が強行された。これは一つの事件とも呼べるもので、「大東亜省設置問題」として知られるようになる。

1942(昭和17)年2月21日に制定された「食糧管理法」によって、食糧(米・麦などの主食)も配給制となった。写真は水や燃料の節約を目的とした「共同炊事」の様子だが、配給制によって、ご飯もおかずも家族の人数に応じて分配されるようになった

1942(昭和17)年に入るとバケツリレーや放水訓練など、防空演習が本格的に行われるようになる。国民は訓練に参加する義務が課せられていたが、青壮年の男子が相次いで兵役に就いたため、主婦たちが訓練の中心となった

# アジア太平洋戦争新聞

## 1943年(昭和18年)

[2月1日~7日]

# 日本軍、ガ島撤退

## 飢餓の島からの「転進」

1942（昭和17）年9月、川口支隊がガダルカナル島（以下、ガ島）に上陸したとき、一木支隊の生き残りが痩せ衰えた格好で杖《つえ》にすがって食糧を求めてきた。米を分けてやった川口支隊の兵士が、「ワシらが来たけん、もう安心バイ」と言って、彼らを励ました。

川口支隊は福岡の部隊である。ところが10日もしないうちに川口支隊も戦いに敗れ、残存兵たちは一木支隊の兵士と同じ運命をたどることになった。

続いて第2師団がガ島に上陸した夜、暗闇の中からどこからともなく日本兵が現れて、「○○部隊の者です。ご苦労さまです。お手伝いします」と言って、荷物運びを手伝った。ところが夜が明けてみると、第2師団の兵士たちの間で、「あれっ、俺の背嚢《はいのう》がないぞ」「俺のもない」「食糧がなくなってるぞ」と、あちこちで盗難騒ぎが起こった。先に送りこまれて敗残兵となった彼らの間では、友軍の食糧を盗まなければ生きていけないほど〝飢え〟との戦いが始まっていたのである。

ガ島に駆逐艦で兵員・物資を急送する日本の水雷戦隊。日本軍は「ネズミ輸送」と名付け、米軍は「トーキョー・エクスプレス」と呼んだ

第2師団が総攻撃に失敗した後、ガ島の食糧事情は一層深刻なものとなった。勢いの赴くままに戦線を拡大し、補給をまったく考えていなかった杜撰《ずさん》な作戦のツケが、じわじわとガ島の兵士たちに降り掛かってきたのだ。ニューブリテン島のラバウルから1000キロという長距離を低速で航行する輸

送船は、米軍の制空権下に入ると確実に空襲を受け、食糧を届けられなかったからである。

　同年11月初旬、日本軍はさらに第38師団をガ島に送った。しかし、兵員と物資を満載した11隻の輸送船は途中で空襲を受け、6隻が沈没、1隻が傷付いて引き返し、残る4隻はガ島の海岸に突入して擱《かく》座《ざ》した。米軍がそれを砲爆撃したため、物資の大半が炎上するという惨めな結果となった。その第38師団の将兵も、飢え始めるのに半月とはかからなかった。

米軍機の襲撃中、兵員と物資だけでも助けようと海岸に乗り上げた輸送船の「鬼怒川丸」

## 無為無策をさらす大本営参謀たち

　12月に入ると、ガ島の第17軍司令部から大本営に発信される電文は、食糧事情急迫を訴えるものが相次いだ。

日本軍が撤退した後に残された零戦の残骸。ガ島戦は日米の戦力と国力の差を見せつけられた戦いだった

「今ヤガ島ノ運命ヲ決スルモノハ糧秣《りょうまつ》トナリ而《しか》モ其ノ機ハ刻々ニ迫リツツアリ」

「打続ク糧秣ノ不足殊ニ二十日以後僅《わず》カニ木ノ芽、椰子実、川草等ノミニ依《ヨ》ル生存ハ　第一線ノ大部ヲシテ戦闘ヲ不能ニ陥ラシメ　歩行サヘ困難ナルモノ多ク、一斥候ノ派遣モ至難トナレリ」

　度重なる作戦指導の失敗で勝利の火は消え失せ、大本営の作戦参謀らが「島を奪い返すのはとても不可能」と悟り始めたのは、このころからだった。しかし「ガ島から撤退すべきだ」と、公式の場で言い出す勇気の持ち主は誰もいなかった。周囲から弱腰と思われるのを恐れ、ただ強気の言葉だけを口にする。そしていたずらに時だけが過ぎ、犠牲者の数を増やしていった。

　ガ島撤退が具体化したのは、12月半ばをすぎてからだった。大本営陸軍部作戦課長が服部卓四郎《はっとりたくしろう》大佐から真田穣一郎《さなだじょういちろう》大佐に代わったのがきっかけとなった。

　駆逐艦による撤退作戦*が実際に行われたのは、さらに2カ月後、この年の2月上旬のことであった。こうして約1万人の将兵が飢餓戦線から救出されたのである。

　撤退が終了した2月9日、大本営はガ島戦の終了を発表した。その一節に、以下のくだりがある。

「ガダルカナル島に作戦中の部隊は昨年八月以降引き続き上陸せる優勢なる敵軍を同島の一角に圧迫し激戦敢闘克く敵戦力を撃摧しつつありしが其の目的を達成せるに依り二月上旬同島を撤し他に転進せしめられたり」

　こうして悲惨なガ島戦は、「転進」という文句で退却をカモフラージュした大本営発表でピリオドが打たれた。

*撤退作戦：ガダルカナル島撤退作戦は「ケ号作戦」と呼ばれ、1943(昭和18)年2月1日から7日にかけて3回に分けて行われた。

ラバウル基地で搭乗員に訓示する山本五十六連合艦隊司令長官

[4月18日]

# 海軍甲事件起こる

## 連合艦隊司令長官山本五十六戦死

4月18日、山本五十六連合艦隊司令長官は前線視察のため、1式陸上攻撃機でラバウルからショートランド方面へ向かったが、この途中、ブーゲンビル島ブイン上空でアメリカ軍のP38戦闘機の待ち伏せに遭い、搭乗機が撃墜されて戦死する。山本長官一行の前線視察日程は、ハワイの米軍暗号解読班にキャッチされ、全て解読されていたのである。これが「海軍甲事件」である。

### 日米開戦以来の精神的支柱を失う

米軍はガダルカナル島の陸軍航空隊に山本機の撃墜を命じた。綿密な計画のもとに午前5時25分、P38戦闘機18機がヘンダーソン基地を出撃。午前6時5分、山本長官が乗った1式陸攻2機、護衛の零式艦上戦闘機9機がニューブリテン島ラバウル東飛行場を出撃した。午前7時33分、P38戦闘機16機が、ブーゲンビル島上空で日本軍の1式陸攻2機、零戦6機を発見、攻撃を開始する。午前7時50分ごろ、山本長官搭乗の1番機が被弾、ブーゲンビル島南部のモイラ岬のジャングルに墜落する。宇垣纏参謀長搭乗の2番機も被弾炎上し海上に不時着。1番機に搭乗していた山本長官以下11人は全員死亡する。2番機に搭乗していた9人も死亡したものの、宇垣参謀長ら3人は負傷し救助された。

軍と国民は、開戦以来、最大の精神的支柱だった山本長官を失うこととなったのである。

山本長官の戦死は全軍の士気に甚大な影響を与えるため、極秘にされ関係者には緘口《かんこう》令が敷かれた。戦死の事実が公表されたのは、遺骨が東京に到着した5月21日のことであり、6月5日に国葬が執り行われた。

［5月29日］

## 戦略上、見放された極北の戦場

# アッツ島守備隊玉砕

「玉砕」とは玉のように砕け散ることである。圧倒的な兵力の差を目の当たりにしても、日本軍の兵士は捕虜になることを拒んだ。その背景には捕虜になることは恥ずかしいことだという「戦陣訓」に代表される日本軍の思想があった。つまり日本軍の兵隊は死ぬまで戦わなければならなかったのだ。

当初、日本軍はミッドウェー島を占領した後、米軍の北方進出と米ソの連携を妨害するためにアラスカに近いアリューシャン列島にあるアメリカ領のアッツ、キスカ両島を占領する予定でいた。

だが、ミッドウェー作戦は連合艦隊の惨敗によって頓挫してしまう。本来ならばその時点で両島への占領は作戦上必要ないはずだったが、作戦は予定通りに行われる。日本軍は１９４２（昭和17）年６月７日にキスカ島を、翌８日にアッツ島を占領した。

しかしながら米軍の反撃は早く、この年の1月には、日本軍の守備隊がいないキスカ島の東にあるアムチトカ島に上陸し、1カ月で航空基地を完成させてしまう。同時に、周辺の海上には巡洋艦部隊を派遣し、瞬く間に北方海域の制海・制空権を握ってしまった。

このころ、アッツ島には北海守備隊の陸軍２５００人、海軍１００人、キスカ島には同じく北海守備隊の陸軍２６００人、海軍第51根拠地隊３４００人がいた。

米軍のアッツ島奪還のための総攻撃が始まったのは5月12日だった。当初はキスカ島を攻撃するつもりだったが、アッツ、キスカ両島は戦略的にそれほど重要ではない土地であり、多くの戦力をつぎ込めないため、キスカ島より防備の薄いアッツ島が目標になったのである。米軍はアッツ島に上陸したが日本兵の姿は見えず、完全な無血上陸だった。

アッツ島への米軍上陸を知った大本営は、当初増援軍の派遣を検討していたが、当時の海軍には輸送部隊を送る余裕はなく、5月19日、アッツ、キスカ両島からの撤収作戦に切り替えた。

これを受けて樋口《ひぐち》季《き》一郎《いちろう》北方軍司令部は「最後に至らば潔く玉砕し皇国軍人精神の精華を発揮する覚悟あらんことを望む」という「玉砕命令」を打電した。

増援部隊を待っていたアッツ島守備隊は兵力の温存を図っていた。しかし、玉砕命令が出たのである。もう兵力を温存する必要などな

アッツ島の日本軍陣地を攻撃する米軍部隊

かった。守備隊は文字通り死ぬまで戦った。そのため、わずか1週間で残存兵力は150人にまで激減したのである。そして最後に残った150人の守備隊は決死部隊を結成し、米軍に最後の突撃をすることになったのだった。

米軍のアッツ島攻略部隊（右）と玉砕戦を指揮した山崎保代大佐

## 「玉砕」という文字が初めて紙面に載る

5月29日の朝、米軍は残りの日本軍が立てこもる島の北東チチャゴフ湾地域に総攻撃を始めた。しかし、生き残った山崎保代《やまざきやすよ》大佐率いる決死隊員は夜が訪れるのを息を殺して待ち、辺りが闇に覆われると、銃剣を手に米軍に向かって突撃を始めた。しかし兵力の差は歴然で、ほとんどの兵は銃弾に倒れた。

5月30日午後、アッツ島守備隊の全滅が大本営から発表された。翌31日付の『朝日新聞』は「山崎部隊長ら全将兵、壮絶夜襲を敢行玉砕」と一面トップで報じた。「玉砕」という言葉が使われたのは、このときが初めてだった。

一方、米軍がまだ上陸していないキスカ島は、輸送部隊の損害もそれほどではないだろうという判断のもとに、北太平洋特有の濃霧に紛れて輸送作戦を敢行し、将兵5300人が脱出に成功した。

キスカ島に上陸した舞鶴第3特別陸戦隊。1943（昭和18）年7月29日、撤収作戦が成功し全員救出された

アッツ島の玉砕は「絶対国防圏」策定前の出来事だった。そしてこれ以降、太平洋の各地で同じような〝玉砕の戦場〟が現出することになる。

## 上野動物園でライオンなどの猛獣を殺処分

米軍による空襲によって動物園の猛獣の逃亡を予防するため「戦時猛獣処分」が東京・上野動物園で始まった。8月11日にゾウ1頭の殺処分が決まったのを最初に、16日には全猛獣の殺処分命令が下った。この命令に従い9月23日までの間に、上野動物園ではゾウやライオンなど14種27頭が薬殺や餓死により殺処分された。

猛獣処分を命じた真意について、上野動物園長だった古賀忠道《こがただみち》は、被害予防というよりも国民の危機意識を高めることにあったのではないかと推測している。しかし、明確な史料がなく真相は不明である。その後、1944（昭和19）年前半から、日本各地の他の動物園でも本格的に戦時猛獣処分が行われた。

[9月23日]

# 25歳未満の女性を軍需工場へ動員
# 女子勤労挺身隊を組織化

軍需工場に勤労動員された女性たち

銃後の国内からは青少年はもちろん壮年層も兵役に就くこととなり、次第にその姿が消えていった。この兵力の「根こそぎ動員」*は、当然の結果として国内の軍需産業をはじめとする基幹産業や農村の労働力を奪うことになった。

軍需産業部門の労働力不足を補う「徴用」は、すでに1939（昭和14）年から始まっていたが、政府は戦線の拡大と平行して徴用制＝「国民職業能力申告令」と「国民徴用令」を次々と改正しては適用年齢を拡大していった。1941（昭和16）年には16歳から40歳までの男子と、16歳から25歳までの未婚女性は全て徴用の対象とされた。そして、同年の11月には「国民勤労報国協力令」が出され、「学徒勤労報国隊」が結成された。すなわち学生・生徒を工場や鉱山、農村などへ勤労奉仕に動員するものだった。

この年に入ると、戦局はますます悪化し、5月29日にはアッツ島守備隊が玉砕して、孤島守備隊全滅の先駆けとなった。政府が事務補助者、現金出納係、電話交換手、料理人、出改札係、車掌、給仕人、番頭など17の職種に対して男性の就業を制限・禁止して、女性の積極動員を図りだしたのがちょうどこのころであった。

同時に政府は9月23日、「女子勤労挺身隊」を編成し、25歳未満の女性を軍需工場や農繁期の農村に送り込むことを決定した。

これが翌1944（昭和19）年8月の「女子挺身勤労令」の公布へとエスカレートして、国内の軍需工場は女子挺身隊員で埋め尽くされることになるのである。青壮年男子は一部の技術者や管理職を除いて、全てが銃を手にする戦場の兵士として徴兵されてしまったからである。

＊根こそぎ動員：兵力を補うために民間人を大規模に動員することを指した呼称。顕著なものとして太平洋戦争末期の沖縄戦や満州における動員が知られている（183・188・194ページ参照）。

[9月30日]

## 御前会議で「絶対国防圏」を策定

アメリカの反攻に対し、守勢に回った日本が打ち出した防衛方針が「絶対国防圏」である。日本本土防衛に必要な範囲はもちろん、戦争遂行に必要な資源地帯を防衛する範囲を定めたもので、9月30日、御前会議で決定された「今後採ルヘキ戦争指導ノ大綱」において、千島列島、小笠原諸島、マリアナ諸島、カロリン諸島、ニューギニア西部、スンダ諸島、ビルマ（現・ミャンマー）が含まれた。

絶対国防圏と称するからには、圏内の要地には強固な防御陣地が構築され、防衛兵力が配置されるべきであったが、当時の日本には、それらを用意する余力が残っていなかった。本来の攻勢限界点をはるかに超えた遠方にまで進攻して消耗戦を戦った結果、絶対国防圏内の防御は手薄なままだった。

「今後採ルヘキ戦争指導ノ大綱」には「絶対国防圏」の設定にあたり、次のような要領が記されている(一部抜粋)。「万難ヲ排シ概ネ昭和十九年中期ヲ目途トシ米英ノ進攻ニ対応スヘキ戦略態勢ヲ確立シツツ随時敵ノ反攻戦力ヲ捕促破摧(はさい)ス」

[10月21日]

## 出陣学徒壮行会を挙行
### 兵力不足を補うため学生も戦場へ

10月21日、秋雨の降りしきる東京・明治神宮外苑競技場（現・新国立競技場）で、文部省主催による出陣学徒壮行会が盛大に開催された。

東京、神奈川、千葉、埼玉から集まった77の学校が、東京帝国大学を先頭に隊列を組んで行進し、観客席では後輩や女子学生など6万5000人もの人々が熱烈に手を振り、招集された学徒の姿を見送った。

『君が代』が奉唱され、壇上に上がった東条英機首相は「諸君が悠久の大義に生きる唯一の道なのである」と演説を行った。出陣学徒を代表した東大生は「いよいよ不《ふ》撓不屈《とうふくつ》の闘魂を錬磨し強靱なる体躯を堅持して決戦場裡《じょうり》に前進し、誓って皇恩の万一に酬《むく》い奉らん」と答辞を述べた。

その模様は「沸《たぎ》る滅敵の血潮」という見出しのもと、「まことに国を挙げて敵を撃つ決戦の秋《とき》、大君に召されて戦いの庭に出て征《う》つ若人の力と意気はここに集結し、送る国民の赤誠（註・偽りや飾りのない心）、またここに万斛《ばんこく》の涙となって迸《ほとばし》ったのである」と華々しく報道された（『朝日新聞』10月21日付夕刊）。

### 戦局の悪化に伴い徴集された学徒たち

日中戦争以来、日本の兵力は膨張の一途をたどっていた。日中戦争の始まった1937（昭和12）年、陸軍は51万人の兵力を動員している。太平洋戦争が開戦した1941（昭和16）年には陸軍で新たに87万人が動員され、海軍でも志願と徴兵を合わせて10万人を新たに募った。それでも、戦局の悪化に伴い日本軍は兵力不足に陥っていった。特に消耗が激しい下級指揮官やパイロット不足は深刻な問題だった。

多くの青壮年男子が戦場へと駆り出されていたが、当時、学生には「在学徴集延期措置」が取られ、在学中は満26歳まで兵隊に行かなくてもよいという特典があった。国民の中にはそれを不満に思う者もあり、東条内閣はこの年の9月に「国内態勢強化方策」を定め、徴兵を免れていた学生も動員することとした。「在学徴兵延期臨時特例」が公布され、全国の大学、専門学校に在学中で、20歳以上の文科系の学生・生徒に召集令状が出されたのである（文系でも教員となるべき学生と、理工系学生は入営延期が認められた）。

そこで行われたのが冒頭の神宮外苑での出陣学徒壮行会である。ちなみに「学生」とは大学生と高等専門学校生のことで、初等専門学校以下が「生徒」と呼ばれ、合わせて「学徒」ということである。

雨の壮行会から約2カ月後、学徒たちは陸軍あるいは海軍に入隊した。陸軍では幹部候補生から兵科将校や航空科の特別操縦見習い士官となり、海軍では兵科・航空科の予備学生から予備士官となっていった。第1学徒出陣後の12月23日には、徴兵年齢が1年引き下げられ満19歳となり、さらに多くの学徒たちが入隊した。終戦までに動員された学徒は、合わせて10万人ともいわれる。

陸軍航空、海軍航空に進んだ学徒の多くは、敗戦の色濃くなった戦局の中、特別攻撃隊に集中的に投入された。

出陣学徒の心情は戦後、日本戦没学生の遺稿集『きけ わだつみのこえ』にまとめられている。

明治神宮外苑競技場で行われた出陣学徒壮行会。以降、壮行会は国内をはじめ、満州や台湾の各都市でも開催されるようになった

帝国議会議事堂（現・国会議事堂）前での各国首脳と代表団の記念撮影

[11月5日~6日]

# 東条内閣、大東亜会議開催

## 大東亜共栄圏の確立を内外に声明

11月5日から6日にかけての2日間、東京で大東亜会議が開催された。この年の2月、日本軍はガダルカナル島より撤退。5月にはアッツ島守備隊が全滅するなど、戦局がいよいよ悪化する中で、大本営政府連絡会議は、戦争完遂の決意と大東亜共栄圏の確立を内外に声明する会議を開催することにしたのだ。

出席者は日本から東条英機首相、中華民国行政院院長の汪兆銘《おうちょうめい》、満洲国国務総理の張景恵《ちょうけいけい》、フィリピン共和国のラウレル大統領、ビルマのバー・モウ首相、タイ国のワン・ワイタヤコン殿下（ピブン首相の代理）、さらにオブザーバーとして自由インド仮政府*主席のチャンドラ・ボースが陪席した。仏印（フランス領インドシナ）のドクー総督は欠席した。

この会議には、自主独立国家による大東亜共栄圏確立という戦争の大義名分を内外にアピールする目的があり、東条が提案した「大東亜共同宣言」が満場一致で採択された。その内容は、「共存共栄」「独立親和」「文化高揚」「経済繁栄」「世界進運貢献」の5原則で、これは英米が領土不拡大を唱えた「大西洋憲章」に対抗したものだった。この大東亜共同宣言では米英の植民地支配からの解放と自主独立を唱えたが、日本軍による占領地域の全てが独立して自主独立国家になっていたわけではない。ビルマとフィリピンはこの会議の前に独立を果たしていたが、天然資源が豊富なマレーシアとインドネシアは日本領土に編入することが決められていた。

しかし、各国の対日批判の姿勢は強く、「独立親和」はスローガンの域を出ず、この大東亜会議自体も、内実を伴わぬ日本の宣伝の枠を超えるものではなかった。

*自由インド仮政府：1943（昭和18）年10月21日に日本占領下のシンガポールで樹立。政府主席に就任したチャンドラ・ボースは、日本の特務機関によって創設された「インド国民軍」の司令官も兼任した。

［11月24日・25日］

# マキン島・タラワ島の日本軍守備隊玉砕

11月5日から6日にかけて ガダルカナルの攻防戦に勝利した米軍は、本格的な日本本土攻略を目指し、その最初の攻略目標としてギルバート諸島のタラワ、マキン、アパママの各環礁を選んだ。そして11月21日、タラワ、マキン両環礁の島々に米軍は一斉に上陸を決行した。作戦名は「ガルバニック（電撃）作戦」。レイモンド・スプルーアンス海軍中将を総指揮官に、約200隻の艦船と第2海兵師団を主力とする1万8300人が投入された。

タラワ島の戦い。日本軍のトーチカを攻撃する海兵隊員

マキン島で捕獲した日本軍の軽戦車を調べるアメリカ兵

タラワには第3特別根拠地隊本隊902人、佐世保第7特別陸戦隊1669人を中心とした約4500人が守備に就いていた。指揮官は柴崎恵次《しばざきけいじ》海軍少将。米軍の海兵第2師団は日本軍の司令部が置かれているベティオ島の北側から上陸を開始した。米軍の上陸を発見した日本軍の沿岸砲台は、上陸用の舟艇に砲撃を開始。米軍もすぐさま艦砲射撃、艦上機も空から爆弾を降らせるなどの応戦に出た。しかし、日本軍守備隊の抵抗は激しく、上陸初日はほとんどの米兵は海岸までたどり着くことはできなかった。

米軍の上陸後は「悪魔の溶鉱炉」と呼ばれる激戦となり、3407人もの死傷者を出す結果となった。弾薬も兵士の増員もままならない日本軍守備隊の激しい抵抗が続いたが、22日午後には形勢が逆転し日本軍は追い詰められ、25日、タラワは米軍にほぼ制圧される。4500人の守備隊で生き残ったのはわずか146人（内地および朝鮮出身の軍属を含む）。米軍の被害も戦死934人、負傷者2300人以上に上った。

一方のマキンには第3特別根拠地隊分遣隊243人を中心とした693人が守備に就いていた。

21日早朝にラルフ・スミス陸軍少将率いる陸軍27師団の1個連隊（6470人）が上陸した。

十倍の戦力を相手に、日本軍の戦いは悲惨さを極めた。少しでも弾薬を節約するため、塹壕《ざんごう》の中で敵が近づくのをじっと待ち、接近したところで撃つというものである。守備隊は奮戦したものの、米軍の強力な火器による塹壕爆破によってほとんどが壊滅し、24日、日本軍守備隊はほぼ全滅する。生存者は軍属も含めてわずか105人だった。

東京・有楽町の日劇ビルに掲げられた決戦標語ポスター「撃ちてし止まむ」。1943(昭和18)年2月、陸軍省は戦意昂揚のためにポスター5万枚を全国に配布した

切迫する食糧事情に東京都心の昭和通りの植樹帯が開墾され、当時の神田区と日本橋区の町内会員によって野菜畑が作られた(1943年6月)

# アジア太平洋戦争新聞

## 1944年(昭和19年)

[1月26日]

## 東京・名古屋に強制疎開命令
### 空襲被害を避ける「建物疎開」

防火空地を設けるために行われた建物疎開の様子

「疎開」という言葉は「他から強制されやむなく分散する」という意味で戦時中は意識されていた。実際は大都市から軍需工場を疎開させる「生産疎開」、老人や子どもに対する被害を防ぐ「人口疎開」、そして、建物自体を解体してしまう「建物疎開」があった。

戦局の悪化によって日本本土に対する空襲の危機が迫る中、前年12月、政府により「都市疎開実施要綱*」が発表された。前述した建物疎開である。建物疎開を簡単に説明すると、空襲により火災が周辺に広がるのを防ぐために、あらかじめ建物を取り壊して防火地帯を造ることである。

1月26日に「新防空法」よって初めて、この「疎開」命令が発令された。

最初に東京と名古屋が指定され、以後、大阪、横浜、川崎と続き、終戦までの間に何次にもわたって続けられることになる。東京だけを見てみても、第6次まで20万7３７０戸の建物が疎開した。

疎開の指定を受けた建物は県が買い上げた上で除去作業が行われた。また、疎開に伴う損失補償は、補償金額が当時の３０００円を超える場合については特殊決済として5カ年3分8厘の利率で銀行預金をさせられた。さらに３０００円以下であっても当面現金の必要がないと認められてしまうと国債や債権、長期預金などが奨励されて浮動購買力を抑制された。とはいえ、これらの国債や債権などは戦後のインフレもあってほとんど紙くずになってしまった。

東京、名古屋から始まった建物疎開はその後、神戸、尼崎、門司*、小倉*、八幡*、戸畑*、若松*、呉、京都、立川、下関、横須賀、堺、春日井、仙台、四日市、広島、長崎、佐世保、大牟田、室蘭、鹿児島など全国に広まった。それだけ米軍による空襲が日本全国に及んだ証左だといえるだろう。

＊都市疎開実施要綱：「防空法」は1937(昭和12)年4月2日に公布され、その後、1941(昭和16)年11月25日に「第1次改正防空法」を公布。1943(昭和18)年10月31日に「第2次改正防空法」が公布され、同年12月21日に「都市疎開実施要綱」が閣議決定された。

[1月~4月]

# 連合軍に翻弄されるニューギニアの戦線

１９４２（昭和17）年11月16日、大本営は南太平洋の作戦を受け持つ第8方面軍を新設し、同時にその下に第18軍（司令官安達二十三《あだちはたぞう》中将）を設置した。ニューギニアのブナ地区で激戦が行われていた最中である。これによってガダルカナル島（以下、ガ島）方面を第17軍、ニューギニアを第18軍が担当するようになる。

　しかし、新たに部隊を新設したところで、第8方面軍はガ島に手一杯で、作戦はどうしてもガ島が優先された。同年12月末にガ島奪回が絶望的になると、日本軍は再びニューギニア戦に本腰を入れ始めた。しかし東部3拠点、いわゆるブナ地区は陥落寸前となっていた。そこで新たにラエ、サラモア、ワウ、マダン、ウエワクの飛行場を有する5カ所に目を付けた。このうちラエ、サラモアは１９４２年3月以来日本の占領地だったが、残り3つは新たに攻略しなければならなかった。

安達二十三中将

　まず日本軍が兵を派遣したのがワウである。オーエンスタンレー山脈中の盆地であるワウには、ラエから徒歩で向かうことになった。出発は翌１９４３（昭和18）年1月15日である。

　遠回りとなる平坦な道を避けてジャングルの近道を選択した日本軍は、進軍にいたずらに時間を費やしただけでなく、部隊が離れ離れになり飛行場攻撃をする状態ではなくなっていた。さらに食糧も底を突き、部隊は栄養失調者とマラリア患者の集団に変わっていた。撤退命令が出たのは同年の2月14日だった。

　同じころ、ラエの東に位置するフィンシュハーフェンにも連合国軍が上陸した。兵力派遣が間に合っていなかった日本軍は慌てて第20師団を派遣した。以後も連合国軍が日本軍の兵力がない場所に上陸、日本軍が総攻撃するという順序で常に後手後手で戦いを進め、米軍の戦力と戦略の前に翻弄《ほんろう》されることになる。

　陸路を行軍する日本軍とは対照的に、連合国軍は輸送船で海上を悠々と移動した。常に日本軍戦力の多い場所を避け、手薄な場所に先回りすることで自軍の消耗を防ぎ、ニューギニア攻略を効率よく進めていった。この年の1月にグンビ、4月にアイタペ、ホーランディアと上陸し、後方に取り残された日本軍部隊は、飢餓との戦いを続けなければならなかった。

　ニューギニア作戦を指揮したダグラス・マッカーサー大将は、このいわゆる「蛙飛び作戦」で自ら最大の目標と位置付けたフィリピンへと先を急いだのである。

ジャングルの中を進む陸戦隊員

＊門司、小倉、八幡、戸畑、若松：現在の北九州市。

［2月23日］

# 竹槍事件起こる
## 東条英機による懲罰召集

日米開戦の直後、日本は真珠湾攻撃や南方進攻で連戦連勝、破竹の進撃を続け、開戦直前に首相になった東条英機は、得意の絶頂にあった。

しかし、ミッドウェー海戦（1942年6月）で大敗して形勢は逆転。米軍の本格的な反攻が始まると、戦局は次第に悪化の一途をたどり、それに伴って東条首相に対する批判も日を追うごとに高くなっていった。

東条は自分を批判する者、自分にとって都合の悪い存在を容赦なく弾圧し、抹殺した。

新名丈夫《しんみょうたけお》は『毎日新聞』の記者で、2月23日付の同紙に、第1面の半分近くを費やして戦局悪化の実情と戦争指導に対する批判の記事を書いた。

勝利か滅亡か
戦局は茲まで来た
眦決して見よ、敵の鋏状侵寇
竹槍では間に合はぬ
飛行機だ、海洋航空機だ

新名記者が執筆した戦局に対する批判記事（出典：『毎日新聞』1944年2月23日付）

当時メディアは、厳しい言語統制下にあったが、記事は「勝利か滅亡か」「戦局は茲《ここ》まで来た」「竹槍では間に合はぬ」「飛行機だ、海洋航空機だ」との見出しで、「今こそわれらは戦勢の実相を直視しなければならない。（略）敵が飛行機で攻めに来るのに竹槍をもつては戦ひ得ないのだ」という正鵠《せいこく》を射た内容であった。

記事を読んだ東条は激怒し、翌24日、毎日新聞の編集局長と次長を解任。数日後、当時38歳の新名本人に赤紙（召集令状）が届いた。新名は1926（大正15）年に数え年21歳で徴兵検査を受け、強度の近眼のため、陸軍の徴兵が免除になっていたというのにだ。

新名以外にもうひとり、東条によって懲罰招集された著名人に松前重義《まつまえしげよし》がいた。

松前は当時逓信《ていしん》省通信院工務局長という日本の通信技術分野における最高責任者の地位にあり、日本の工業力の実態を独自に調査。その結果「東条内閣の発表する軍需生産は、出鱈目《でたらめ》な内閣宣伝の欺瞞に満ちたものである」（松前重義『二等兵記』）と各所で力説した。その言動が東条の逆鱗《げきりん》に触れ、先の新名記者と同じく懲罰招集された。

松前の周囲は、東条の理不尽な行為に不満を抱いて召集解除に奔走したが、関係者の努力は実らず、松前は42歳ながら陸軍の2等兵として熊本の部隊に入営、間もなく戦況が悪化しているフィリピンに送られた。松前に召集を通告する電報が届いた7月18日は、奇《く》しくも東条首相が内閣総辞職を決意した日でもあった。

※新名丈夫は彼の記事を支持する海軍の助力で3カ月で除隊となった。陸軍に再招集される前に海軍に徴用され、フィリピンの報道班員として派遣された。松前重義はフィリピン・マニラの南方軍総司令官寺内寿一（てらうち ひさいち）元帥の配慮もあり、軍政顧問として厚遇された。

インパールに向かって行軍する日本軍

[3月8日~7月]

# インパール作戦強行

## 「白骨街道」と化した凄惨な戦場

### 緊張を増すインド・ビルマ国境

インパールとは、インド東部マニプール州の州都で、ビルマ（現・ミャンマー）との国境に位置していた。インドは当時イギリスの統治下にあり、インパールには英印（イギリス・インド）軍の軍事拠点があった。無謀な作戦との悪名高いインパール作戦はなぜ行われたのか、その経緯を見ていくことにする。

ビルマは1942（昭和17）年から日本軍の占領下にあったため、連合国軍は中国への補給路、いわゆる陸路による援蔣ルートを遮断されていた。代わりに空輸による補給を行ってはいたが、輸送量に限界があり、また峻険《しゅんけん》なヒマラヤ山脈を越える空輸は危険が伴った。そこで連合国軍は陸路の援蔣ルート再開のためビルマの奪還に動き出した。

1943（昭和18）年2月、オード・ウィンゲート少将率いる約3000人の英印軍がビルマ中部に現れ、約1カ月半にわたって戦線をかき回した。ウィンゲート旅団は、日本軍が踏破不可能と考えていた3000メートル級のアラカン山脈を越えて来ており、補給は航空機からの空中投下に頼っていた。

そのさなか、*第15軍司令官に牟《む》田口廉也《たぐちれんや》中将が就任した。牟田口は、ウィンゲート旅団の進入によりアラカン山脈が踏破可能であることが分かり、逆に日本軍がこのルートを通ってインパールへの侵攻が可能であると考えた。以後、

*第15軍：1943(昭和18)年3月、ビルマ防衛のためにビルマ方面軍を新設。同時期に牟田口中将がビルマ方面軍隷下の第15軍司令官に就任した。

牟田口は自分の出世への野心も手伝ってか、インパール攻略にこだわり続け、それは〝信念〟に近いものになっていった。

## あまりにも楽観的な補給問題の見通し

しかし、この作戦には補給をどうするのかまったくめどが立っていなかった。インパールの行く手にはアラカンの山岳地帯がある。乾季でも300メートルも幅があるチンドウィン河を渡り、標高2000〜3000メートルもあるアラカン山脈を踏破するのには補給が続かないことが明白だ。自動車はごく一部にしか使えず、人力で行うにはあまりにも険しい山道が続いていた。ウィンゲート旅団は同じ山岳地帯で作戦行動したが、前述のように空からの補給が可能だった。しかし、制空権を奪われている日本軍にはそれができない。上級司令部であるビルマ方面軍、南方軍、大本営の作戦参謀はいずれも補給困難により作戦の前途に悲観的な見方を示した。

牟田口廉也中将

だが、牟田口は強気だった。補給困難を上げる声に対しては「現地調達する」と答えた。それは、行く先々の現地住民から食糧を奪うか、あるいは敵が残していった食糧を捕獲するという方法だった。さらに英印軍の戦力もよく分からないにもかかわらず「インパールは3週間あれば占領できる」と豪語した。

ビルマ方面軍司令官の河辺《かわべ》正三《まさかず》中将や南方軍総司令官の寺内寿一元帥は、「牟田口がそこまで言う

インパール南方から進軍した第33師団。一時は英印軍第17師団を包囲するまで追い詰めた

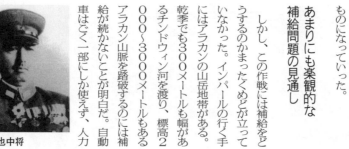

のなら、やらせてみようじゃないか」と感情論に流され、結局、合理的判断なしに大本営も作戦許可を与えてしまった。

しかし、インパール作戦が開始されたこの年には、すでに日本軍が大規模な攻勢に出られる戦況ではなくなっていた。米中軍は北ビルマに進攻し、日本軍の拠点ミー*トキーナに迫る勢いだった。また、

英印軍の拠点インパール～コヒマの前線へ進軍する英印軍のM3中戦車と傭兵部隊のグルカ兵

インパール作戦開始の3日前には、ウィンゲート少将の空挺部隊約9000人がグライダー100機、輸送機600機で中部ビルマに進入していた。本来、守りを固めるのが先決のはずだが、牟田口はインパール作戦を強行した。

## 無責任な司令官の犠牲となった日本軍将兵

3月8日から15日にかけて、作戦に参加する第15師団、第31師団、第33師団、総勢8万5000人は、それぞれ三方向からインパールに向けて出撃した。

作戦期間は3週間を予定し、各自2、3週間分の米を背負って行った。また、現地住民から奪った牛を数千頭連れていき、米や弾薬を運ばせ、用が済んだら牛自体を食べようという算段でいた。しかし、牛の大半が途中のチンドウィン河で溺れ死に、さらに厳しいアラカンの山を越えることができた牛は皆無だった。

劣悪な条件の中、日本軍将兵は持ち前の精神力を発揮し、約1カ月後には各師団の一部がインパール近くまで迫り、形の上ではインパールを包囲した。しかし、これは英第14軍司令官ウィリアム・スリム中将の戦略だった。日本軍を近くまで引き寄せ、補給線が延びきったところで叩こうとしたのである。

英軍の思惑通り、後方からの補給を受けることができない日本軍の最前線は、弾薬はもちろん食糧も不足し、深刻な飢餓に悩まされた。この状況に、第31師団長の佐《さ》藤幸徳《とうこうとく》中将は独断で指揮下の部隊に後退命令を出した。怒った牟田口は、佐藤師団長を解任し、続けて他の2人の師団長も戦意不足を理由に更迭するという前代未聞の暴挙に出た。さらに悪いことに、そのころインパールは雨期に突入した。飢えた将兵は次々に赤痢に罹《かか》り倒れていく。牟田口はそれでもただ前進だけを命令した。

作戦の失敗は明らかだったにもかかわらず、牟田口はその後も自分の面子《めんつ》にこだわり続け、作戦中止を言い出さなかった。ようやく退却命令が出たのは7月に入ってからだったが、前線に残された将兵に食糧はとうになく、悲惨な退却行が始まった。道半ばで飢餓や病気で倒れるものが相次ぎ、屍《しかばね》が連なる山道は「白骨街道」と呼ばれた。6万ともいわれる死者のうち半数以上は病死もしくは餓死によるものとされる。

作戦の責任者である牟田口は更迭されたが、自身はその責任を問われることはなく、また自責の念を感じることもなく、8月に参謀本部付を命じられると逃げるように東京へと帰っていった。

*ミートキーナ：インドから中国へ支援物資を送る新しい援蔣ルート(レド公路)の要衝でもあり、この地の防衛戦で日本軍はアメリカ式装備の中国軍に圧倒された。

[3月31日]

## 海軍乙事件起こる
### 古賀司令長官が行方不明に

2月17日早朝、米軍はトラック諸島の連合艦隊基地を空爆した。当時、トラック諸島には陸海軍合わせて4万3000人の将兵・軍属が駐屯していたが、事前に危険を察知していた連合艦隊主力は彼らを置き去りにして、パラオへ逃げてしまっていた。この米軍の空襲により、配置していた270機の航空機が全て破壊され、残された4万人は孤立し飢餓と闘わねばならなくなった。

パラオに逃れた連合艦隊だったが、米軍の勢いは衰えなかった。

古賀峯一大将

3月30日、そのパラオも激しい空襲にさらされてしまう。連合艦隊の主力艦は危険を察知し退避していたが、航空機は全滅し、湾内に残されていた艦船もほとんど沈んでしまった。連合艦隊司令長官古《こ》賀峯一《がみねいち》大将と参謀長福留繁《ふくとめしげる》中将は別々の飛行機でフィリピンのダバオへ脱出を図ることになった。

午後10時30分、1番飛行艇に古賀長官一行が乗り込み、2番艇には福留参謀長が乗り組んで出発。

その日、天気は荒れに荒れていた。そのため暴風雨に巻き込まれた古賀機は消息を絶ってしまい、福留機もセブ島近くに墜落してしまう。結局、古賀機は長官以下全員が死亡、福留機は海面に不時着した。「殉職」した古賀長官は元帥に列せられたが、その死は約1カ月間伏せられ、大本営から発表があったのは5月5日になってからだった。

[4月18日~11月12日]

## 大陸打通作戦発動
### 51万の兵力を動員した一大作戦

1944(昭和19)年に入り、日本の敗色に反比例する形で連合国軍の反攻は激しさを増していた。中国戦線でも兵力を次々と太平洋戦線に転用されてジリ貧になりつつある。これに対して中国軍は米軍の支援で攻撃力を強化していた。中国に進出した米軍機は連日のように日本軍基地や陣地を空爆している。さらに、米軍の大型長距離爆撃機B29が完成を目前にしていることも情報から分かった。

そこで大本営は1月、支那派遣軍に「1号作戦」(通称・大陸打《だ》通《つう》作戦)を命じた。その目的は「中国大陸に進出した米空軍基地を叩いて日本本土への空襲を防ぎ、また東シナ海の日本船舶の航行を確保すること」にあった。

この進攻作戦は華北から鉄道に沿って南下し、武昌、長沙《ちょうさ》、衡陽《こうよう》、広東、桂林《けいりん》、柳州《りゅうしゅう》、そして仏印(フランス領インドシナ)に至る中国大陸1500キロの鉄道を打通しようというものだった。そして仏印に至れば、そこからマレー半島を縦断してシンガポールにも打通できるし、タイを通ってビルマ(現・ミャンマー)の油田地帯にもつなげる。

当時、東シナ海や南太平洋の制海権はほぼ連合国側に握られていた。そのため石油など南方からの資源輸送も、また前線部隊への軍需物資の搬送も思うようにいかなくなっていた。もし打通作戦が成功すれば、鉄道沿線の米軍基地は壊滅できるし、南方との陸送路も

大陸打通作戦に向けて兵員や物資を満載して集結した輸送トラック。左上の人物が作戦の構想を練った真田穣一郎少将(写真左)と服部卓四郎大佐

確保できると踏んだのである。作戦には兵員51万、軍馬7万頭、自動車1万2000両が動員されることになった。まさに大作戦だ。

作戦の大要は次のようだった。

京漢《けいかん》作戦：黄河河畔から攻撃を開始し、洛陽《らくよう》を本拠地とする中国第1戦区軍を破り、南部京漢線の打通を図る。

湘桂《しょうけい》作戦：岳州《がくしゅう》付近から粤漢《えっかん》線を南進して粤漢線と湘桂鉄道の沿線を確保する。

4月18日、第12軍と第1軍による京漢作戦が開始された。日本軍は中国の新編第15軍と第28集団軍を相手に激戦を続けて南下、4月末には湯恩伯《とうおんはく》指揮下の軍が死守する許昌《きょしょう》城を占領した。そして5月に入り逐平を攻略して確山《かくざん》に到着、中国軍の退却で京漢線の打通は完了した。

続く湘桂作戦は5月25日に発令された。横山勇中将の第11軍は米軍機の爆撃を受けながら作戦を進め、長沙城を占領、6月25日には衡陽飛行場の占領に成功した。続けて日本軍は10月26日に桂林・柳州攻略を開始し、桂林城を占領するなど11月12日までに1号作戦*の目的である中国西南部の米軍用航空基地は全て奪取に成功した。

輸送機で戦場に到着した中国軍。米軍による訓練と装備を提供された中国軍の戦力は格段に増強していた

*1号作戦の目的：その後も作戦は1945(昭和20)年1月まで続けられ、中国〜仏印の打通を完成させたが、そのころ太平洋戦線では、米軍によってサイパン島、レイテ島(フィリピン)が占領され、太平洋戦争の帰趨(きすう)は明らかになっていた。

[6月19日~20日]

# 日米機動部隊、最後の決戦
# マリアナ沖海戦開始

6月15日、米軍がマリアナ諸島のサイパン島に上陸した。そのサイパン上陸部隊を援護する米機動艦隊に対して、日本海軍の第1機動艦隊が挑んだのがマリアナ沖海戦である。

レイモンド・スプルーアンス大将が指揮する米艦隊は空母15隻、搭載機900機という大艦隊で、サイパン島上陸作戦の数日前からさかんに航空攻撃や艦砲射撃を行った。それと並行するように、ニューギニアからフィリピンを目指すマッカーサー軍も西部ニューギニア沖合のビアク島に上陸した。

小沢治三郎中将

大本営は米軍の2本立てでの反攻作戦を読めず、サイパン上陸はないとみた。そのため、小沢治三《おざわじさぶ》郎《ろう》中将率いる第1機動艦隊がマリアナ諸島へ駆け付けるのが遅れ、米艦隊との決戦に挑んだのは、米軍がサイパンに上陸してから4日後の6月19日となった。マリアナ諸島やカロリン諸島に展開していた基地航空隊も、大部分は西部ニューギニアに移動していて、第1機動艦隊の航空攻撃に合わせて出撃できたのはわずか34機だけだった。

それでも小沢長官には勝算があった。飛行距離の長い日本の空母機を、敵機が飛来できない遠距離から発進させる「アウトレンジ戦法」があったからである。

6月19日早朝、米空母の位置を索敵でつかんだ小沢艦隊は、9隻の空母から326機を5群に分けて発進させた。距離は約700キロ、米空母機の飛行距離は約460キロ。アウトレンジの成功である。小沢だけでなく、「無事発進」の報告電を受けた瀬戸内海の柱島《はしらじま》の連合艦隊司令部でも、*豊田副武《とよだそえむ》司令長官以下全員が勝利を確信した。ところが、結果は惨敗に終わった。

## 敗れ去ったアウトレンジ戦法

日本軍機は米艦隊の高性能レーダーによって探知され、零戦を上回るスピードとタフさを備えたF6Fヘルキャットに迎撃されたのだ。かろうじて米機動部隊上空に到達した攻撃隊も、対空砲火に行く手を阻まれ、空母前衛の戦艦群によってほとんど撃墜された。発信器を備えた対空砲弾が目標に近接すると、命中しなくても電波を感知して起爆する新兵器のVT信管が威力を発揮したのだ。

また、日本はこれまでの戦いで多くのベテランパイロットを失っていたため、飛行距離の長いアウトレンジ戦法を取るには技量未熟な搭乗員が多かった。発進した攻撃機の約4割は敵空母すら発見できず、また米戦闘機に追われると、蛇行することも忘れ真っすぐに逃げるだけだった。その様子は、米軍機からよたよたと逃げまどう七面鳥のように見え、米兵たちは「マリアナの七面鳥撃ち」と嘲笑した。

小沢艦隊はわずか1日で193機の航空機を失った。戦果は撃墜17機、米戦艦「サウスダコタ」他5隻を小破しただけだった。しか

*豊田副武司令長官：海軍大将。古賀峯一大将の殉職後、連合艦隊司令長官に補された。

も、アウトレンジしているはずの日本艦隊が米潜水艦の攻撃を受け、機動艦隊旗艦の空母「大鳳《たいほう》」と空母「翔鶴」が撃沈された。米軍はフィリピンの抗日ゲリラから入手した日本海軍の作戦計画書によって、小沢艦隊の搭載機の数やアウトレンジ戦法を取ることを知っていたのだ。

翌20日も、米空母機は小沢艦隊を追撃した。２１６機が日本艦隊に襲い掛かり、空母「飛鷹《ひよう》」が撃沈された。米艦隊が去った後、小沢艦隊に残ったのは戦闘機17機の他、46機だけだった。こうして、マリアナ諸島奪回もかなわず、日本の空母機動部隊は事実上、壊滅した。

マリアナ沖で撃墜される日本軍機

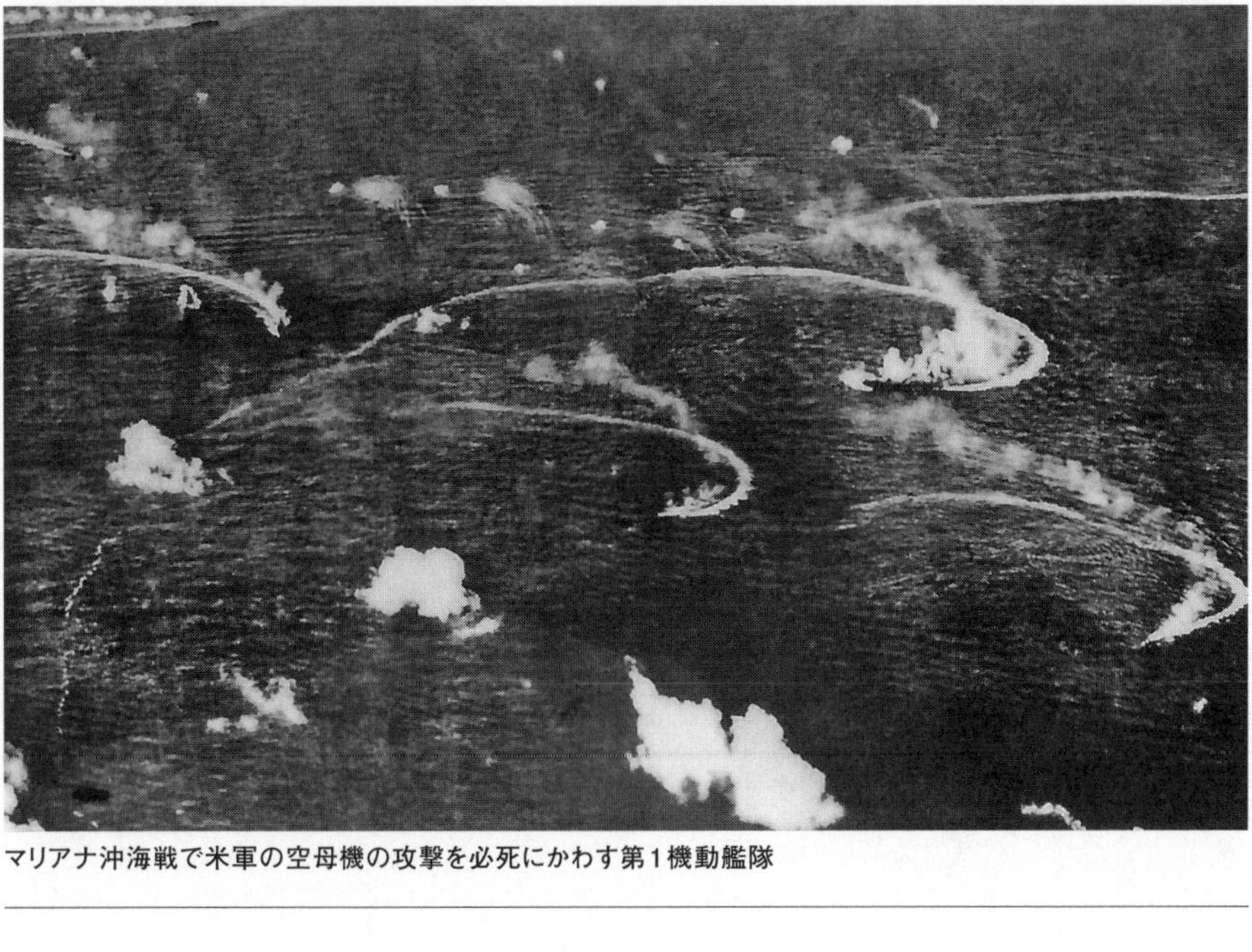
マリアナ沖海戦で米軍の空母機の攻撃を必死にかわす第１機動艦隊

[7月7日]

# サイパン島陥落
## 住民を巻き込んだ攻防戦の悲劇

6月15日、中部太平洋の島々を空爆しながら進撃するニミッツ軍がマリアナ諸島のサイパン島に上陸した。

翌16日、中国の成都《せいと》からは「超空の要塞」B29が日本本土（北九州5都市）を初空襲した。しかし、成都からでは最大航続距離5230キロを誇るB29でも、九州北部までが限度である。米軍にとって、日本本土の大部分を爆撃可能範囲に収めるマリアナ諸島こそが日本空襲の拠点の本命だった。

マリアナ諸島のサイパンやテニアンは、第1次世界大戦で敗れたドイツに代わって日本の委任統治領となり、当時サイパンを中心に多くの日本人が生活していた。しかし、米軍上陸時には本土引き揚げが間に合わなかった約2万人の民間の日本人が残っていた。

サイパン島を含む中部太平洋方面は、小畑英良《おばたひでよし》中将率いる第31軍が統率していた。だが、小畑はこのときパラオに出張中であり、サイパンの軍司令部に戻れなかった。そのため、テニアン以北を担当する北部マリアナ地区集団の斎藤義《さいとうよし》次《つぐ》中将が陸海軍合わせて4万3000人の守備隊を指揮した。

スプルーアンス大将を総指揮官、ホーランド・スミス中将を地上戦の指揮官とした上陸米軍は6万2000人を数えた。上陸当日の6月15日には、海岸線に殺到する約2万人の米軍の約1割が死傷するなど、兵力で劣る日本軍も果敢に戦った。のちに「死の山」と呼ばれることになるタッポーチョ山では、米軍の攻撃を一時頓挫させ、6月24日、「攻撃精神の欠如」を理由に米軍師団長が敵前で解任されるという異例の事件も起きた。

だが、大本営は同日、サイパン放棄を決定した。連合艦隊がマリアナ諸島に押し寄せる米機動艦隊に対して一大決戦を挑んだマリアナ沖海戦で敗北したためである。見捨てられたことを知る由もないサイパンの日本軍と民間人は、島の北方へと退避していった。

武器・弾薬がなくなった日本軍は、6月末から7月初めにかけて各所で壊滅し、7月7日には生き残りの将兵が最後の総攻撃、いわゆる「バンザイ突撃」を敢行した。この総攻撃に先立ち、集団長の斎藤中将、中部太平洋方面司令長官の南雲忠一海軍中将、不在の小畑中将に代わって指揮を執っていた第31軍参謀長井桁敬治《いげたけいじ》少将の3人は自決した。

一方で島の北端のマッピ岬まで追い詰められた民間人は、断崖絶壁から身を投げた。その数は8000人とも1万2000人ともいわれ、岬は今でも「バンザイクリフ」と呼ばれている。

このサイパン陥落により、「絶対国防圏」の東の鎖が破れることになった。

### サイパン戦に続く グアム、テニアンの玉砕

7月21日、米軍はサイパンに続いてグアム島、24日にテニアン島に上陸した。サイパン同様、テニアンにも陸海軍将兵約8100人の他に、民間人約1万3000人、朝鮮人約2700人がいた。米軍は5万4000人の兵力を投入し、8月1日にはテニアン島占領を宣言する。

一方、もともとアメリカ領であ

るグアム島には、多くの現地住民が住んでいたため、米軍にとっては戦いづらい戦場だったが、上陸初日の7月21日にほぼ勝敗が決した。関東軍から転用された第29師団を中心として守備隊は2万人を超えたが、少なくとも約半数が1日で戦死したのだ。米軍の5万5000人の上陸部隊に対して、上陸支援のための徹底的な砲爆撃という常套《じょうとう》手段の水際作戦を敢行した結果である。

「バンザイ突撃」で倒れたサイパン島守備隊の日本兵

グアムで指揮を執っていた小畑軍司令官は、米軍上陸5日目の7月25日、島の真ん中に位置するマンガン山総攻撃を命じた。総攻撃は死者3000人を出したといわれ、残った兵は北へ退却しながら、突撃を繰り返した。8月11日、小畑たち幹部は司令部壕で自決、守備隊は最後の決戦を挑み、玉砕して果てた。

米軍によって保護され集められたサイパンの日本人島民

## 国民学校初等科児童の集団疎開が決定

6月16日、中国の成都から飛来したB29が北九州を爆撃した。B29による日本本土初空襲である。

政府が「学童疎開促進要綱」を決定したのはこの月の30日。都会の子どもたちを空襲の恐れの少ない地方へ避難させようというものである。当初政府は、家族が離れ離れになることは「家制度」の崩壊や人心の動揺につながると集団疎開には慎重だった。しかし、事態は切迫していた。対象となったのは国民学校の初等科児童で、学校、学年、学級単位での集団疎開を勧めた。

疎開対象は東京、横浜、川崎、横須賀、大阪、神戸、尼崎、名古屋、八幡、門司、小倉、若松、戸畑の13都市の国民学校初等科3年~6年生の児童だった（その後、京都、舞鶴、広島、呉の4都市が追加）。地方に親戚縁者がいる子どもはその親類を頼って疎開した（縁故疎開という）。

学童疎開の出発前、校長の話を聞く児童たち

集団疎開は8月から行われ、参加した児童は東京の19万5000人をはじめ全国で40万人とも50万人ともいわれた。職員は児童100人に1人、寮母4人、作業員3人、寮医1人が標準とされた。疎開先は地方の旅館や寺院だった。

［7月22日］

## 小磯国昭内閣成立

### 倒閣運動で東条内閣総辞職

サイパンの日本軍が玉砕して11日目の7月18日、東条英機内閣が総辞職した。東条自らが責任を取って辞めたというよりも、重臣グループの倒閣運動に追い詰められてのものだった。

その中心となったのが岡田啓介海軍大将だった。岡田は戦争終結への道を探ろうとしない東条内閣を倒すために、まず嶋田繁太郎《しまだしげたろう》海軍大臣を辞めさせる画策をした。後任の海相を送らなければ、内閣は総辞職しなければならない。

この考えは海軍の実力者でもあった伏見宮博恭王《ふしみのみやひろやすおう》大将を通じて、昭和天皇にも伝えられた。サイパン陥落後、天皇側近の木戸幸一内大臣が、東条に天皇の意向として、嶋田海相の辞任と重臣入閣の必要性を伝えた。東条は仕方なく海相の辞任を認め、他の大臣を重臣に入れ替えることにした。

東条が辞めさせる大臣のひとりに挙げたのが、岸信介《きしのぶすけ》商工大臣だった。それを知った岡田は「辞めるな」と岸を説得した。岸は彼特有の勘で東条に見切りを付けたのか、岡田に同調した。重臣入閣候補の米内光政海軍大将（予備役）も入閣を拒否して、東条内閣はやむなく総辞職となった。

東条内閣総辞職後、大命は小磯《こいそ》国昭《くにあき》陸軍大将（予備役。朝鮮総督）に下った。

この内閣は東条内閣倒閣運動の影響もあって、「戦争終結・和平」の含みを持ってスタートした。

新首相の小磯国昭大将

［10月12日～16日］

## 幻の大戦果に沸き上がる日本国民

# 台湾沖航空戦起こる

ウィリアム・ハルゼー大将率いる米第38任務部隊（空母17・戦艦6・艦載機1000機）はマッカーサー軍のフィリピン攻略を支援するため、空母艦載機で沖縄や台湾などに航空攻撃を行い、フィリピン防衛に出てくる日本軍の動きを事前に封じる作戦に出た。

10月10日、米空母艦載機延べ1300機が沖縄を空襲し、那覇市では建物約1万戸が焼失、およそ5万人の市民が罹災する被害を受けた。続いて台湾も大規模な空襲を受けると、連合艦隊司令部は敵空母撃滅の好機とみて、基地航空兵力に台湾東方沖で行動していた米機動部隊攻撃を命じた。

連合艦隊はこの作戦に「T攻撃部隊」と呼ばれる特別部隊を投入した。「T」とは「Typhoon（タイフーン）」の頭文字で、文字通り台風による悪天候や夜間でも攻撃可能な部隊だった。10月12日、T攻撃部隊を含む攻撃機・爆撃機99機が夜間攻撃のため九州南部や沖縄から出撃した。続いて13日に

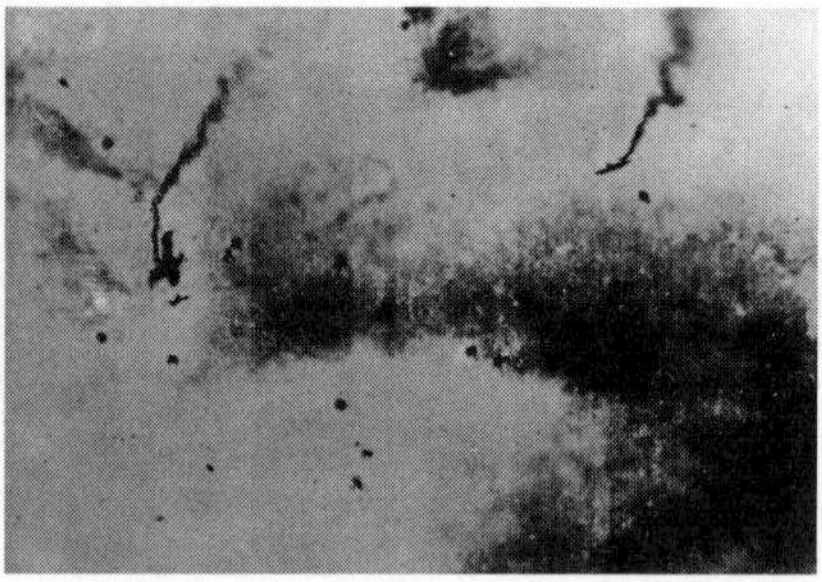

台湾沖航空戦で黒煙を上げながら落下する米軍機

は28機（九州南部から）、14日に340機（九州南部、沖縄から）、15日に177機（フィリピン・ルソン島から）が米機動部隊を撃滅すべく出撃していった。

## 隠蔽された戦果の誇張
## 海軍首脳部は事実を伝えず

そして、戦場から戦果報告が続々と入ってきた。搭乗員の報告をそのまま積み上げていくと、なんと敵空母11隻撃沈、8隻を撃破という数字となった。米機動部隊全滅に匹敵する数字である。

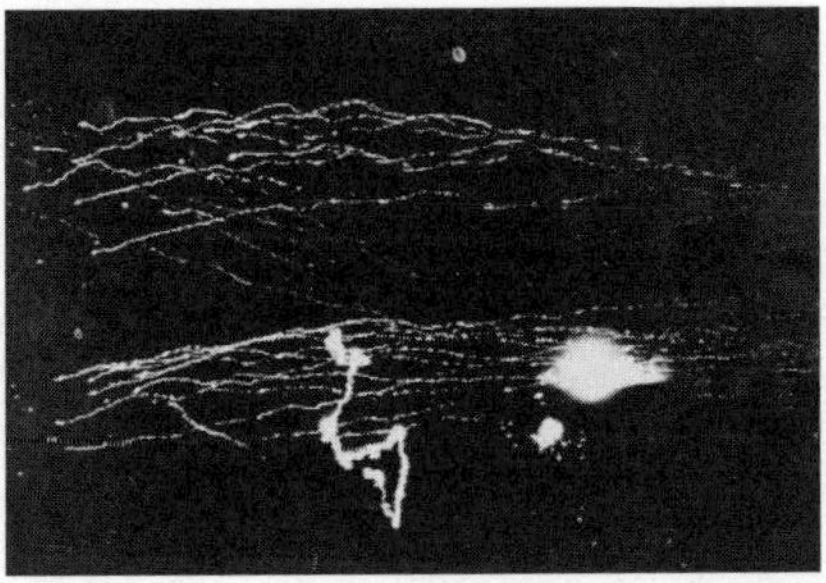

米軍の迎撃を受けて炎上する日本軍機の航跡

しかし、これは幻の大戦果だった。真実は、わずかに米重巡洋艦1隻が航行不能となったのみで、空母はまったくの無傷だった。これは戦果を確認した搭乗員が、日本軍機の自爆による火柱や至近弾による水柱を敵艦撃沈としたり、同じ水柱を二重にカウントして撃沈としたりするなど、誤認が相次いだためだ。

高度の上空から行われる戦果確認にはもともと高い技量が必要となるが、確認にあたった搭乗員が技量不足であり、また攻撃が薄暮から夜間に行われたため戦果誤認につながった。何より戦果の欲しかった司令部も数字を十分検討することなく搭乗員の報告を鵜呑《うの》みにしてしまった。

海軍内では、この戦果の真偽を疑う声も多かったが、そのまま大本営発表となって報道された。国民は久しぶりの勝利の報に浮かれ、昭和天皇からは連合艦隊に嘉賞《かしょう》の勅語を下し、小磯国昭首相は「勝利は今や我が頭上にあり」と宣言した。

結果的に、米軍のかすり傷ともいえないような被害に対し、日本軍の損害は未帰還機312機、帰還したうち300機が飛行不能となり、のちのフィリピン決戦で使うべき航空機を大量に消耗してしまう結果に終わった。

海軍首脳はこの戦果が誤認と分かった後も、国民はおろか陸軍にさえ事実を伝えなかった。そのため、数日後レイテ島に姿を見せた米軍の戦力を過小評価した陸軍は、ルソン島に主力部隊を温存する方針を転換させ、無謀なレイテ島での決戦を挑むこととなる。

台湾沖航空戦の「大戦果」に沸き返る国内

［10月20日～終戦］

# レイテ島の戦い

## 日本艦隊の壊滅とレイテ地上戦の死闘

シブヤン海を航行する戦艦「大和」「武蔵」を擁する栗田艦隊

### 誤報を信じて　レイテ決戦を強行

「フィリピンの皆さん、私は帰ってきた。全能の神の恵みによって、わが軍は再びフィリピンの土を踏んだ」

10月20日、フィリピンのレイテ島に上陸したダグラス・マッカーサー大将は、通信将校が差し出す携帯用マイクで語り始めた。3年前の「アイ・シャル・リターン」の約束を果たしたのだ。

日本の守備隊は、マッカーサーが率いる南西太平洋方面軍の大艦隊がレイテ湾に姿を現したとき、敵の上陸部隊かどうかすぐには判断できなかった。というのも、数

レイテ湾を目指してブルネイから出撃する戦艦「武蔵」

日前に行われた台湾沖航空戦で、海軍航空隊が米機動部隊に大打撃を与えたと報じられていたからである。空母11隻撃沈、8隻大破という大本営発表があり、米機動部隊は壊滅したはずだった。

だが、この〝大戦果〟は、味方機が海中に突っ込んだのを搭乗員が敵艦轟沈《ごうちん》と見誤るなどの誤認が積み重なった結果の大誤報で、実際は1隻の米空母も沈没していな

かった。海軍はしばらくして誤報に気付いたが、真相を陸軍には伝えなかった。

大本営は、米軍のレイテ島上陸により、フィリピンでの決戦を定めた「捷《しょう》1号作戦」を発令した。捷1号作戦では、本来ルソン島で米軍を迎え撃つと決めていた。敵が他の島に上陸しても、ルソン島に来攻するまで待つはずだった。しかし、台湾沖航空戦で米機動部隊が壊滅したのであれば、レイテ島での決戦に切り替えて一挙に残敵を撃破すべきだと、大本営は方針を一変した。早期決戦を唱える南方軍総司令官の寺内寿一元帥にも異存はなかった。

栗田健男中将

## 連合艦隊の最期となった レイテ沖海戦

参謀本部が決戦場をレイテに変更した理由の一つに、海軍の水上部隊がレイテ湾に突入して、陸海空の三位一体で攻撃すれば、上陸米軍を撃滅できると考えたことにある。「神風特別攻撃隊」も新たに編成され、水上部隊の突入を援護する。レイテ湾突入作戦とは次のようなものである。

栗田健男《くりたたけお》中将率いる第1遊撃部隊がボルネオ島のブルネイを出撃し、途中で二手に分かれ西村祥治《にしむらしょうじ》中将の西村艦隊がスリガオ海峡から直接レイテ湾へ、残りの艦隊（狭義の栗田艦隊）がシブヤン海からサンベルナルジノ海峡を通過して、レイテ湾へ南下する。さらに、マリアナ沖海戦の大敗後に形ばかり再建した小沢治三郎中将の第3艦隊がルソン島北方沖合に進出し、ウィリアム・ハルゼー大将の機動部隊（第3艦隊）を引きつける囮《おとり》として行動するというものである。

米軍のレイテ島上陸2日後、栗田艦隊はブルネイを出撃した。空母部隊はマリアナ沖海戦で壊滅していたが、日本海軍にはまだ9隻の戦艦が残っていた。開戦以来、航空戦中心で戦艦を生かす場面がなかったのだ。巨大戦艦「大和」と「武蔵」も栗田艦隊として出撃した。

スリガオ海峡に突入した西村艦隊は、米艦隊に待ち伏せされほぼ全滅した。栗田艦隊は24日に「武蔵」を撃沈されたものの、25日にレイテ湾口まで45浬（約83キロ）の地点に進出した。片や「武蔵」を沈めた米空母部隊は小沢艦隊の囮作戦に引っかかって北方へ向かっていた。しかし、栗田艦隊はレイテ湾を間近にしながら、なぜか突入を断念し北へ変針した。戦史上有名な「謎の反転」である。栗田がその理由を詳しく述べずに亡くなったため、真相は不明である。日本海軍が誇った連合艦隊はフィリピン沖のこの海戦で事実上、壊滅となった。

## 山下奉文大将の危惧が的中

すでに記したように、日本軍は

米軍機の攻撃を受けて力尽きる小沢艦隊の空母「瑞鳳」

レイテ島で米軍と雌雄を決する方針を打ち出した。レイテ島に上陸した米軍部隊を台湾沖航空戦で生き残った「敗残兵」と判断したのだ。しかし、これにはフィリピン防衛を担当する第14方面軍（司令官山下奉文《やましたともゆき》大将）が反対した。

すでにルソン決戦で作戦準備が進められていたし、今さらレイテ島に兵力を送る時間もなければ輸送船もない。それに、山下大将は台湾沖航空戦の大戦果にも疑問を持っていたといわれる。しかし、南方軍（総司令官寺内寿一元帥）はレイテ決戦を強要し、山下大将もこの命令には従わざるを得なかった。

山下奉文大将

だが、山下大将の危惧は当たっていた。レイテ島に上陸してきた部隊は「敗残兵」などではなく、兵員10万人（最終的には20万人）、輸送船420隻、戦闘艦艇157隻に加えて補給物資10万トン以上を擁し、開戦劈頭《へきとう》、フィリピンを追われたマッカーサー大将が率いる大部隊だった。

10月20日、レイテ島西岸のタクロバン地区に第10軍団（騎兵第1師団、第24歩兵師団基幹。総兵力約5万3000人）が、ドラグ地区に第24軍団（第7歩兵師団、第96歩兵師団基幹。総兵力約5万1500名）がそれぞれ上陸した。

## 次々と撃沈される日本軍の輸送船

米軍上陸時、レイテ島にはわずかに第35軍の第16師団（師団長牧野四郎中将）が常駐しているだけだった。

大量の兵員・物資を擁してレイテ島に上陸する米軍部隊

第14方面軍は陸上部隊を増援*するが、その第1陣として満州から転用された第1師団（師団長片岡《かたおか》董《ただす》中将）は11月1日、奇跡的に無傷でレイテ島西岸のオルモックに上陸したが、11月9日に上陸した第26師団（師団長山県栗花生《やまがたつゆお》中将）主力は上陸中に米軍の空襲を受けて重装備、軍需品の大部分を失い、また台湾から増派された独立混成第68旅団（旅団長栗栖猛夫《くりすたけお》少将。12月9日上陸）も、空襲で兵力、物資の大部分を失っている。

レイテ島のタクロバン海岸に上陸するマッカーサー大将と幕僚一行

最終的にレイテ島の日本軍兵力は、第102師団の一部、第30師団の一部、今堀支隊（第26師団先遣隊）、高階支隊（第8師団の一部）など、合わせて兵員7万5000人にも上ったが、武器・弾薬、食糧などの8割を失っていた。

＊陸上部隊を増援：ルソン島からレイテ島への増援輸送は「多号作戦」と名付けられた。第9次まで実施されたが、輸送船のほとんどが米軍機による空襲や潜水艦によって撃沈された。

## 8万人の命を奪ったレイテ地上戦

さて、第1師団はオルモックから北岸のカリガラを経て東岸北部のタクロバンに向かう途中、11月5日にリモン峠で米第10軍団と遭遇した。このリモン峠の戦闘は米第10軍団と第1師団の衝突以来、50日にも及ぶ激戦となった。第1師団は強大な米軍を相手に善戦し、初期のころはむしろ日本軍の方が優勢だった。だが、補給線を断たれた日本軍では弾薬、食糧が欠乏しはじめ、次第に米軍に圧倒されていった。

米軍機による輸送船の爆撃を阻止するため、第14方面軍はドラグ、ブラウエンなどレイテ島東部の飛行場に対して、空挺部隊による斬り込み作戦（義号・和号作戦）を強行した。11月26日、薫空挺隊がドラグ飛行場に突入したが、米軍によって瞬く間に撃ち倒された。12月6日には、ブラウエン飛行場に高千穂空挺団が強行着陸し、さらに地上から第26師団主力、第16師団の残存部隊が突入すると、米軍は大混乱に陥った。

同じころ、第26師団の斎藤支隊（独立歩兵第13連隊他）もオルモック南方のダラムアンで米第7師団相手に激戦を展開していた。しかし、これらの作戦も12月7日早朝に米第77師団が日本軍の補給基地であるイピル（オルモック湾岸）に上陸してきたため、飛行場奪還作戦どころではなくなってしまった。

独混68旅団、歩兵第77連隊（第30師団）などが米軍のオルモック湾上陸と前後してレイテ島に投入されたが、もはやレイテ島の戦局を覆すことはできなかった。

12月11日、米軍によって日本軍は各所で分断されていた。さらに、15日には米軍が大挙してミンドロ島（マニラ南方）に上陸して、ついにルソン島にまで戦火が及ぶようになってきたため、レイテ決戦を強行する意味がなくなってしまった。

12月25日、山下大将は第35軍に対して、「自活自戦、永久抗戦」を命じた。日本軍の残存兵力はレイテ島北西のカンギポット山に集結し、終戦まで持久戦を続けた。第1師団はレイテ島からセブ島へ脱出することになったが、レイテ上陸時の1万余りの兵力はわずか800人に減っていた。

レイテ決戦で日本軍は約8万人もの将兵を失い、第35軍指揮官の鈴木《すずき》宗作《そうさく》中将もミンダナオ島へ脱出する途中、米軍機の空襲を受けて戦死している。

飛行場制圧のために敵地に降下してジャングルを進む薫空挺隊

日本軍の揚陸拠点オルモックの防衛戦で戦死した日本兵

[10月25日]

# 神風特別攻撃隊、初出撃
## フィリピンで始まった体当たり攻撃

「敷島隊」の1機が命中して爆発炎上する米護衛空母「セント・ロー」

10月25日、戦史に残る悲劇的な攻撃が日本海軍によって行われた。「神風特別攻撃隊」、いわゆる「カミカゼ特攻隊」による初陣である。関行男《せきゆきお》大尉が率いる「敷島隊」（13機）は同日に出撃、レイテ島沖で展開中の米護衛空母「セント・ロー」に体当たりして見事に撃沈した。海軍省は28日、特別ニュースとしてラジオ放送し、その殊勲を称えたのである。

正気の沙汰とは思えないこの攻撃を発案したのは海軍軍令部で、実施命令を出したのが、第1航空艦隊司令長官の※大西瀧治郎《おおにしたきじろう》中将だった。

### 「捷1号作戦」のために編成された特攻隊

10月18日、連合艦隊司令部は「捷1号作戦」発動を下令した。同作戦の目的は、戦艦「大和」「武蔵」を基幹とする第1遊撃部隊（指揮官栗田健男中将）をレイテ湾に突入させ、レイテ島に上陸したダグラス・マッカーサー大将指揮の連合国軍部隊を艦砲射撃で殲滅することにあった。

大西中将と別れの杯を交わす「敷島隊」と「大和隊」の隊員。左端で杯を受けているのが関行男大尉

連合艦隊司令部は第1遊撃部隊のレイテ湾突入日を10月25日と決定した。だがこのとき、フィリピン東方海上にはおよそ20隻の空母を擁する米機動部隊が遊弋《ゆうよく》していた。これら空母の艦上機による攻

＊大西瀧治郎中将：「ポツダム宣言」後も徹底抗戦を叫んでいた大西中将だが（「あと2千万の特攻を出せば必ず勝てる」と語った伝聞もある）、終戦翌日の1945（昭和20）年8月16日未明に自刃。特攻隊員とその遺族に陳謝する遺書を残していた。

撃を受けては、いかに巨砲を誇る「大和」「武蔵」を擁する第1遊撃部隊といえどもレイテ湾突入は難しい。そこで連合艦隊司令部は基地航空部隊と機動部隊本隊に対して、その前日の24日に米機動部隊に対して航空総攻撃を実施するよう命令した。

在フィリピンの第1航空艦隊（第5基地航空部隊）の新長官大西中将が、寺岡《てらおか》謹平《きんぺい》中将からその職を引き継いだのは、捷1号作戦が発動される前日の10月17日であった。そのとき1航艦の現有兵力は主力の零戦が24機、攻撃機15機、偵察機1機の40機にすぎなかった。陸軍の航空兵力も65機内外という惨状とあっては、とても戦《いくさ》にはならない。

大西瀧治郎中将

そこで大西は、零戦に２５０キロ爆弾を抱かせて敵艦に体当り攻撃を加える特攻作戦の実施に踏み切る決意を固めた。敵機動部隊の撃滅は不可能としても、敵空母群の飛行甲板を一時使用不能にして攻撃力を弱め、栗田艦隊に敵機動部隊の水上艦艇撃滅を託することが1航艦の任務と考えたのである。この体当たり戦法は、1航艦に赴任するにあたって、軍令部総長と連合艦隊司令長官にも内諾を得ている作戦である。

ただちに攻撃部隊が編成された。最初の特攻隊は敷島隊の他、「大和隊」「朝日隊」「山桜隊」の4隊である。ちなみに隊名は本居宣長《もとおりのりなが》の「敷島の大和心を人問はば　朝日に匂ふ山桜花」から取ったものである。遅れてはならじと、陸軍航空隊も特攻に参加し、以後は特攻が日常的な作戦となった。

フィリピン戦での神風特別攻撃隊の出撃機数は４２４機。戦果は撃沈が空母4、戦艦1、巡洋艦5、駆逐艦3、輸送船23。撃破は空母13、戦艦3、巡洋艦8、駆逐艦1、輸送船34。日本側の損失は海軍特攻機３３３機、戦死搭乗員４２０人。陸軍特攻機２０２機、戦死搭乗員２５１人である。その後、特攻は沖縄戦へと続き、終戦まで行われることになる。

フィリピン戦での特攻は続けられた。写真は1944（昭和19）年11月25日、炎上しながらも米空母「エセックス」に突入する第3神風特別攻撃隊の「彗星」

［11月24日］

## 2カ月以上にもわたる長期持久戦
# ペリリュー島の日本軍玉砕

9月15日、約4万の兵力をもって米太平洋方面軍はペリリュー島に上陸を開始した。ペリリューはフィリピンのすぐ東に位置する南北9キロ、東西3キロ足らずの小島である。ここには当時世界最大といわれた日本軍の飛行場があり、この地を放置することは米軍にとってフィリピン攻略の妨げになる。ここを奪取し、フィリピン攻略の前進基地とすることが目的だった。逆に日本の守備隊としては、フィリピン防衛の防波堤としてできるだけ長く持ちこたえることが重要だった。

大本営も「絶対国防圏」の要衛として自信を持っていたサイパンがもろくも陥落してしまったことに衝撃を受け、それまでの水際撃滅作戦を捨て、新たに「島嶼守備要領」を発令した。主抵抗線を「海岸カラ適宜後退シテ選定スル」戦法への転換であり、その最初の戦場となったのがペリリュー島であった。

敵前上陸する米海兵師団長のウィリアム・ルパータス少将は「こんな小さな島は4日間もあれば占領できる」と高をくくっていた。ルパータス少将の〝豪語〟は常識的な線だったかもしれない。

だが、指揮官の中川州男《なかがわくにお》大佐はこの小さな島を全島要塞化していたのだ。隆起珊瑚礁の島は至る所に自然の洞窟があり、それを拡張して縦横無尽に洞窟陣地を築いていたのである。さらに敵の上陸可能な海岸線にも陣地を構築していたが、それはあくまで敵を一兵でも多く消耗させるためのもので、主陣地は山岳地帯の洞窟陣地に置いていた。

日本軍の砲火にペリリュー島の海岸に釘付けにされる米海兵隊員

米第1海兵師団が敵前上陸を開始したのは9月15日の早朝、午前6時15分だった。すでにペリリュー島は1週間前から米軍の事前砲爆撃にさらされ、ジャングルは消え失せ、瓦礫《がれき》の山と化していた。敵前上陸を敢行する海兵たちも日本兵が生きているとはとても思えなかった。だが、日本軍はまったく無傷に近い状態で潜んでいた。火砲も健在だった。海岸に殺到した米先遣隊は、早くも撃退され、橋頭堡《きょうとうほ》を築けない。海岸は倒れた米兵の血でオレンジ色に染まり、阿鼻《あび》叫喚の凄惨さを呈した。

日本軍陣地を爆撃する米海兵飛行大隊のコルセア戦闘機

日本軍守備隊に撃退された米第1陣は沖合に引き揚げた。そして2回目は、正面の日本軍を強力と見たのか、正面海岸を迂回して、各地区守備隊のわずかな間隙《かんげき》を突くかたちで強行突破を図った。作戦は成功し、米軍は約1個連隊を上陸させることに成功した。

## 歴戦の米海兵隊を撤退に追い込む

　ペリリューの日本軍守備隊は、それまでの日本軍が見せた一斉突撃、いわゆる「バンザイ突撃」などは一切行わず、確実に敵を殺す「一発一殺主義」を貫いた。このゲリラ戦法で歴戦の米第1海兵師団は〝敗北〟する。特に上陸第1陣を担った第1海兵連隊の損害は大きく、全将兵の50パーセント以上もの死傷者を出していた。そして連隊は10月2日に島を去り、同月30日までに師団全部が後方基地へ撤退していった。しかし、米軍は一線部隊に損害が出れば増援部隊が続々到着する。一方、洞窟に潜む日本軍には1発の弾丸さえ補給されない。日本軍守備隊の壊滅は時間の問題であった。

戦死者を前線から後送する米海軍工作隊員

　11月24日、兵員も弾薬も底を突いた中川大佐は、パラオ地区集団司令部に決別の電報を打つ。

「本24日以降、特に状況切迫、陣地保持は困難に至る。地区隊現有兵力、健在者約50名、重傷者70名、総計120名。兵器、小銃のみ。同弾薬約20発」「地区隊は本24日以降統一ある戦闘を打切り、残る健在者約50名を以て遊撃戦闘に移行、あくまで持久に徹し米奴撃滅に邁進せしむ。重軽傷者中、戦闘行動不能なる者は自決せしむ」

　そしてこの夜、中川大佐をはじめとする地区隊幹部は自決し、健在兵は全員突撃を敢行して戦闘に終止符を打った。米軍上陸以来2カ月半、実に70余日目であった(11月27日に米軍指揮官が「作戦終了」を報告)。

日本軍守備隊の司令部がある山岳地帯に最後の掃討戦を行う米歩兵部隊と戦車隊

　ところが、ペリリュー島の戦闘はこの後も続いていたのである。山口《やまぐち》永《ひさし》少尉たちを中心とした陸海軍の生き残り兵34人で、米軍から奪った武器弾薬、食糧などを洞窟に隠し、神出鬼没のゲリラ戦を敗戦後の1947(昭和22)年4月22日まで続けたのだ。

# アジア太平洋戦争新聞

## 1945年（昭和20年）

［2月4日］

## 米英ソ首脳による秘密協定 ヤルタ会談開催

1943（昭和18）年11月28日から12月1日までイランの首都テヘランで、イギリスのチャーチル首相、アメリカのルーズベルト大統領、ソ連のスターリン首相が会談を行った。ルーズベルトとスターリンが顔を合わせるのはこれが初めてだった。このテヘラン会談の主要議題は、独ソ戦の主戦場である東部戦線の他に新たな戦場、いわゆる第2戦線*に関することであった。スターリンは以前から第2戦線の構築を要求しており、これが受け入れなければナチス・ドイツとの単独講和もあり得るとさえほのめかしていた。

テヘラン会談は「大成功だった」と米英ソのトップはそれぞれ満足して帰国の途に就いた。それから約半年後、予定より1カ月ほど遅れたものの、6月6日に米英軍は北フランスのノルマンディー海岸に上陸、約束通り第2戦線を形成し、東からはソ連、西からは米英でドイツを挟み撃ちにした。

ドイツと日本の敗勢が続く中で、米英ソは戦後の占領政策と、戦後の領土処理をどうするかに関心を払っていた。そして、この年の2月4日、ルーズベルト、チャーチル、スターリンの3者が再び顔を合わせた。場所は黒海に面したクリミア半島のヤルタである。

ヤルタ会談（正式にはクリミア会談）は2月11日まで8日間にわたって行われた。中心議題は戦後のドイツ分割問題、新設される国際連合の安全保障問題、ポーランドの新国境と新政府の問題、そして、極東の戦後問題であった。

ヤルタ会談に出席した米英ソの3首脳。左からチャーチル、ルーズベルト、スターリン

極東問題は2月8日から話し合われたが、当時ルーズベルトは脳動脈硬化症（アルバレス病）が悪化していて、座っているのがやっとの状態だったという。記憶力も判断力も鈍り、スターリンの狡猾《こうかつ》な駆け引きの前に屈した。テヘラン会談ですでにソ連の対日参戦は約束されていたが、ルーズベルト

*第2戦線：独ソ戦で苦境に陥っていたソ連はドイツ軍の兵力を分散させるために、米英に対して北フランス（西部戦線）への上陸を要請していた。

はドイツ降伏後、3カ月以内に参戦するよう求め、その見返りとして、次の秘密協定を結んだ。
①外蒙古の現状維持。
②樺太（現・サハリン）南部のソ連への復帰。
③大連《だいれん》港におけるソ連の優先的利益の保護と、旅順《りょじゅん》の租借権の回復。
④東支《とうし》鉄道および南満州鉄道（満鉄）に対するソ連の権益回復。
⑤千島列島のソ連への復帰。

ヤルタ会談が行われていたころ、原子爆弾の開発が大詰めを迎えていたが、まだ完成の見込みが立っておらず、ルーズベルトは一刻も早い対日戦の終結を望み、ソ連を是が非でも参戦させるべく、大盤振る舞いとも思える譲歩をし、スターリンに対日参戦を確約させたのである。それから2カ月後の4月12日、ルーズベルトは死去し、副大統領のハリー・トルーマンが大統領に就任した。

[2月3日～3月3日]

## 米軍、マニラ占領
## マニラ市民が犠牲となった市街戦

フィリピン防衛戦はレイテ島からルソン島に決戦場が移された。1月6日、ルソン島のリンガエン湾に姿を現した米第7艦隊は、猛烈な艦砲射撃を開始し、9日に米第6軍の約19万人が上陸した。

日本軍の防衛部隊は山下奉文大将を総指揮官とし、ルソン島北部、中南部、クラーク西方を拠点に米上陸軍と戦った。これら日本軍防衛部隊は計28万7000人に上り、数の上では米軍を上回っていた。しかし、武器・装備において悲しいほどの開きがあったのである。

マラカニアン宮殿の庭先で日本軍と対峙する米迫撃砲隊

米軍は空から新兵器のナパーム*弾を落とし、陸上では優秀な戦車、迫撃砲、火炎放射器、機関銃など、物量に物を言わせた火器の大攻勢により、日本軍を圧倒していった。

そうした米軍の猛攻に、武器の貧弱な日本軍が真っ向から対抗できるはずはなかった。

ダグラス・マッカーサー大将にせっつかれた米上陸部隊は競うようにマニラへと進撃を続け、2月3日から次々とマニラ市街に侵入していった。

山下大将は、マニラから大部分の部隊を撤収させていた。マニラ解放の「非武装都市宣言」を出す権限は大本営にあったため、山下にはこれが精一杯の手段であった。

しかし、「多くの特攻隊を出したマニラであるから」と主張する海軍と陸軍の航空隊など、マニラを離れない将兵も多かった。そして、結局は海軍を主体とするマニ*ラ防衛部隊（約2万人）が玉砕覚悟でマニラを戦場にしてしまったのである。

マニラでは壮絶な市街戦が3月3日まで約20日間に及び、一般市民を巻き込んだ戦闘が随所で繰り広げられた。米軍は日本軍が立てこもるビルを見つけると、無差別に砲撃を浴びせた。マニラの市街戦で約9万人の市民が死亡したといわれる。大半は米軍の砲撃による被害だった。

*ナパーム弾：強大な燃焼力と破壊力を持つ油脂焼夷弾で、日本への空襲にも使用された。
*マニラ防衛部隊：日本軍は市街戦の前後を通して、ゲリラ対策を理由に大勢のマニラ市民を虐殺、また女性への虐待と強姦も組織的に行っていた。

1945（昭和20）年5月29日、横浜を空襲するB29の編隊

［3月10日］

# B29、東京大空襲開始
## 焦土と化した日本の主要都市

### 「超空の要塞」B29爆撃機が登場

太平洋戦争の末期に日本本土の主要都市を爆撃し、軒並み焦土に変えていった超大型爆撃機ボーイングB29スーパーフォートレス（超空の要塞）。

同機の開発がスタートしたのは第2次世界大戦が勃発して間もない1939（昭和14）年11月のことだった。試作機XB29は1942（昭和17）年9月21日に初飛行し、2年後、中国の四川省成都を基地として日本本土への空襲が行われることになった。

北九州への初空襲前日、6月15日に米軍はサイパン島に上陸した。東京からおよそ2500キロの距離にあるマリアナ諸島は、B29の基地として理想的なポイントにあったため、米統合参謀本部はニューギニア～フィリピンへ向かう反攻コースに兵力を集中すべきだというダグラス・マッカーサー大将の意見を退けて、マリアナ諸島の占領を最優先させたのである。

そして、8月までにサイパン、テニアン、グアムの各島を手中に収めると、ただちに飛行場の建設を始めた。日本空襲の基地にするためである。

B29による日本本土空襲が本格化するのは1944（昭和19）年11月24日、東京・北多摩郡武蔵町（現・武蔵野市）の中島飛行機武蔵製作所に対する爆撃からだった。

### 失敗に終わったB29迎撃機の開発

一方、日本陸軍では前年の1943（昭和18）年2月、「シアトル郊外でボーイング社の新型爆撃機がテスト飛行中に墜落した」という中立国を経由したニュースによって、B29がすでに初飛行を終えたことを知り、いずれは戦場に現れることを予測した。

　陸軍では在外公館からもたらされる情報を整理して、翌1944年3月に予想性能をはじき出した。それは武装と航続距離が過大だった以外は、実際のB29とほぼ同じ値であったという。そして、おそらく同年6月ごろから日本本土に対する空襲が行われるだろうとも推測していた。

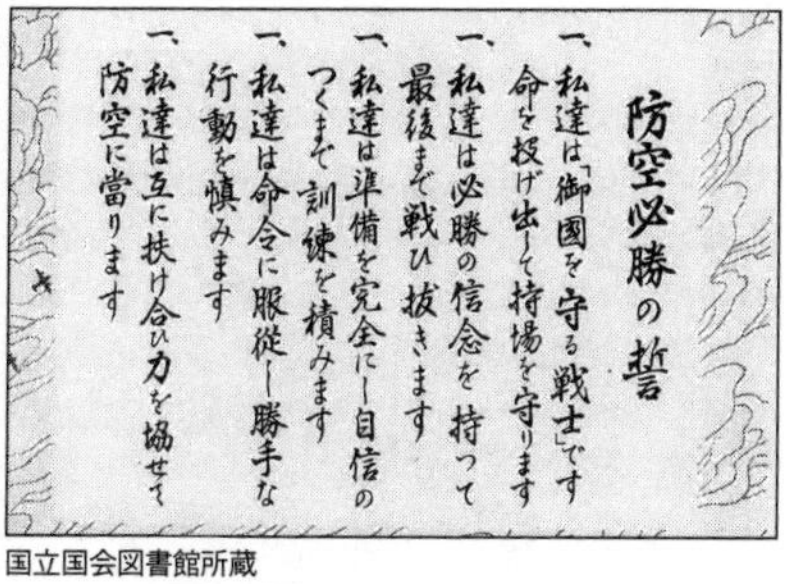
防空必勝の誓
一、私達は「御國を守る戦士」です 命を投げ出して持場を守ります
一、私達は必勝の信念を持って 最後まで戦ひ抜きます
一、私達は準備を完全にし自信のつくまで訓練を積みます
一、私達は命令に服從し勝手な行動を慎みます
一、私達は互に扶け合ひ力を協せて防空に當ります

国立国会図書館所蔵

国民に防空の心得を説いた「防空必勝の誓」（出典：『隣組防空絵解』大日本防空協会帝都支部 1944年）

　政府も空襲に備えて、都市部の建物を一部取り壊して火除け地を造り（建物疎開）、老人や子どもたちの縁故疎開促進を決定した。さらに6月30日付で国民学校3年生以上の生徒を学校ごとに集団で疎開させることも決められた。

　陸海軍ではB29を迎撃できる戦闘機の開発が推し進められたが、いずれも終戦までに実用化できなかった。

　失敗の大きな要因は排気タービンの開発である。エンジンの排気エネルギーを利用して空気をより多く送り込むこの装置は、予想されたB29の常用高度1万メートル（実際はわずかに低い）での飛行性能を左右するパーツで、米国ではB17爆撃機やP38戦闘機などに搭載され、すでに実用化されていたが、日本ではついに完成を見なかった。

　排気タービンに頼らず、さらに上昇力も飛躍的に向上させる方法として、同年7月、潜水艦でドイツから運ばれたロケットエンジンの断片的な資料をもとに、陸海軍共同で局地戦闘機「秋水《しゅうすい》」の開発が行われた。しかし、1945（昭和20）年7月7日のテスト飛行で1号機が墜落し、そのまま終戦を迎えている。

## 米軍の無差別爆撃で焼き尽くされる都市

　米軍が日本本土爆撃の最優先目標にしたのは、東京や名古屋、兵庫県、群馬県などに点在する中島飛行機、三菱航空機、川崎航空機、愛知航空機といった飛行機メーカーの製造工場であった。

　当初、日本空襲の指揮を執っていたヘイウッド・ハンセル准将は、これらの飛行機工場に対する精密爆撃を実施していたが成果が上がらず、この年の1月末に更迭された。代わって欧州戦線で絨毯《じゅうたん》爆撃を考案したことで知られるカーチス・ルメイ少将が指揮を執ることになった。ルメイはハンセル准将のやり方を踏襲せず、市街地もろとも焼き尽くす無差別爆撃の実施に踏み切った。

　3月10日午前0時すぎ、房総半島上空から侵入したB29約340機が、東京の本所、深川、浅草（現・墨田区、江東区、台東区）を中心とした下町一帯に約2時間半にわたって絨毯爆撃を行い、約40平方キロに及ぶ人口密集地を焼き尽くした。

　これまでの空襲は、軍事工場などの軍需産業を目標にした高高度からのピンポイント爆撃であった。したがって一般住民に対する被害や地域も限られたものであった。しかし、東京大空襲は今までの空襲とは根本的に異なる発想のもとに実施された。以前は1万メートル以上の高さからの爆撃であったが、このときは低空からナパーム高性能焼夷弾を用い、あるポイントを取り囲むように投下し、その中を全て焼き尽くすという、極めて残虐な方法であった。

　すでに首都の防空体制が弱体化していたこの時期、低空で突入してくる攻撃機に対してさえ、迎撃は困難を極めた。首都圏に配備された高射砲と東京近郊に配備されていた夜間戦闘機隊が迎撃したが、戦果は両者合わせて撃墜12機、損壊42機にとどまった。

　B29の防弾タンクは日本の機銃ではびくともしない頑丈なもので、唯一有効な方法は体当たりだった。前年11月24日の東京空襲で、装備を外し身軽になった機体でB29に体当たり攻撃を敢行し、1機を撃墜した。その後、B29に体当たり攻撃を行う「震天《しんてん》制空隊」が結成され、迎撃した。

　東京大空襲では３４０機以上のB29が東京上空に押し寄せたことは前述した。日本軍は体当たり攻撃も試みたが、もはやなすすべもなかった。東京の下町は焼き尽くされ、この日の被害は警視庁によれば、死者8万人以上、負傷者4万人以上、被災者１００万人以上に及んだ。実数の把握は困難で、死者・行方不明者は10万人以上といわれている

## その後も続いた都市部への空襲

　この東京大空襲後もルメイの無差別爆撃は続き、3月12日には名古屋、14日に大阪、17日に神戸、19日と25日には再び名古屋、29日には北九州と、３００機前後のB29を投入した空襲が実行された。

　そして、4月以降も断続的に大都市への空襲は実施された。例えば東京では、4月から8月にかけて63回（伊豆諸島等を含む）も空襲に見舞われたが、そのうち東京大空襲に匹敵する規模の夜間空襲が4回あり、死者は７７１３人を数えた。もちろん東京だけではなく横浜、川崎、大阪、名古屋、神戸といった大都市も繰り返し無差別爆撃にさらされている。

大阪上空に現れた米第21爆撃兵団のB29

　こうして大都市が灰燼《かいじん》に帰して、もはや焼き尽くすものがなくなると、米軍は人口10万から20万の中小都市へ無差別爆撃の目標を変えた。6月17日の鹿児島、大牟田、浜松、四日市への空襲を皮切りに、中小都市への爆撃は終戦まで続けられた。

絨毯爆撃で焼け野原と化した東京。写真は現在の墨田区両国周辺(出典:Wikimedia Commons)

空襲で爆撃を受け、黒煙を吹き上げる横浜市街

［3月26日］

# 米軍を驚嘆せしめた日本軍の戦い
# 硫黄島の守備隊玉砕

2月19日、約3万人の米海兵師団が硫黄《いおう》島に上陸した。硫黄島はサイパンと東京のちょうど中間地点にあり、日本空襲の中継点として手頃だった。マリアナから東京を空襲して戻ると約5000キロになる。この距離を、新鋭のB29は爆弾を積んで往復できるが、護衛の戦闘機は付いていけなかった。だが、硫黄島に基地を設ければ、戦闘機も日本本土へ向かうことができるのだ。

日本軍の守備隊は小笠原兵団と

栗林忠道中将

呼ばれる。兵団長は第109師団長の栗林忠道《くりばやしただみち》中将で、昨年の5月に硫黄島に赴任した。米軍の空襲が断続的に続き、約千人の住民は強制疎開した。入れ替わるように日本軍の守備隊が続々と小笠原に上陸し、約2万1000人（うち海軍が約8000人）が米軍を迎え撃った。

この島を奪取されれば、本土空襲は激しさを増す。栗林は地下陣地を造り、ペリリュー島のように徹底抗戦する戦法を取った。守備隊は米軍が上陸するまでの半年間、硫黄ガスが噴き出す地下のトンネル掘りに終始した。

また、栗林は将兵たちの使命感を高揚させるために、謄写《とうしゃ》刷りの書き物を次々と配布した。その一つ「敢闘の誓」には、「吾等《われら》ハ爆弾ヲ擁《いだ》キテ敵ノ戦車ニブッカリ之ヲ粉砕セン」「各自十人ヲ斃《たお》サザレバ死ストモ死セズ」「最後ノ一兵トナルモ『ゲリラ』ニ依ッテ敵ヲナヤマサン」など6カ条あり、部隊ごとに唱和させた。

米軍は、硫黄島のような小さな島は5日から10日で攻略できると軽く考えていた。だが、思いもよらぬ大損害を被ることになる。初日の2月19日は、猛烈な艦砲射撃と空爆後に上陸したが、洞窟陣地で耐えしのいだ日本軍の反撃により戦死者501人、戦傷者1755人を出した。上陸後の米軍は、日本軍が潜む洞窟に掘削機で穴を開けて猛毒の黄燐《おうりん》とガソリンを流し込み、火を付けるという攻撃を繰り返した。日本軍も「敢闘の誓」の通り、爆雷を抱いて米軍戦車に体当たりするなどして抵抗した。

上陸5日目の2月23日、米軍は日本軍の拠点である摺鉢山《すりばちやま》を奪取した。このとき頂上に星条旗を立てる有名な写真が撮影された。27日、米軍は島中央部の元山《もとやま》飛行場を占領し、捨て身で攻撃する日本軍将兵を根気よく撃破していった。守備隊の司令部は硫黄島の北端に追い詰められた。3月26日未明、守備隊は最後の総攻撃を仕掛けた。栗林中将の最期は諸説あり、重傷を負って拳銃自殺したとも、割腹したとも伝えられている。

硫黄島上陸2日目、日本軍最大の拠点である摺鉢山を攻撃する米軍

総攻撃の後も、硫黄島の洞窟内にはまだ6000人近い日本兵が散り散りに生存していたと推定されている。ほとんどが捕虜とならずに「最後ノ一兵トナル」まで戦い続け、終戦を迎えた。

硫黄島は、太平洋戦争の戦場で唯一米軍の死傷者が日本軍を上回る戦場となった。米軍は2万8686人の死傷者を出し、日本軍守備隊を8000人ほど上回った。

摺鉢山の頂上に星条旗を立てる5人の海兵隊員

［4月1日］

## 米軍、沖縄本島に無血上陸を果たす

米軍は当初、フィリピンの次は台湾占領を想定して検討していた。だが、攻略しやすく時間もかからず、来たるべき日本本土への進攻拠点としては沖縄の方がふさわしいとの結論に達した。

日本の大本営が予想した候補は沖縄か台湾の二つだったが、どちらかの決め手はなく、両方を同程度の兵力で防衛することにした。

1944（昭和19）年9月末の沖縄守備軍（第32軍・軍司令官牛《うし》島満《じまみつる》中将）の兵力は、第9師団、第24師団、第62師団、独立混成第44旅団だった。第32軍は、来攻する米軍との決戦準備に全力を傾け、必勝の信念に燃えていた。

ところが同年12月、精鋭の第9師団が兵力の少ない台湾へ転用されてしまった。第32軍首脳は落胆し、それでも約3分の2に減少した兵力で最善を尽くすために、大掛かりな配置転換を行った。

大本営は第9師団の代わりに第84師団を派遣すると内示したが、本土決戦論者の宮崎周一《みやざきしゅういち》作戦部長が約束を反故《ほご》にしてしまった。第32軍首脳の大本営に対する不信感は高まるばかりだった。第32軍は、第9師団の穴埋めに人数だけでもそろえようと、沖縄県民を防衛隊員として召集することにした。

日本軍は、米軍の進出に合わせて航空決戦を狙っていた。そのためには、沖縄本島の基地の確保は不可欠である。大本営、第32軍の上級司令部である台湾の第10方面軍、連合艦隊および陸海軍航空部隊は第32軍に対して、北・中飛行場の確保を強く望んだ。だが、現地の第32軍は兵力的に無理だと判断し、北・中飛行場の守りを強化しなかった。上からの命令に不信感を持つ第32軍は、要求に背いて地上戦重視の持久作戦を取ることになった。

4月1日、米軍は「鉄の暴風」と呼ばれる凄まじい艦砲射撃の後、沖縄本島に上陸した。日本軍は水際でまったく反撃せず、米軍の第1陣（約1万6000人）は無血上陸となった。

沖縄本島に上陸する米軍。戦いに備えて大量の物資と車両が揚陸された

［4月7日］

# 戦艦「大和」沈没

## 沖縄水上特攻に散った最強戦艦

戦艦「大和」は、当時世界最大最強の戦艦だった。全長270メートル、排水量6万5000トン。世界最大口径の46センチ主砲9門も備えたその破壊力は、艦隊同士の砲撃戦であればどの戦艦にも負けないはずのものであった。

だが、日本に「大和」を建造させた「大艦巨砲主義」の思想は、太平洋戦争の開始後、急速に過去の遺物となっていった。海戦の雌雄を決するのは戦艦から航空機と機動部隊に取って代わられたのだ。

伊藤整一中将

しかし、それでもなお「大和」は日本海軍の象徴的存在だった。

1月9日、米軍がフィリピンのルソン島に大挙して上陸した。翌2月になると、今度は硫黄島にも上陸が開始され、いよいよ米軍の本土への本格的侵攻が目前に迫ってきた。そして4月には、ついに米軍は日本本土である沖縄へ上陸を始めた。

### 戦艦「大和」が担った「一億総特攻の魁」

米軍が沖縄に上陸して6日目の4月6日午後3時20分、戦艦「大和」と護衛艦艇9隻が沖縄へ向け山口県の徳山湾を出港した。これは普通の出撃ではなく、「水上特攻」だった。運よく沖縄までたどり着けたら、米軍上陸地点の海岸に乗り上げて敵の艦艇と上陸軍を砲撃しまくる覚悟だった。

「大和」の特攻が決まったいきさつは、「沖縄戦では水上部隊はどうするのか」という昭和天皇の御《ご》下問《かもん》に海軍首脳部が慌てて、唐突に決まったといわれている。護衛

米軍機の波状攻撃を受ける戦艦「大和」。写真は1番砲塔に爆弾が命中した瞬間

の戦闘機も付かない出撃は、途中で米空母機に沈められるだけだと、「大和」を旗艦としていた第2艦隊司令長官伊藤整一中将は強く反対した。しかし、連合艦隊参謀長の草鹿龍之介中将の「一億総特攻の魁となってもらいたい」との言葉に、伊藤中将は出撃を受諾したのだった。

　命令を受領した「大和」だが、出港したその夜には、豊後《ぶんご》水道の南を南下中に米潜水艦に発見され、米軍の監視下に置かれることになった。

　翌7日朝、艦隊は鹿児島県薩摩半島南端沖に達した。午前10時、米軍は第1次攻撃機約200機を発進させた。午後0時30分すぎ、米軍機が巨大戦艦に襲い掛かった。「大和」は回避運動を行いながら、高角砲と機銃で迎え撃った。しかし、米軍機は爆弾2発、魚雷1本を命中させた。

　米軍はその後も執拗に雷撃と爆撃を浴びせ、午後2時17分、10発目の魚雷が左舷中部に当たり、これが致命傷となった。燃え上がる「大和」は左舷に傾き、大爆発を起こした。そして午後2時23分、日本海軍の象徴は海中に沈んでいった。同行した軽巡洋艦「矢《や》矧《はぎ》」と4隻の駆逐艦も沈没し、「大和」乗組員も含め約3700人が戦死した。

大爆発を起こして海中に沈んだ戦艦「大和」の最期

［4月7日］

## 早期の和平・終戦を目指す
## 鈴木貫太郎内閣発足

　4月7日、鈴木貫太郎内閣が成立した。

　鈴木は退役海軍大将で、当時枢密院議長だった。その経歴を見ると、軍令部長を経て侍従長を8年間務め、二・二六事件では反乱将校に襲撃されて重傷を負っている。鈴木内閣が成立したのは、沖縄特攻に出撃した戦艦「大和」が、鹿児島県薩摩半島の坊ノ岬沖で、米空母艦載機の攻撃で撃沈された日だった。

　鈴木首相は就任記者会見で「自分の内閣で戦争を終結させる」と言明した。表向きそれは「戦争に勝って終結させる」という意味に解釈されたのは当然だが、その本音は別の所にあった。それは米内光政海軍大臣や東郷茂徳外務大臣が就任を引き受けるにあたって、和平・終戦を念頭に置くという条件を出し、鈴木も同意したという経緯を見ても明らかなように、なんとか早期の終戦に導くことを目的とした。

国立国会図書館所蔵

鈴木貫太郎首相

　すでにフィリピンを失い、沖縄に上陸したアメリカ軍を撃ち破れるとは誰も思ってはいなかった。しかし、終戦とはどういう形であれ、「降伏」を意味していたため、大っぴらにはできない事柄であった。ところが、和平・終戦の構想が持ち上がったのは鈴木内閣のときが初めてではなかった。前の小磯国昭内閣のときからすでにいくつかの和平工作が進められていたのだった。

［5月7日］

# 総統地下壕でヒトラーが自殺 ドイツ、無条件降伏

4月16日、ソ連軍によるドイツ軍への最後の進撃が始まった。21日にソ連軍最初の砲弾が首都ベルリンへ撃ち込まれ、24日にはベルリンを包囲した。市内では形だけ残っていた30個師団が待ち受けていたが、すでに敗北は明らかだった。ソ連軍は27日から総攻撃を行った。

4月30日、ヒトラーは大本営の防空壕の中で愛人エヴァ・ブラウンと正式に結婚し、その直後に両人とも自殺した。もうひとりの独裁者、イタリアのムッソリーニは、2日前の28日、パルチザンに捕らえられ銃殺された上にミラノで情夫クララ・ペタッチと共に逆さ吊りにされていた。

ヒトラーは自決直前、総統と首相の地位を海軍元師カール・デーニッツへ譲っていた。早く連合国に降伏したがっていたデーニッツは、5月3日、ハンブルグに入った連合国軍のモントゴメリー司令部に、ソ連軍と戦っている部隊も含めた全ドイツ軍の降伏を申し出た。しかし、一地域の軍司令官の権限では全ドイツ軍の降伏は承認できないとして、モントゴメリーは拒否した。

翌4日、北西ドイツ、オランダ、アイスランド、シュレスヴィッヒ・ホルシュタイン（ドイツ北部の州）、デンマークに在る全ドイツ軍の降伏を申し入れた。これは認められて、文書に調印した。

西部戦線のドイツ軍はこのような形でまず降伏したのである。

1945（昭和20）年5月7日、フランスのランスで行われたドイツの降伏調印式

デーニッツはさらに、長くヒトラーの幕僚を務めてきたアルフレート・ヨードル元帥をフランス北部のランスにあるアイゼンハウアー司令部に送り込んだ。だがヨードルはすぐには降伏しようとしない。ヨードルらができるだけ多数の兵士と亡命者を米英軍占領地域に入れるような工作*をしたがっていると、米英軍司令部には映った。そこで「アイゼンハウアーは期日を限り、全面降伏を主張した」（チャーチル『第二次世界大戦4』）。

結局、ヨードルはデーニッツと電報でやりとりし、全ドイツ軍の降伏署名に関する権限を与えられたのである。

ドイツの降伏にベルリンのブランデンブルク門前で歓喜するソ連軍の兵士たち

## 降伏文書を巡り2度降伏したドイツ

5月7日、ヨードルは全面的無条件降伏文書に署名した。連合国軍の署名者はアイゼンハウアーの参謀長ベデル・スミス将軍だった。フランスとソ連の将校が立ち会い人となった。

翌々日の9日早朝、今度はベルリンで「ドイツ最高司令部による正式批准」（『第二次世界大戦4』）が行われた。このときは、アイゼンハウアーの代理としてテダー空軍大将、ソ連軍代表としてジューコフ元帥、ドイツ軍代表としてカイテル元帥がそれぞれ署名した。結局、降伏のための署名を2回行ったことになる。

ベルリンでの調印前に、ドイツ無条件降伏の事実は伏せられていた。しかし、そのことが事前にマスメディアに漏れてしまった。この件を黙っているわけにもいかず、チャーチル英首相とトルーマン米大統領は互いに打ち合わせ、ベルリンにおける調印前日の5月8日を「VEデー」、つまり「ヨーロッパ勝利の日」として布告したのである。

降伏文書はまた「この軍事的降伏文書は今後ドイツおよび軍隊全体に適用される」と明記し、署名者は軍代表者だけで、政府代表者の署名はない。ナチス政府が崩壊していたため、その後の政府（デーニッツの形式的な内閣はあったが）は公式に戦争を終えさせる手段を失っていたとみなされた。ドイツは国家消滅という事態の中で降伏し、それは必然的に無条件降伏となったわけである。

国家組織が壊滅していたから、勝利国である連合国は、旧ドイツ領土と国民を改めて組織し直す必要に迫られた。その基本原則を示したのが、6月5日の「ベルリン宣言」だった。ドイツ政府が消滅した状態で戦争終結状態を迎えたので、ドイツの主権を米英仏ソの4カ国が掌握すると宣言したのである。

*工作：ドイツは停戦交渉で時間を稼ぎながら、米英仏とソ連を敵対させようとしていた。

[6月23日]

# 沖縄の組織的戦闘、終結
## 県民も動員された本土唯一の戦い

日本本土で住民を巻き込んで行われた唯一の地上戦が沖縄の戦いである。沖縄に上陸した米軍は軍政を敷き、終戦後の1972（昭和47）年まで沖縄を施政下に置いた。現在まで続く駐留米軍の基地問題の起点にあるのが、沖縄の地上戦であるといえる。

4月1日、硫黄島を制圧した米軍は太平洋戦争最大の兵力（最終的に18万人）をもって沖縄本島に上陸した。レイモンド・スプルーアンス大将に率いられた1300隻の大艦隊である。

牛島満中将

日本本土では焼夷弾による大空襲で、大都市や軍需施設が焼き尽くされていた。陸軍は本土決戦必至とみて準備に追われた。大本営と皇居を長野県松代《まつしろ》の地下壕に移す計画も進んでいた。硫黄島同様に、本土決戦を1日でも遅らせるための〝捨て石〟となるのが沖縄に課せられた役割である。県民に対する避難計画や安全確保は後回しだった。

沖縄本島では牛島満中将率いる第32軍司令部が首里城の地下に陣地を置いた。米軍の上陸が予想される読谷《よみたん》、嘉手納《かでな》地区にはわずかな部隊しか置かず、島南方で待ち構えた。

沖縄と同様に米軍上陸が予想されていた台湾へ守備隊の一部が移動していたため、沖縄の兵力は不足していた。その補充として、20歳以上の若者約4万人が召集された。しかし、それでも兵力が十分でないとして、16歳から45歳までの約2万5000人が防衛隊として召集される。さらに師範学校や中学校、専門学校、高等女学校の生徒も徴用された。

1761人の男子生徒は「鉄血《てっけつ》勤皇《きんのう》隊」と名付けられ、直接戦場に投入された。543人の女子生徒は救急看護衛生班となった。このうち沖縄師範学校女子部と県立第一高等女学校の222人の女子生徒と18人の教師が「ひめゆり学徒隊」と命名された。

### 敗退する日本軍と行動を共にする県民

日米の戦力差は圧倒的だったが、九州や台湾からは連日特攻機が沖縄を目指した。沖縄への特攻は終戦までに陸海軍合わせて2000機以上を数え、約3300人が戦死した。

沖縄戦のころには海軍の兵力はまったく底を突き、ついに戦艦「大和」も護衛の航空隊すらないまま海上特攻に出撃した。米軍上陸地点の海岸に乗り上げて米艦艇を撃ちまくるという破れかぶれの作戦だったが、4月7日、沖縄にたどり着く前に鹿児島県の坊ノ岬沖で米空母機に撃沈された。

本土では、繆斌*《みょうひん》を通した対重慶和平工作の失敗と米軍の沖縄上陸により、4月5日に小磯国昭内閣が総辞職し、「大和」が沈没した4月7日に鈴木貫太郎内閣が成立した。

沖縄の守備隊は、時に大規模な突撃を行いながらも持久戦を続けた。しかし、米軍の進撃に伴って、5月末には司令部を首里から島の

＊繆斌：南京国民政府（汪兆銘政権）の要人。小磯国昭内閣は1945（昭和20）年3月から、繆を通じて蒋介石の重慶国民政府との和平工作を画策した（繆斌工作）。

南端の摩文仁《まぶに》に下げた。首里や那覇付近では取り残され犠牲となった県民も多く、一部は軍と共に南下した。追い詰められた県民と部隊が同じ自然壕に身を潜め、赤ん坊の泣き声を制するために母親が自ら幼子を窒息死させるといった悲劇もあった。米軍に投降しようとする住民に日本兵が自決を強いるケースもあったという。

日本軍陣地を火炎放射戦車で攻撃する米軍。日本兵は砲弾が尽きると爆弾を抱えて体当たり攻撃を行った

## 牛島司令官の自決とひめゆり学徒隊の悲劇

米軍上陸から79日目の6月18日、第32軍の組織的戦闘が終わった。各部隊との連絡が取れなくなり、牛島司令官が指揮を放棄したのだ。この日、ひめゆり学徒隊にも解散命令が出た。生徒たちは陸軍病院が使っていた壕を出て、自力で行動することを余儀なくされた。3月の動員から解散命令が出るまでのひめゆり学徒隊の犠牲者は19人だったが、解散命令後のわずか数日で100人余りが命を落とした。

6月23日、牛島司令官と長勇《ちょういさむ》参謀長は摩文仁洞窟で自決した。沖縄での戦没者は、第32軍が約6万5000人、沖縄県民は県人口の約30パーセントにあたる14万*8000人超だった。米軍の損害も戦死者、負傷者、行方不明者を含めて4万1700人に上った。

沖縄戦では多数の住民が犠牲になった。写真は壕の中から米兵によって救出される母子

米軍は沖縄戦が行われている最中の5月10日、半年後の11月1日に南九州に上陸する「オリンピック作戦」を決定した。だが、沖縄での日本軍の抗戦の激しさから、本土決戦は多大な犠牲が予想された。そのため、上陸前に原爆を投下して日本の降伏を早めようという米軍の思惑が、現実味を帯びて計画されるのである。

[6月23日]

## 全国民を軍隊に編入「義勇兵役法」を施行

太平洋戦争が始まったとき、日本男性の兵役義務は17歳から40歳だった。開戦2年後の1943年(昭和18年)秋、上限が45歳まで引き上げられている。

3月、「国民義勇隊法」が成立し、国民学校初等科修了以上の男女で、65歳以下の男子、45歳以下の女子は、全て学校、職場、地域などで編成される「国民義勇隊」に徴集されることになった。免除されるのは妊婦や病人のみである。そして6月23日に「義勇兵役法」が公布され、本土決戦の際に国民義勇隊が「国民義勇戦闘隊」に転移されることになった。対象は男子が15歳から60歳、女子は17歳から40歳の全員で、国民義勇隊よりやや狭いが、義勇戦闘隊員は軍に準ずる役割を期待された。

*14万8000人超：沖縄県出身の軍人軍属約2万8000人、一般住民約9万4000人が戦死したが、避難先や離島でマラリアによる病死や餓死などで死亡した県民も少なくなかった。

### ソ連政府への終戦工作が不首尾に終わる

日本に残された道は本土決戦だけである。6月8日、御前会議で本土決戦を含めた徹底抗戦が決定した。軍人だけでなく国民全てが捨て身の戦いに挑むのだ。大本営陸軍部が編集した『国民抗戦必携』には、「一人一殺でよい。とにかくあらゆる手を用いてなんとしてでも敵を殺さねばならない」とある。手にする武器すらままならないにもかかわらず、軍部は「一億玉砕」「全軍特攻」を力説した。

一方で、政府はソ連を仲介役として終戦工作にも着手した。ソ連は、翌年に期限切れとなる「日ソ中立条約」の不延長をこの4月に通告してきていた。だが、米英から日本に有利な講和条件を引き出せるとすれば、ソ連しかないというのが日本政府の判断だった。

しかし、ソ連は米英ソ首脳による2月のヤルタ会談で対日参戦の密約を交わしていた。中立条約の不延長もその密約実行のためだった。ヤルタの密約など知らぬ日本政府は、そのソ連相手に和平交渉を始めたのである。

交渉はのらりくらりとソ連にあしらわれ、遅々として進まなかった。そこで近衛文麿が天皇の特使としてソ連へ派遣されることとなった。7月13日、和平交渉のため近衛をモスクワに派遣したい旨をソ連に伝えた。しかし18日、ソ連から来た返答は、具体的提議がなく特使派遣の目的が不明のため回答できないというものだった。

ソ連にとって単なる時間稼ぎであり、このときスターリン首相はドイツ・ベルリン郊外のポツダムでトルーマン米大統領、チャーチル英首相と、日本の無条件降伏について会談していたのだ。

[7月26日]

## 「ポツダム宣言」発表　日本政府は降伏勧告を「黙殺」

7月26日、ドイツのポツダムでアメリカ、イギリス、中国による対日降伏勧告宣言、いわゆる「ポツダム宣言」が発表された。ソ連は対日参戦していないため、まだ宣言に名を連ねていなかった。

ポツダム宣言を受けて、日本では激しい議論が展開された。首相、外相、陸相、海相、参謀総長、軍令部総長が出席する最高戦争指導会議構成員会議では、豊田副武*軍令部総長が統帥部を代表して強硬に宣言の拒否を主張した。会議の席にいた内閣書記官長の迫水久常《さこみずひさつね》は書いている。

「いろいろ論議はあったが、目下対ソ交渉中であるので、ソ連の回答を待って処理することとしてもおそくはないとの意見が強く、結局、この際はこの宣言の諾否をきめず、一応事態の推移をみることに方針を決めたのであった」（迫水久常『機関銃下の首相官邸』）

そして政府は公式発表せずに、新聞はなるべく小さく扱うように指導することも決まった。

28日の新聞は政府の方針通りポツダム宣言の内容が小さく報道された。ところが軍部から、この宣言をそのままにしておくと士気に影響するため、これを無視するとの正式発表を政府は行うべしとの強硬な申し入れがあった。

鈴木貫太郎首相は記者会見を開き、「この宣言はカイロ宣言*の焼き直しで、政府としては重く見ていない。ただ黙殺するのみである。われわれは戦争完遂に邁進する」

*豊田副武軍令部総長：連合艦隊司令長官を経て、1945（昭和20）年5月29日に軍令部総長に着任した。
*カイロ宣言：1943（昭和18）年12月1日にアメリカ・イギリス・中国の3首脳によって発表された、日本の無条件降伏と戦後処理に関する基本方針。

とコメントを発表した。

　この「黙殺」発言は、実は陸海軍省の両軍務局長と迫水書記官長が話し合いで文言を決めたものだった。新聞記者に「ポツダム宣言に対する首相のお考えは?」と質問させて、首相が答えるというのも筋書き通りだった。だが、これが思いもよらない重大事を引き起こしてしまう。

1945(昭和20)年7月から8月にかけて開かれたポツダム会談の様子

　日本政府のポツダム宣言「黙殺」声明は7月30日、新聞各紙で報じられた。諸外国でも取り上げられ、「リジェクト」(拒絶する)と強い調子で報道された。文言を考えた迫水は、日本政府は「ノーコメント」程度のつもりで発したのだが、同盟通信社が海外向けに「イグノア」(無視する)と訳し、海外の新聞に「リジェクト」という言葉で報道されてしまったと釈明している。

　ポツダム宣言発表の2週間後、「私の役割は終えた」として、陸軍長官を辞任したヘンリー・スティムソンは述懐している。

「7月28日、日本の鈴木首相は、ポツダムからの最後通告を拒否した。宣言の拒否にあって、わが方は最後通告で述べた内容を実地に示す処置を執るだけとなった。すなわち日本が戦争を継続するならば、一切のわが軍事力を以て、断乎日本の武力を撃滅し、又本土を完膚なきまでに破壊することもやむを得ない実情に迫られた。この目的のためには原爆が最も適当な武器であった」(L.ギオワニティ、F.フリード『原爆投下決定』)

　本当のところ、トルーマン大統領が原爆投下命令書にサインしたのは、ポツダム宣言が出される前の7月25日である。だが、スティムソンが述べたような「日本が最後通告を拒否したから、アメリカは原爆を投下せざるを得なかったのだ」というロジックが戦後、通用してしまった。

　同様に、ソ連の対日参戦にも口実を与えてしまった。ソ連はすでにヤルタ会談やポツダム会談で米英に対日参戦を約束していた。にもかかわらず「降伏を拒否する日本に対して、連合国の一員となって戦争の終了を促進するため」と宣言して、8月8日午後6時(日本時間9日午前0時)に参戦した。

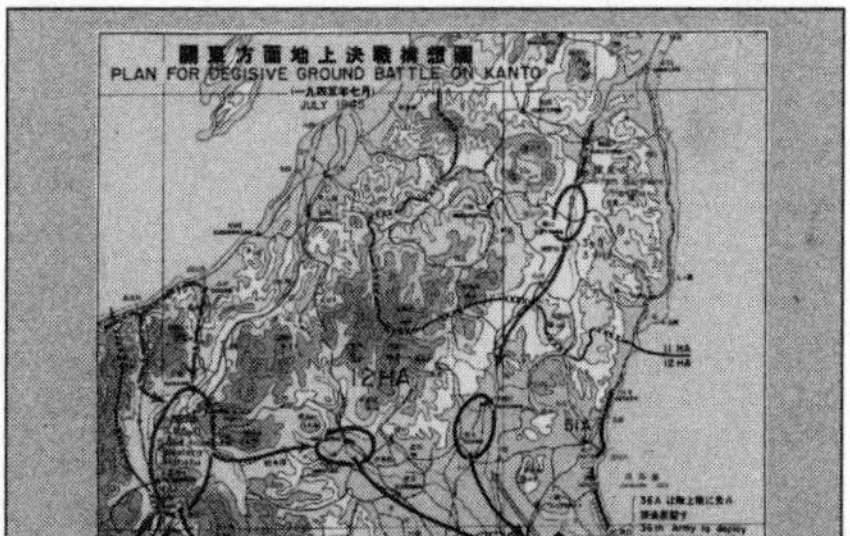


「マッカーサー元帥レポート関係文書」に収録された、米軍の関東への侵攻を想定した日本軍の『関東方面地上決戦構想図』(1945年7月)　国立国会図書館所蔵

原爆の爆発によって発生したキノコ雲。爆心地の地表面は3000度～4000度にも達した

［8月6日］

# 広島に原子爆弾投下

## 世界で初めて投下された新型爆弾

7月16日、アメリカ・ニューメキシコ州アラモゴードの砂漠で、最初のプルトニウム型原子爆弾の爆発実験が成功した。「マンハッタン計画」という暗号名で進められたこの原爆開発プロジェクトには、20億ドル以上の巨費と12万人以上の科学者たちが動員された。文字通りの国家的プロジェクトだった。

原爆の投下場所については、最終的に5月2日から始まった目標選定委員会で決められることになった。このころ、すでにベルリンが陥落しドイツの降伏が決定的になっていた。そのため、原爆投下の候補地はおのずと日本国内に絞られることとなったのである。5月28日、目標選定委員会は小倉（現・北九州市）、京都、広島、新潟を候補地に選んだ。小倉には日本最大の弾薬工場があり、京都は盆地であるので原爆の効果測定に最も適している。広島は日本軍の輸送船団集合地であるし、新潟にはアルミ工場がある他、輸送船の終着港となっていたからだ。

京都が候補地に選ばれたのを知って、強く反対したのはヘンリー・スティムソン陸軍長官だった。スティムソンはフィリピン総督時代に来日した際に京都を訪れ、多くの文化遺産が残る町並みに感

広島に投下されたウラニウム型原子爆弾「リトルボーイ」

銘を受けていたのだという。スティムソンはトルーマン大統領にまで働き掛け、候補地から京都を除外させた。そして京都の代わりに選ばれたのが長崎だった。

広島が第1候補、小倉が第2候補、長崎が第3候補と決まった。広島が第1候補に選ばれた理由は、連合国軍捕虜の収容所が広島にだけなかったからである。

## 「リトルボーイ」が広島へ投下される

8月6日午前2時45分、B29爆撃機「エノラ・ゲイ」がマリアナ諸島のテニアン島を出撃した。機内には「リトルボーイ」と名付けられたウラニウム型原爆が搭載されていた。

午前7時25分、広島上空に向かった先発の気象偵察機から、「広島上空はほぼ快晴である」という報告が入った。そして午前8時15分、「エノラ・ゲイ」は市の中心を流れる元安川と旧太田川（本川）の分岐点に架かる相生橋《あいおい》の上空1万1000メートルで爆弾投下のスイッチを押した。同16分、「リトルボーイ」はその効果を最も発揮することができる地上から576メートルの距離で炸裂した。閃光と同時に熱線が襲い、広島市街は一瞬で壊滅した。

当時、広島市内には約42万人の日本人と徴用などで動員された朝鮮人が数万人いたといわれている。原爆投下直後から市街は炎に包まれ、木造家屋は焼失し鉄筋の建物も倒壊した。

原爆投下から約1カ月後の死者は約17万人、その年の12月末までには約20万人の死者を出したと推定されている。その後も人類が初めて体験した放射能による後遺症で死者は増え続けていった。

原爆投下機「エノラ・ゲイ」から手を振るポール・ティベッツ機長（第509混成部隊指揮官）

[8月8日]

# ソ連、日本に宣戦布告
## 関東軍はいち早く満州から撤退

8月8日、モスクワ。近衛文麿特使とソ連による終戦調停の申し入れに対する回答を待っていた佐《さ》藤尚武《とうなおたけ》駐ソ大使は、モロトフ外相から対日参戦を宣言したことを伝えられた。

ソ連の対日参戦宣言は、日本が「ポツダム宣言」を拒否したので日本のソ連に対する調停申し入れは「全く其の基礎を失った」とし、8月9日より日本と戦争状態に入るべき旨通告した。ソ連は、アメリカによる日本への原爆投下を知るや、「8月15日を期しソ連軍を満州国に突入させ、中国から日本軍を駆逐する」との確定の期日を6日も早めたのである。

翌9日、極東ソ連軍は、モンゴル人民共和国南部国境～沿海州～樺太国境に至る5000キロ以上にわたる全戦線でいっせいに攻撃を開始した。

迎撃するはずの関東軍（総司令官山田乙三《やまだおとぞう》大将）は、その精鋭部隊を南方や内地（日本国内）に転用され、在留邦人を「根こそぎ動員」して75万人に充足していたが、訓練不十分、装備劣弱な弱体部隊でしかなかった。火砲が皆無の野戦重砲兵連隊も存在していた。

同日、大本営は「関東軍は主作戦を対ソ作戦に指向し皇土朝鮮を保衛する如く作戦す」と命令。10日には「朝鮮を保衛すべし」として関東軍総司令部の「転移」を許可。関東軍主力は12日に新京《しんきょう》から朝鮮国境近くの通化《つうか》へ退却するが、在留邦人は置き去りにされた。

[8月9日]

# 天候の変化が呼んだ悲劇
## 長崎への原爆投下

8月6日に世界最初の原子爆弾（ウラニウム爆弾）が広島に投下されて3日後の9日午前2時30分、チャールズ・スウィーニー少佐の操縦するB29「ボックス・カー」がマリアナ諸島のテニアン島から離陸した。「ボックス・カー」は弾倉に「ファットマン」と名付けられたプルトニウム爆弾を抱えていた。

「ボックス・カー」の目標は陸軍造兵廠や工場が建ち並ぶ小倉（現・北九州市）だった。「ボックス・カー」は午前9時ごろ、小倉上空に姿を現した。しかし、目標となる造兵廠、工業地区は雲に覆われていた。「ボックス・カー」は小倉上空を何度も旋回して、原爆投下のチャンスを待った。しかし、小倉を覆っている雲に晴れる様子は見られなかった。

「ボックス・カー」は目標の上空を50分も飛び、3回も爆撃態勢に入った。しかし、燃料も不安になってきたため、第2目標である長崎に向かうことになった。

### 爆心地となった長崎・浦上地区の惨状

「ボックス・カー」は小倉を離れてから約20分後に長崎上空に達した。投下目標地点は旧市街の中心部だった。長崎もまた、小倉と同じように雲に覆われていた。しかし、わずかな雲の切れ間から地上が見えた。

そして午前11時2分、「ファットマン」は三菱重工長崎兵器製作

灰塵に帰した長崎市。原爆によって1945（昭和20）年12月までに、死者7万3884人、負傷者7万4909人を数えた（長崎市原爆資料保存委員会調査による推計）

所住吉トンネル工場と、三菱重工長崎製鋼所第一工場のほぼ中間の地点で爆発した。爆心地から半径2キロメートル以内にあった建物はほとんどが倒壊した。

長崎のキリスト教信仰のシンボルである浦上天主堂は爆心地からわずか500メートルしか離れていなかった。爆発により煉瓦《れんが》は一瞬にして崩れ落ち、数本の柱と壁だけを残して崩壊してしまった。浦上天主堂を教区とする信者は約1万2000人、そのうち約8000人が犠牲になった。

同じように爆心地から半径2キロメートル以内にあった長崎医科大学、城山国民学校、長崎刑務所浦上支所、浦上駅、三菱の所工場なども甚大な被害を受けた。

城山国民学校では生徒こそ登校していなかったものの、学校職員とこの学校に疎開していた三菱重工長崎兵器製作所の職員（勤労動員された女子学生を含む）合わせて158人のうち、138人が死亡した。

こうした爆心地から2キロメートル四方の惨状は、原爆の強力な熱線によって人や動物がほとんど即死の状態となった。建物はことごとく破壊され、樹木も爆風によってなぎ倒され炎上した。

爆心地は長崎駅から北北西へ約2・5キロ離れている。長崎市の中心部にある長崎駅や県庁、市役所、市公会堂、また浜町、思案橋などの繁華街がある旧市街は、新市街の浦上地区とは金比羅《こんぴら》山を中心とする丘陵によって隔てられていた。そのため、原爆による熱線や爆風による直接の影響は浦上地区に限られた。

しかし、浦上地区から長崎港までは丘陵に挟まれたほぼ1キロ幅の低地があった。原爆の熱線と爆風はその低地を港へ向かって進み、長崎駅や県庁の建物は原爆の炸裂から1時間半後に発火し全焼した。ただ大部分の旧市街区は丘陵のおかげで壊滅を免れた。

被災した戸数は長崎市内全戸数36パーセントの約1万8400戸で、このうち全焼が1万1600戸と大部分を占めた。

［8月14日～15日］

# 「ポツダム宣言」を受諾
## 「聖断」で決定された無条件降伏

「終戦」を告げる昭和天皇のラジオ放送を聴く人々。国民は初めて天皇の肉声を聴いた

長崎に原子爆弾が投下された8月9日、日本は早朝からもう一つの激震に襲われていた。終戦の仲介を頼もうとしているソ連から、なんと宣戦を布告されたのである。そして130万のソ連軍が、満州と朝鮮の国境を突破してなだれ込んできたのだ。ソ連参戦を知った鈴木貫太郎首相や東郷茂徳外相ら政府首脳は、「ポツダム宣言」をそのまま受諾する腹を固めた。

宮中でも木戸幸一内大臣からソ連参戦を伝えられた昭和天皇が、戦局収拾について鈴木首相と話し合うよう意志を伝えていた。午前11時少し前から最高戦争指導会議構成員会議が開かれた。

構成員会議は紛糾した。ポツダム宣言をそのまま受け入れるべきだという鈴木首相、東郷外相、米内光政海相に対し、阿南惟幾《あなみこれちか》陸相、梅津美治郎《うめづよしじろう》参謀総長、豊田副武軍令部総長の3人は、受諾について四つの条件を出してきた。

①国体の護持　②保障占領（日本本土は占領しないこと。もし本土占領が行われるとしても、その地域はできるだけ少なくすること）③武装解除は日本の手で行うこと④戦争犯罪は日本側で処分すること――だった。

会議は途中で中断や休憩を挟み、夜に入っていった。

ソ連参戦に続く長崎への原爆投下と、激しく動く戦局に、皇族の高松宮《たかまつのみや》や近衛文麿、重光葵《しげみつまもる》元外相らも終戦工作に動きだした。彼らは、天皇の「聖断」によって一挙に終戦に持ち込もうと、木戸内大臣に働き掛けを強めた。

午後11時50分、最高戦争指導会議構成員による御前会議が開かれた。この会議には前述の6人のメンバーの他に平沼騏一郎《ひらぬまきいちろう》枢密院議長が密かに呼ばれていた。「ポツダム宣言」の受諾は条約行為のため、枢密院の承認が必要になるからである。

会議は昼間と同じく東郷、米内、それに平沼の「終戦やむなし」派と、阿南、梅津、豊田の「本土決戦」派が対立したままだった。

日付が変わった午前2時、鈴木首相は天皇の前に進み出て判断を仰いだ。天皇は「それならば、私が意見を言おう」と身を乗り出し、まず東郷外相の意見を支持する旨を述べ、こう言った。

「この際、忍びがたいことも忍ばねばならぬ。私は三国干渉のときの明治天皇をしのぶ。私はそれを思って戦争を終結することを決心したのである」

聖断は下された。8月10日午前2時30分だった。「ポツダム宣言」受諾の電報は、ただちにスイスとスウェーデンの日本公使館を通じて連合国側に伝えられた。そして8月12日午前3時、アメリカのジェームズ・バーンズ国務長官起草の連合国側の対日回答案を同盟通信社が受信した。そこには「天*皇および日本政府の権限は連合国軍最高司令官に〝従属〟する」とあった。

8月14日の午前11時から、連合国からの回答を受諾するか、それとも拒否するかの御前会議が開かれた。鈴木首相はこれまでの経過を説明し、改めて反対のある者から意見を述べて、その上で聖断を仰ぎたい旨を言上した。阿南陸相、梅津参謀総長、豊田軍令部総長の3人は戦争の継続を主張した。

天皇はうなずいて聞いたのち、「他に意見がなければ、私の意見を述べる」と言うと、話し始めた。

「私は世界の現状と国内の事情とを十分検討した結果、これ以上戦争を継続することは無理だと考える……。このうえ戦争を続けては、結局わが国がまったく焦土となり、万民にこれ以上の苦悩をなめさせることは、私としては実に忍びがたい……。私は、明治大帝が涙をのんで思い切られたる三国干渉当時の御苦衷《ごくちゅう》をしのび、この際、耐えがたきを耐え、忍びがたきを忍び、一致協力、将来の回復に立ち直りたいと思う……。この際、私としてなすべきことがあれば何でもいとわない。国民に呼び掛けることが良ければ、私はいつでもマイクの前にも立つ」

最後の聖断が下り、御前会議は正午に終わった。ただちに終戦の詔勅《しょうちょく》が議論され、午後8時30分、鈴木首相は詔書案を奉呈した。そして午後11時には公布の手続きが終わり、天皇は午後11時20分、執務室に立てられたマイクの前に立ち、『終戦の詔書』を2回朗読してレコードへの吹き込みを終えた。翌15日正午に、NHKから放送された『玉音放送』は、このレコードがかけられたのである。

終戦の詔勅に皇居前に詰め掛けて敗戦を詫びる国民

＊「天皇および日本政府の権限は連合国軍最高司令官に〝従属〟する」：連合国側の回答文に、「国体護持（天皇制の維持）」が保障されないとして、陸軍省将校らによる終戦阻止のクーデター未遂事件が起こった（宮城事件）。

[9月2日]

# 米戦艦「ミズーリ」艦上で降伏文書に調印

8月15日の『玉音放送』で全ての戦闘が終わったわけではない。8月9日にソ連が侵攻した満州では、15日以降も戦いが続いていた。当時、満州に駐屯する関東軍の兵力は24個師団、78万人と数だけはそろっていたが、精鋭部隊は1943（昭和18）年半ばから次々と太平洋方面に抽出されていたので、現地の男子を「根こそぎ動員」した見せかけの軍隊で、装備も整っていなかった。

関東軍は満州全土の防衛を諦め、新京以南から朝鮮国境にかけての地域を守ることを決めていた。しかし、この方針は満ソ国境近くに入植している開拓団には知らされなかった。開拓団を引き揚げさせる輸送手段がなかったし、引き揚げによって関東軍が守勢に入ったことをソ連軍に知られたくなかったからである。

開拓団は根こそぎ動員によって青壮年の男子をほとんど召集されており、ソ連軍が攻めてくると老人や婦女子だけの逃避行を余儀なくされ、集団自決や残留孤児・婦人といった悲劇に見舞われた。

ソ連軍は満州だけでなく、当時日本領だった南樺太（サハリン）や千島列島にも侵攻した。

樺太へは満州侵攻と同時に攻撃を開始し、8月15日をすぎても戦闘を止めなかった。特に※真岡《まおか》（ホルムスク）では、停戦交渉に訪れた日本の軍使を殺害してまで戦闘を続行した（23日に停戦）。大泊《おおどまり》（コルサコフ）でも、25日に日本海軍の軍使を殺害して戦闘を続行している。

千島列島北端の占守島《シュムシュ》にソ連軍約8800人が上陸したのは8月18日だった。約1万3000人の守備隊は反撃を加え、戦車隊が半減し370人ほどの戦死者を出したが上陸軍を粉砕、ソ連軍の犠牲者は3000人余りに上り、全滅も覚悟したという。占守島の戦いは、日本が自ら停戦して21日に終わったが、その後もソ連軍は千島列島を南下し、28日から9月5日にかけて北方領土を占領した。

その後、ソ連は「ポツダム宣言」を無視して日本軍捕虜をシベリアに連行し、鉄道やダム建設などに使役した。その数は70万人ともいわれ、酷寒のシベリアで少なくとも6万人が犠牲となったという。抑留者の帰国が始まったのは翌年の12月からで、最後の引揚船が京都・※舞鶴港に入港したのは1956（昭和31）年12月のことであった。

国境を突破して満州国に侵攻するソ連軍の戦車部隊を見つめる住民

## 敗戦を実感させた両元帥の会見写真

連合国軍最高司令官ダグラス・マッカーサー元帥が厚木飛行場に降り立ったのは、終戦から半月後の8月30日であった。マッカーサーの最初の仕事は、9月2日、東京湾に停泊する米戦艦「ミズー

＊真岡（ホルムスク）：ソ連の参戦で内地への避難が進む中、真岡町の郵便局電話交換手の女性9人が任務を受けて残留していたが、ソ連軍上陸の報を受けて集団自決するという事件が起きた。

リ」で行われる降伏文書調印式に臨むことだった。

日本からは政府を代表して重光葵外相（敗戦後に再任）、軍部代表として梅津美治郎参謀総長が出席し、まず降伏文書に重光と梅津が署名した後、マッカーサーと米国代表チェスター・ニミッツ元帥が署名、さらに中国、イギリス、ソ連、オーストラリア、カナダ、フランス、オランダ、ニュージーランドの順に、それぞれの代表が署名して式典は終了した。

米戦艦「ミズーリ」上で行われた降伏文書調印式に臨む日本代表団

間もなく米軍の日本進駐が本格化して全国にジープとヤンキーの姿が散見されるようになった。また「詔承必謹《しょうしょうひっきん》」、すなわち天皇の命令には従うという意識が徹底していたおかげで、外地にある日本軍の降伏、内外の武装解除も粛々と行われた。

9月27日、昭和天皇は東京・虎ノ門のアメリカ大使館を訪れて、マッカーサーと会見した。

このとき天皇は、「私は、国民が戦争遂行にあたって政治、軍事両面で行った全ての決定と行動に対する全責任を負う者として、私自身をあなたの代表する諸国の裁決に委ねるためにお訪ねした」と発言して戦争責任に言及、マッカーサーをいたく感動させたといわれる。

もっとも、昭和天皇の没後に発表された公式記録では、「此ノ戦争ニ付テハ、自分トシテハ極力之ヲ避ケ度イ考デアリマシタガ戦争トナルノ結果ヲ見マシタコトハ自分ノ最モ遺憾トスル所デアリマス」（2002年10月17日付『朝日新聞』夕刊より）と、天皇は戦争責任に踏み込んだ発言をしていないという。

もちろん、こうした内幕は当時発表されず、このとき国民を驚かせたのは、翌々日の紙面に掲載された、軍服の襟を開いてリラックスするマッカーサーと、モーニング姿で直立する天皇との対照的なツーショット写真であった。この会見写真は帝国陸海軍に屹立《きつりつ》する大元帥・天皇が、米国の元帥の風下に立ったことを象徴するシーンでもあった。

この会見から約2カ月後、12月1日付で陸軍省と海軍省は廃止され、帝国陸海軍80年の歴史は幕を閉じた。

昭和天皇とマッカーサーの会見写真。両者の会見は都合11回にも及んだ

＊舞鶴港：1945(昭和20)年9月28日、舞鶴港の他に浦賀、横浜、仙崎、呉、門司、下関、博多、佐世保、鹿児島の各港が引揚港に指定された。

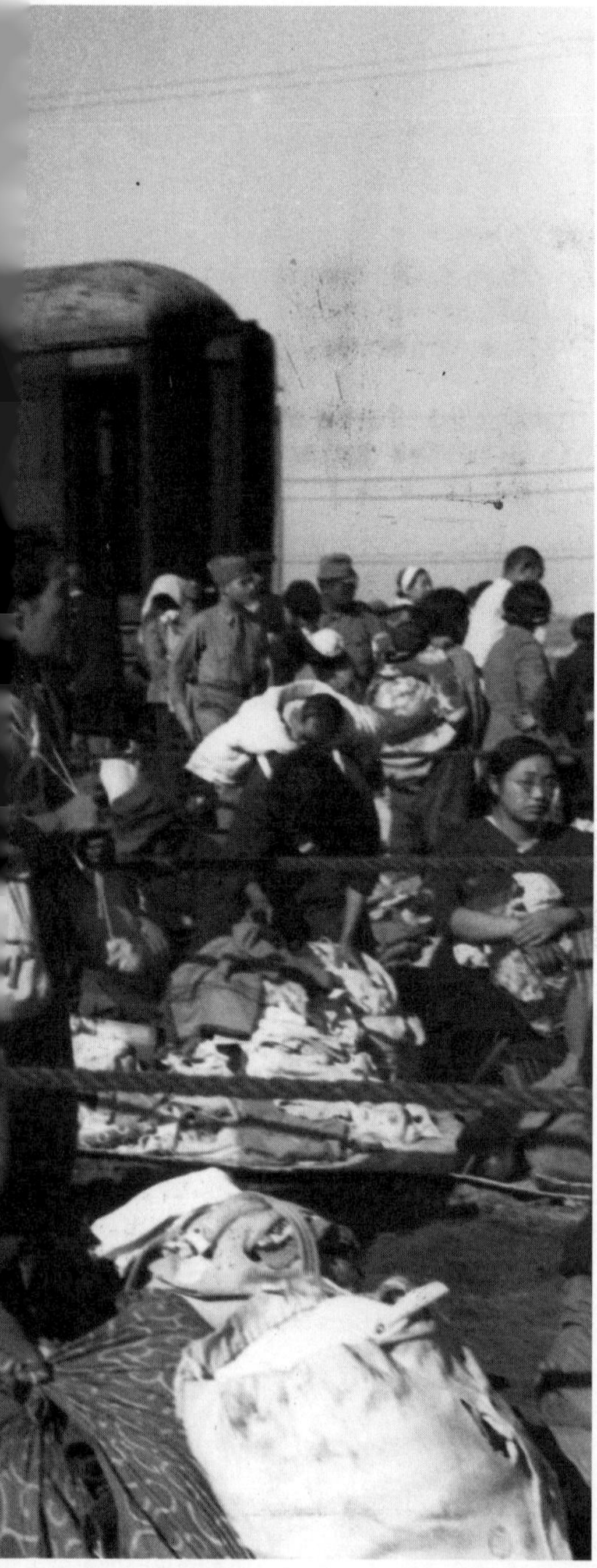

敗戦後、海外には600万人を超す一般邦人、軍人軍属が取り残された。日本の植民地などに居住していた人々は持てるだけの荷物を抱えて日本への帰還を目指した。写真は中国地区の引揚船乗船地の一つ、塘沽(タンクー)に到着した引揚者の一行

# 日中戦争・太平洋戦争関係略年表

| 年 | 主な出来事（国内・海外情勢） |
|---|---|
| 1894年（明治27年） | 7月16日▼日英通商航海条約調印。7月25日▼日清戦争（1895年4月17日、日清講和条約締結）。 |
| 1900年（明治33年） | 6月～8月▼北清事変。義和団が北京の各国公使館を包囲。義和団を支持する清朝の宣戦布告に対して、日本を含む8カ国の連合軍が出動。10月19日▼第4次伊藤博文内閣成立。 |
| 1902年（明治35年） | 1月23日▼八甲田山雪中行軍遭難事件。30日▼第1次日英同盟締結（その後、23年8月まで第3次にわたって条約を継続）。 |
| 1904年（明治37年） | 2月10日▼日露戦争（05年9月5日、ポーツマス条約締結）。日本は、ロシアが中国から租借していた遼東半島南端（関東州）、東清鉄道支線（長春～旅順間）とその鉄道付属地の租借権を譲渡される（06年11月26日に南満州鉄道株式会社を設立）。 |
| 1907年（明治40年） | 7月30日▼第1次日露協約調印（その後、ロシア革命が起こるまで第4次にわたって協約を継続）。10月18日▼ハーグ陸戦条約（陸戦ノ法規慣例ニ関スル条約）改正締結（日本は11年11月6日に批准）。 |
| 1910年（明治43年） | 8月22日▼日韓併合条約に基づき、日本が韓国を領有（日韓併合）。9月30日に朝鮮総督府を設置。 |
| 1911年（明治44年） | 2月21日▼日米通商航海条約調印。8月30日▼第2次西園寺公望内閣成立。10月10日▼辛亥革命（12年2月、清国の皇帝・愛新覚羅溥儀が退位し、中華民国成立）。 |
| 1914年（大正3年） | 4月16日▼第2次大隈重信内閣成立。7月28日▼第1次世界大戦勃発。8月23日▼日本がドイツに宣戦布告、連合国側として第1次世界大戦に参戦。ドイツ租借地の中国・山東省の青島とドイツ領土の南洋諸島を攻略。 |
| 1915年（大正4年） | 1月18日▼日本政府、中華民国政府に対華21カ条要求（5月9日、袁世凱政権が要求を受託）。 |
| 1917年（大正6年） | 3月・11月▼ロシア革命。※当時のロシア暦に合わせて、二月革命・十月革命と呼ばれる。 |
| 1918年（大正7年） | 8月12日▼日本軍、シベリアに出兵。ウラジオストク上陸（22年10月に撤兵）。9月29日▼原敬内閣成立。11月11日▼第1次世界大戦終結（ドイツと連合国が休戦条約調印）。 |
| 1919年（大正8年） | 6月28日▼ベルサイユ条約締結。日本は中国・山東半島におけるドイツの権益を継承、赤道以北のドイツ領南洋諸島を委任統治する。 |
| 1920年（大正9年） | 1月10日▼国際連盟発足（日本は常任理事国）。2月24日▼ドイツ労働者党が国民（国家）社会主義ドイツ労働者党に改称。 |
| 1921年（大正10年） | 7月1日▼中国共産党創設。11月4日▼原首相暗殺事件。12日▼日米英仏伊はじめ9カ国によるワシントン会議開催。13日▼高橋是清内閣成立。 |
| 1922年（大正11年） | 2月6日▼ワシントン会議でワシントン海軍軍縮条約採択。6月12日▼加藤友三郎内閣成立。10月31日▼ムッソリーニ、イタリア首相に就任。12月30日▼ソビエト連邦成立。 |
| 1923年（大正12年） | 5月9日▼北一輝『日本改造法案大綱』刊行（26年、西田税によって再刊）。9月1日▼関東大震災発生。2日▼第2次山本権兵衛内閣成立。11月8日▼ドイツ・ミュンヘンでミュンヘン一揆起こる。 |
| 1925年（大正14年） | 1月20日▼日ソ基本条約締結。4月22日▼加藤高明内閣、治安維持法公布。5月30日▼五・三〇事件（上海の民衆による反帝国主義運動）。7月18日▼ヒトラー『わが闘争 第1巻』刊行。 |
| 1926年（大正15年） | 1月30日▼第1次若槻礼次郎内閣成立。7月29日▼蒋介石が国民革命軍総司令官に就任、北伐を開始する（第1次北伐）。 |

**12月25日**▼大正天皇崩御。摂政皇太子裕仁親王（昭和天皇）が践祚。

**1927年**（昭和2年）

**4月12日**▼蒋介石による反共クーデター（上海クーデター／四・一二事件）。**20日**▼田中義一内閣成立。**5月**▼日本軍、第1次山東出兵（28年5月まで3次にわたる出兵）。**6月20日**▼日米英3カ国によるジュネーブ海軍軍縮会議開催。

**1928年**（昭和3年）

**5月3日**▼済南事件（北伐中の中国軍と、山東出兵の日本軍が軍事衝突）。**6月4日**▼関東軍による張作霖爆殺事件。**8月27日**▼日本を含む15カ国（のち63カ国）が不戦条約（パリ不戦条約／ケロッグ＝ブリアン条約）に署名。

**1929年**（昭和4年）

**5月1日**▼ドイツ・ベルリンで血のメーデー事件。**7月2日**▼浜口雄幸内閣成立。**10月24日**▼ウォール街大暴落（ブラック・サーズデー）。

**1930年**（昭和5年）

**1月21日**▼日米英仏伊によるロンドン海軍軍縮会議開催（4月22日、日米英で協定成立）。**11月14日**▼浜口首相襲撃事件。

**1931年**（昭和6年）

**4月14日**▼第2次若槻礼次郎内閣成立。**6月27日**▼中村大尉殺害事件。**7月2日**▼万宝山事件。**9月18日**▼柳条湖事件を契機に満州事変勃発。**10月17日**▼十月事件（橋本欣五郎陸軍中佐らによる軍事クーデター未遂事件）。**11月8日**▼第1次天津事件。**10日**▼愛新覚羅溥儀が天津を脱出。**12月13日**▼犬養毅内閣成立。

**1932年**（昭和7年）

**1月28日**▼第1次上海事変。**2月9日・3月5日**▼血盟団事件。**3月1日**▼満州国建国（溥儀、満州国執政に就任）。**18日**▼大阪で「国防婦人会」発足（のちに「大日本国防婦人会」として全国組織に発展）。**5月15日**▼五・一五事件（犬養首相暗殺）。**26日**▼斎藤実内閣成立。**7月31日**▼ドイツ国会選挙でナチ党が第1党に。**9月15日**▼日満議定書調印。

**1933年**（昭和8年）

**1月30日**▼ヒトラー、ドイツ首相に就任。**3月4日**▼ルーズベルト、米国大統領に就任。**2月23日**▼日本軍、熱河作戦開始。**24日**▼国際連盟がリットン報告書を承認、満州国を否定。**3月27日**▼日本政府、国際連盟脱退を通告。**5月**▼日本軍、華北侵攻。**31日**▼日中間で塘沽協定成立。**10月14日**▼ドイツ、国際連盟を脱退。

**1934年**（昭和9年）

**3月1日**▼満州国、帝政実施（溥儀、皇帝に即位）。**7月8日**▼岡田啓介内閣成立。**8月19日**▼ドイツのヒンデンブルク大統領死去により、ヒトラー首相が大統領を兼務。**12月1日**▼キーロフ暗殺事件（スターリンによる「大粛清」の契機に）。**3日**▼岡田内閣、ワシントン海軍軍縮条約破棄を閣議決定。

**1935年**（昭和10年）

**2月18日**▼天皇機関説事件。**3月16日**▼ドイツ、ベルサイユ条約を破棄（再軍備宣言）。**6月10日**▼梅津・何応欽協定成立。**27日**▼土肥原・秦徳純協定成立。**8月1日**▼中国共産党が抗日民族統一戦線を宣言（八・一宣言）。**3日**▼岡田内閣、国体明徴声明。**12日**▼相沢事件（永田鉄山軍務局長斬殺）。**9月15日**▼ドイツ、ユダヤ人排斥政策のニュルンベルク法制定。**11月25日**▼冀東防共自治委員会成立。**12月18日**▼冀察政務委員会成立。

**1936年**（昭和11年）

**2月26日**▼二・二六事件（29日、反乱部隊帰順）。**3月9日**▼広田弘毅内閣成立。**8月～9月**▼中国各地で日本人襲撃事件が多発。**11月14日**▼綏遠事件（内蒙軍が綏遠省に侵攻）。**25日**▼日独防共協定締結。**12月12日**▼西安事件。

**1937年**（昭和12年）

**2月2日**▼林銑十郎内閣成立。**6月4日**▼第1次近衛文麿内閣成立。**7月7日**▼盧溝橋事件（日中戦争始まる）。**28日**▼日本軍、華北で総攻撃開始（北京、天津占領）。**8月13日**▼第2次上海事変。**24日**▼近衛内閣、国民精神総動員実施要項決定。**9月2日**▼近衛内閣、北支事変を支那事変に改称。**23日**▼第2次国共合作成立。**11月4日**▼世界最大の戦艦「大和」起工。**6日**▼日独伊防共協定成立。**20日**▼大本営設置。**12月13日**▼日本軍、南京占領（南京事件起きる）。

## 1938年（昭和13年）

**1月16日**▼近衛内閣、「国民政府を対手とせず」声明（第1次近衛声明）。**3月13日**▼ドイツ、オーストリアを併合（ミュンヘン協定で9月30日にはチェコスロバキアのズデーテン地方を併合）。**4月1日**▼近衛内閣、国家総動員法公布。**7月～8月**▼張鼓峰事件。**10月21日**▼日本軍、広東占領（27日に武漢占領）。**11月3日**▼近衛首相、「東亜新秩序建設」声明。**12月18日**▼汪兆銘、重慶脱出（30日に対日和平声明）。

## 1939年（昭和14年）

**1月5日**▼平沼騏一郎内閣成立。**2月10日**▼日本軍、海南島占領。**5月～9月**▼ノモンハン事件。**7月26日**▼米国、日米通商航海条約破棄を通告。**8月23日**▼独ソ不可侵条約締結。**30日**▼阿部信行内閣成立。**9月1日**▼ドイツ軍、ポーランドに侵攻（第2次世界大戦始まる）。初の興亜奉公日実施（以降、毎月1日に実施）。

## 1940年（昭和15年）

**1月16日**▼米内光政内閣成立。**3月7日**▼衆議院、反軍演説の斎藤隆夫議員を除名。**30日**▼汪兆銘、南京に新政府樹立。**5月10日**▼ドイツ軍、西部戦線で総攻撃開始。チャーチル、英国首相に就任。**18日**▼日本軍、中国奥地航空爆撃作戦開始（101号作戦）。**6月10日**▼イタリア、英仏に宣戦布告。**22日**▼フランス、ドイツに降伏（7月2日、フランス政府をビシーに移転。ド・ゴールがロンドンで亡命政権・自由フランス政府樹立）。**7月22日**▼第2次近衛文麿内閣成立。**8月1日**▼国民精神総動員本部、「ぜいたくは敵だ!」の立看板1500枚を東京市内に設置。**9月7日**▼ドイツ軍、英国本土に大空襲開始。**23日**▼日本軍、北部仏印進駐。**27日**▼日独伊三国同盟調印。**10月12日**▼近衛内閣、大政翼賛会発会。**11月30日**▼汪兆銘政権と日華基本条約調印。

## 1941年（昭和16年）

**4月1日**▼小学校を「国民学校」に改称。6大都市で米穀通帳制度、外食券制度を実施。**13日**▼日ソ中立条約成立。**16日**▼日米交渉、本格的に開始。**5月7日**▼日本軍、中原会戦開始（～6月15日終了）。**5月～8月末**▼日本軍、重慶など中国奥地に断続的な空襲を続ける（7月28日～8月31日、大規模爆撃の102号作戦を実施）。**6月22日**▼ドイツ軍、ソ連に侵攻。**7月18日**▼第3次近衛文麿内閣成立。**25日**▼米国、在米日本資産を凍結（続いて英国、蘭印も対日資産を凍結）。**28日**▼日本軍、南部仏印進駐。**8月1日**▼米国、対日石油輸出を全面禁止。**10月18日**▼東条英機内閣成立。**11月22日**▼南雲機動部隊、単冠湾に集結（26日、ハワイに向けて出撃）。**26日**▼米国、「ハル・ノート」を提示。**12月1日**▼御前会議、対米英蘭開戦を決定。**8日**▼日本軍、マレー半島上陸およびハワイ・真珠湾を奇襲攻撃（太平洋戦争始まる）。**10日**▼日本軍、グアム島およびギルバート諸島のマキン島・タラワ島占領。マレー沖海戦。**11日**▼ドイツ・イタリア、米国に宣戦布告。**22日**▼米英首脳による戦争指導会議（アルカディア会談）開催（～42年1月14日）。**25日**▼日本軍、香港占領。

## 1942年（昭和17年）

**1月1日**▼26カ国が連合国共同宣言署名（枢軸国との単独不講和などを確認）。**2日**▼日本軍、マニラ占領。**20日**▼ドイツ、ワンゼー会議でヨーロッパユダヤ人の「最終的解決」（大量殺戮）を決定（アウシュビッツ収容所などにユダヤ人の大量移送始まる）。**2月2日**▼大日本婦人会発足。**15日**▼シンガポールの英軍降伏。**19日**▼ルーズベルト米大統領、大統領令9066号署名（日系人の強制収容開始）。**3月9日**▼ジャワ島の蘭印軍降伏。**4月18日**▼ドウリットル空襲（日本本土初空襲）。**5月7日**▼コレヒドール島の米比軍降伏。珊瑚海海戦（～8日）。**6月5日**▼ミッドウェー海戦（～6日）。**7日**▼日本軍、キスカ島占領（翌8日にアッツ島占領）。**8月7日**▼米軍、ガダルカナル島上陸。**13日**▼米国、マンハッタン計画（原子爆弾製造）開始。**10月26日～27日**▼南太平洋海戦。**11月1日**▼東条内閣、大東亜省設置。

**1943年**（昭和18年）

**1月2日**▼ニューギニア・ブナの日本軍全滅。**2月1日**▼日本軍、ガダルカナル島から撤退開始（7日、撤退完了）。**23日**▼陸軍省、「撃ちてし止まむ」ポスター5万枚配付。**4月18日**▼山本五十六連合艦隊司令長官戦死。**5月29日**▼アッツ島の日本軍全滅。**6月1日**▼食糧不足のため東京・昭和通りの植樹帯を農地に開墾。**7月1日**▼東京都制施行（東京府と東京市を統合）。**10日**▼連合国軍、シチリア島上陸（17日、ドイツ軍がシチリア島撤退）。**29日**▼日本軍、キスカ島撤退実施。**8月16日**▼「戦時猛獣処分」によって東京・上野動物園で全猛獣の殺処分命令が下る。**9月6日**▼日本軍、ニューギニアのサラモア、ラエから撤退。**8日**▼イタリア、無条件降伏。**23日**▼東条内閣、女性の就業範囲を広げる。女子勤労挺身隊を編成し、軍需工場や繁忙期の農村に動員。**30日**▼御前会議、「絶対国防圏」設定。**10月21日**▼東京・明治神宮外苑競技場で出陣学徒壮行会開催。**11月5日**▼東京で大東亜会議開催（～6日）。**24日**▼マキン島の日本軍全滅（翌25日、タラワ島の日本軍全滅）。**28日**▼米英ソ首脳によるテヘラン会談開催（～12月1日）。

**1944年**（昭和19年）

**1月26日**▼東京・名古屋で初の強制疎開命令。**2月3日**▼米軍、マーシャル諸島占領。**3月8日**▼日本軍、インパール作戦開始（7月に作戦中止）。**4月18日**▼日本軍、大陸打通作戦（1号作戦）開始（～45年1月）。**6月6日**▼連合国軍、ノルマンディーに上陸開始。**15日**▼米軍、サイパン島上陸（7月7日、サイパン島の日本軍全滅）。**16日**▼中国・成都発進のB29が北九州を空襲（B29による本土初空襲）。**19日**▼マリアナ沖海戦（～20日）。**30日**▼東条内閣、国民学校初等科児童の集団疎開を閣議決定。**7月21日**▼米軍、グアム島上陸（8月11日、グアム島の日本軍全滅）**22日**▼小磯国昭内閣成立。**8月4日**▼小磯内閣、国民総武装を閣議決定。**25日**▼連合国軍、パリ解放。**9月9日**▼ド・ゴール首班によるフランス臨時政府成立。**10月9日**▼英ソ首脳がモスクワで会談（～20日）。**10日**▼米軍、沖縄本島空襲。**12日**▼台湾沖航空戦（～16日）。**20日**▼米軍、レイテ島に上陸。**23日**▼レイテ沖海戦（～25日）。**25日**▼海軍の神風特別攻撃隊が初出撃。**11月24日**▼サイパンの米軍基地から発進したB29が東京を初空襲。**12月16日**▼ドイツ軍、ベルギー南東部のアルデンヌで最後の反攻を始める（バルジの戦い）。

**1945年**（昭和20年）

**1月17日**▼ソ連軍、ワルシャワ占領（27日、アウシュビッツ収容所解放）。**2月4日**▼米英ソ首脳によるヤルタ会談（クリミア会談）開催（～11日）。**19日**▼米軍、硫黄島上陸（3月26日、硫黄島の日本軍全滅）。**3月10日**▼米軍による東京大空襲。**4月1日**▼米軍、沖縄本島上陸。**7日**▼鈴木貫太郎内閣成立。坊ノ岬沖海戦で戦艦「大和」沈没。**12日**▼ルーズベルト米大統領死去、トルーマン副大統領が大統領に就任。**28日**▼ムッソリーニ、処刑。**30日**▼ヒトラーがベルリンの地下壕で自殺。**5月2日**▼ソ連軍、ベルリン占領。**7日**▼ドイツ、無条件降伏。**6月8日**▼御前会議、本土決戦の方針確認。**23日**▼沖縄戦での日本軍の組織的戦闘終了。**7月13日**▼終戦工作のため近衛元首相の派遣をソ連に打診（18日、ソ連は受け入れの回答をせず）。**26日**▼米英中によるポツダム宣言発表（日本政府は黙殺を表明）。**8月6日**▼米軍、広島に原子爆弾投下。**8日**▼ソ連、日本に宣戦布告。**9日**▼ソ連軍、満州に侵攻。米軍、長崎に原子爆弾投下。**14日**▼御前会議、ポツダム宣言受諾（無条件降伏を決定）。**15日**▼戦争終結の詔書を放送（玉音放送）。**17日**▼東久邇宮稔彦内閣成立。**30日**▼マッカーサー連合国軍最高司令官が神奈川・厚木飛行場に到着。**9月2日**▼東京湾上の米戦艦「ミズーリ」艦上で降伏文書調印式が行われる。

【主要参考文献】


『戦史叢書』各刊（防衛庁防衛研修所戦史室）朝雲新聞社刊
『別冊歴史読本 戦記シリーズ』各刊 新人物往来社刊
『臨時増刊　歴史と旅　太平洋戦史総覧』秋田書店刊
『昭和史の軍人たち』（秦郁彦著）文藝春秋刊
『戦時用語の基礎知識』（北村恒信著）光人社刊
『太平洋戦争への道』2満州事変（日本国際政治学会・太平洋戦争原因研究部編）朝日新聞社刊
『日本外交史』18満州事変（鹿島平和研究所編　守島伍郎・柳井恒夫監修）鹿島研究所出版会刊
『石原莞爾資料・国防論策篇』（角田順編）原書房刊
『わが半生』上・下（愛新覚羅溥儀著　小野忍・野原四郎・新島淳良・丸山昇訳）筑摩書房刊
『満洲鐵道建設秘話』南満洲鐵道株式会社刊
『満州国皇帝の秘録』（中田整一著）幻戯書房刊
昭和の歴史4『十五年戦争の開幕』（江口圭一著）小学館刊
『大系日本の歴史⑭二つの大戦』（江口圭一著）小学館刊
『甘粕大尉』（角田房子著）中公文庫刊
『「満州帝国」がよくわかる本』（太平洋戦争研究会著）PHP文庫刊
『日本陸軍将官総覧』（太平洋戦争研究会著）PHP研究所刊
『第二次世界大戦　海戦事典』（福田誠編著）光栄刊
『極東戦線』（エドガー・スノー著　梶谷善久訳）筑摩書房刊
『日本陸海軍総合事典』（秦郁彦編）東京大学出版会刊
『ニミッツの太平洋海戦史』（チェスター・W・ニミッツ、エルマー・B・ポッター共著　実松譲・冨永謙吾訳）恒文社刊

**【写真提供・主要出典】**

U.S.Navy Photo
U.S.Army Photo
U.S.Marine Corps Photo
U.S.Air Force Photo
アリゾナ記念館
オーストラリア戦争博物館
『写真週報』（内閣情報局）
『大東亜戦争海軍作戦寫眞記録』（大本営海軍報道部）
『歴史寫眞』（歴史写真会）
『國際寫眞情報』（国際情報社）
『世界画報』（国際情報社）
近現代フォトライブラリー

**太平洋戦争研究会**（たいへいようせんそうけんきゅうかい）

日清・日露戦争から太平洋戦争、占領下の日本など近現代史に関する取材・執筆・編集グループ。同会の編著による「ふくろうの本」図説シリーズ（河出書房新社）、『日本海軍がよくわかる事典』『日本陸軍がよくわかる事典』（以上、PHP文庫）、『面白いほどよくわかる太平洋戦争』『人物・事件でわかる太平洋戦争』（以上、日本文芸社）、『カラー写真と地図でたどる 太平洋戦争 日本の軌跡』（SBビジュアル新書）、『証言 我ラ斯ク戦ヘリ』（ビジネス社）など多数の出版物がある。

Sairyusha

アジア太平洋戦争新聞《たいへいようせんそうしんぶん》

二〇二一年十二月八日　初版第一刷

著者　太平洋戦争研究会
発行者　河野和憲
発行所　株式会社 彩流社
〒101-0051
東京都千代田区神田神保町3-10 大行ビル6階
TEL：03-3234-5931
FAX：03-3234-5932
E-mail：sairyusha@sairyusha.co.jp

装幀・本文デザイン　吉崎広明（ベルソグラフィック）
文責　平塚敏克（太平洋戦争研究会）
編集　山崎三郎
印刷　モリモト印刷（株）
製本　（株）難波製本



ISBN978-4-7791-2794-6 C0021
http://www.sairyusha.co.jp